Coleção
Eu gosto m@is

CB043406

ENSINO FUNDAMENTAL

HISTÓRIA

9º
ano

Marlene Ordoñez
Lizete M. Machado

1ª EDIÇÃO
SÃO PAULO
2012

Coleção Eu Gosto Mais
História – 9º ano
© IBEP, 2012

Diretor superintendente	Jorge Yunes
Gerente editorial	Célia de Assis
Editor	Pedro Cunha
Assistente editorial	Gabriele Cristine Barbosa dos Santos
	Ivi Paula Costa da Silva
	Juliana de Paiva Magalhães
Revisão	André Tadashi Odashuio
	Berenice Baeder
	Maria Inez de Souza
	Rhodner Paiva
Coordenadora de arte	Karina Monteiro
Assistente de arte	Marilia Vilela
	Tomás Troppmair
Coordenadora de iconografia	Maria do Céu Pires Passuello
Assistente de iconografia	Adriana Correia
	Wilson de Castilho
Cartografia	Mario Yoshida
	Heber Lisboa
	Fábio Eduardo B. Bueno
Produção editorial	Paula Calviello
Produção gráfica	José Antonio Ferraz
Assistente de produção gráfica	Eliane M. M. Ferreira
Capa	Equipe IBEP
Projeto gráfico	Equipe IBEP
Editoração eletrônica	Figurativa Editorial

CIP-BRASIL. CATALOGAÇÃO-NA-FONTE
SINDICATO NACIONAL DOS EDITORES DE LIVROS, RJ

O76h

Ordoñez, Marlene, 1941-
    História : 9º ano / Marlene Ordoñez, Lizete Mercadante Machado. - 1.ed. - São Paulo : IBEP, 2012.
    il. ; 28 cm   (Eu gosto Mais)

    ISBN 978-85-342-3431-3 (aluno) - 978-85-342-3435-1 (mestre)

    1. História (Ensino fundamental) - Estudo e ensino. I. Machado, Lizete Mecadante. II. Título. III. Série.

12-5672.   CDD: 372.89
                            CDU: 373.3.0162:930

10.08.12   17.08.12   038035

1ª edição – São Paulo – 2012

Av. Alexandre Mackenzie, 619 – Jaguaré
São Paulo – SP – 05322-000 – Brasil – Tel.: (11) 2799-7799
www.ibep-nacional.com.br   editoras@ibep-nacional.com.br

Apresentação

Caro aluno

Este livro representa o nosso compromisso com a educação. Foi escrito para ajudar você a aprender a História de uma forma gostosa e envolvente.

Queremos que vivencie os fatos históricos, reflita sobre eles e compreenda-os, para assim entender o mundo real. Desse modo, propomos muitas atividades nas quais você terá de dar opiniões, estabelecer relações entre passado e presente, tirar conclusões.

Nosso objetivo mais importante é motivá-lo a olhar o nosso tempo e as forças sociais que nele atuam, conscientizando-se de seu papel como cidadão capaz de escrever a própria história.

Bons estudos!

As autoras.

Sumário

**Capítulo 1 – A expansão marítimo-
-comercial europeia 7**

Quando navegar foi preciso 7

Atividades 8

Aspectos político-econômicos que
impulsionaram a expansão
marítimo-comercial europeia 10

As navegações portuguesas 12

As navegações espanholas 15

O Tratado de Tordesilhas 16

As navegações inglesas 17

As navegações francesas 17

Os efeitos dos descobrimentos
marítimos 18

Atividades 19

Capítulo 2 – O Renascimento 22

Uma arte para a burguesia 22

Atividades 26

O humanismo 27

O Renascimento italiano 28

A expansão do Renascimento 30

O Renascimento nas ciências 32

Atividades 34

Capítulo 3 – As reformas religiosas . 36

O cristianismo em crise 36

Atividades 38

Os primeiros reformistas 40

A Reforma luterana 40

A Reforma calvinista 42

A Reforma anglicana 43

A Reforma católica 44

Atividades 44

**Capítulo 4 – O absolutismo
monárquico 47**

Reis poderosos 47

Atividades 48

Pensadores defendem o absolutismo 50

O absolutismo na França 50

O Estado absolutista inglês 51

As práticas econômicas do absolutismo:
o mercantilismo 54

Atividades 56

Capítulo 5 – Povos pré-colombianos . 58

Os povos que os europeus
encontraram na América 58

Atividades 62

A civilização maia 63

A civilização asteca 64

Os incas 65

Atividades 66

**Capítulo 6 – Conquista e colonização da
América 68**

Chegam os invasores:
morte e destruição na América 68

Atividades 70

A colonização da América espanhola 70

A colonização da América portuguesa 73

A colonização da América inglesa 74

A colonização francesa na América 75

Atividades 76

Capítulo 7 – O Iluminismo 78

Liberdade e igualdade.............................78

    Atividades 79

A filosofia iluminista.................................80

A fisiocracia e o liberalismo econômico 80

O despotismo esclarecido 81

    Atividades 81

Capítulo 8 – A Revolução Industrial.. 84

Os trabalhadores
das indústrias e das minas.......................84

    Atividades 87

A Inglaterra e a primeira
Revolução Industrial 87

A fábrica arruína o artesanato..................88

A expansão industrial: a segunda
fase da indústria.....................................88

A consolidação do capitalismo 89

As teorias sociais 89

    Atividades 90

**Capítulo 9 – A Revolução Norte-
-Americana................. 92**

O ideal da liberdade................................92

    Atividades 96

Os Congressos Continentais 96

A guerra de independência........................98

A Constituição Liberal..............................98

    Atividades 99

**Capítulo 10 – A Revolução
Francesa................. 101**

Cai o absolutismo na França.....................101

    Atividades 104

A primeira fase da revolução 106

Cai a monarquia
é proclamada a república.........................108

A Convenção Nacional 109

O poder nas mãos da burguesia...............111

    Atividades 111

**Capítulo 11 – O Império Napoleônico e o
Congresso de Viena . 116**

De cônsul a imperador 116

    Atividades 118

O Consulado (1799-1804) 119

O Império (1804-1815).........................119

O fim do império....................................121

A volta do absolutismo...........................122

A Santa Aliança.....................................123

    Atividades 123

**Capítulo 12 – A América no
século XIX.............. 125**

Na América, grandes transformações 125

    Atividades 126

Independência da América espanhola........128

Estados Unidos no século XIX..................132

    Atividades 138

**Capítulo 13 – A Europa do
século XIX.............. 141**

A burguesia no poder.............................141

    Atividades 142

Na Inglaterra, a Era Vitoriana 143

Na França, as revoluções liberais............145

A Unificação italiana...............................151

A Unificação alemã 153

    Atividades 154

Capítulo 14 – O novo colonialismo.. 158

A Europa se expande..............................158

    Atividades 160

A partilha da África................................161

A partilha da Ásia 164

Efeitos do imperialismo..........................167

    Atividades 168

Capítulo 15 – A Primeira Guerra Mundial **171**

O mundo em guerra 171

Atividades 174

Tem início a guerra 175

A volta da paz 179

Os efeitos da Primeira Guerra Mundial 180

Atividades 181

Capítulo 16 – A Revolução Russa de 1917 .... **183**

A primeira Revolução Socialista 183

Atividades 186

O poder nas mãos da burguesia 187

Os bolcheviques tomam o poder 188

O início da guerra civil 188

A nova política de Lenin 189

Atividades 190

Capítulo 17 – O período entreguerras e a Segunda Guerra Mundial **191**

O mundo em crise 191

Atividades 193

A queda da Bolsa de Valores - 1929 194

O fascismo na Itália e na Alemanha 195

A Segunda Guerra Mundial 200

Os acordos de paz 206

Atividades 208

Capítulo 18 – O mundo da Guerra Fria **213**

Duas potências disputam o mundo 213

Atividades 214

As duas potências 218

O bloqueio de Berlim 221

Atividades 223

África e Ásia: processos de independência 224

Atividades 233

A Revolução Socialista na China 233

Guerras asiáticas 236

América Latina: conflitos do século XX 239

Atividades 247

Capítulo 19 – O mundo em crise **249**

A internacionalização do Capitalismo 249

Atividades 251

A crise do mundo socialista 252

Atividades 255

Os conflitos no Oriente Médio 256

Novos rumos da economia 260

O despertar do século XXI 264

Os conflitos da Nova Era 268

Atividades 277

Glossário **284**

Indicação de leituras complementares 287

Saiba pesquisar na internet 290

Referências bibliográficas 293

A EXPANSÃO MARÍTIMO-COMERCIAL EUROPEIA

Quando navegar foi preciso

A partir do século XI, a cristandade (como era denominado o território europeu atual, sobretudo o ocidental) conheceu uma significativa transformação: inovações técnicas na agricultura (uso da charrua, do ferro nos instrumentos agrícolas, formas novas de atrelamento do arado e da charrua aos animais, utilização de moinhos de água e de vento, bem como de técnicas de irrigação e de drenagem dos campos).

Essas inovações provocaram aumento da produção e, consequentemente, o aumento da população que, por sua vez, levou à expansão das áreas de cultivo e à produção de excedente. O comércio renasceu e, com ele, as cidades (burgos), onde fixaram-se mercadores e artesãos, que, com o tempo, foram enriquecendo e se fortalecendo, organizando ligas e corporações, formando uma nova classe: a burguesia (observe a ilustração: *A Vida na Cidade*).

Palazzo Pubblico Siena, Itália

Detalhe do afresco *A Vida na Cidade* (c. 1337 - 1340), de Ambrogio Lorenzetti (1290 - 1348).

Originariamente o termo Burguesia, cuja raiz se encontra no vocábulo latino medieval burgensie, caracteriza os habitantes do burgo, da cidade. [...] Na passagem da Idade Média para a Idade Moderna, o habitante da cidade adquire sua configuração típica de classe: afirma-se como artesão, como comerciante, como pequeno e médio proprietário rural ou imobiliário, como representante da lei e, enfim, como "capitalista". É mediante o burguês e a classe a que ele pertence, a Burguesia, que se dá acumulação inicial de capital [...].

BOBBIO, Norberto; MATTEUCI, Nicola; PASQUINO Gianfranco. *Dicionário de Política*. 7. ed. Brasília: Ed. Universidade de Brasília, 1995. p. 120.

As transformações econômicas ocorrem paralelamente à organização de poder. Se na cristandade medieval o poder estava fragmentado em inúmeros reinos e senhorios feudais, a partir do século XI, assiste-se, junto com a formação das **comunas** e repúblicas (cidades independentes), ao fortalecimento do poder real e à formação inicial das monarquias nacionais.

D. Afonso Henriques ou D. Afonso I (25 de julho de 1109 – 6 de dezembro de 1185) foi o primeiro rei de Portugal. Em virtude das suas múltiplas conquistas, que ao longo de mais de 40 anos mais que duplicaram o território que o seu pai lhe havia legado, foi cognominado O Conquistador; também é conhecido como O Fundador e O Grande.

Em razão das transformações de ordem econômica e política, expande-se a atividade comercial, tornando necessária a obtenção de metais preciosos para cunhar mais moedas. Além disso, havia interesse em produtos de luxo, sedas, porcelanas, tapetes, essências e principalmente nas especiarias (pimenta, cravo, canela, noz-moscada, gengibre), usadas para conservar os alimentos.

Esses produtos podiam ser adquiridos pelos consumidores europeus. Trazidos pelos árabes da região produtora no Oriente, as Índias, até os portos do Mediterrâneo, eram vendidos aos comerciantes de Gênova e Veneza. Como essas cidades italianas tinham o monopólio do comércio no Mar Mediterrâneo, vendiam os produtos de luxo e as especiarias a preços exorbitantes, obtendo altos lucros.

Porém, no século XIV, o sistema feudal enfrentou uma grave crise, que pode ser resumida em três palavras: **fome** (esgotamento das terras de cultivo, estagnação das técnicas agrícolas, más colheitas em razão do excesso de chuvas), **peste** (a epidemia da peste bubônica, chamada Peste Negra) e **guerra** (a Guerra dos Cem Anos, entre Inglaterra e França; as revoltas camponesas – as chamadas *jacqueries,* na França – contra a exploração feita pelos senhores feudais).

A necessidade de superar a crise; o interesse pelo comércio de produtos e especiarias orientais; a importância de quebrar o monopólio das cidades italianas no Mar Mediterrâneo; a procura de um novo caminho marítimo para o Oriente (as Índias, como era chamado na época); a escassez de metais preciosos na Europa e a necessidade de buscá-los; a aliança entre o rei e a burguesia, buscando a centralização do poder; a valorização do comércio e o progresso técnico e científico foram fatores que favoreceram a expansão marítimo-comercial da Europa. Esse movimento é também conhecido como as Grandes Navegações.

ATIVIDADES

1 No século XI, a Europa conheceu uma série de transformações. Que transformações foram essas?

_____

_____

_____

_____

2 Leia o texto e observe a gravura:

Com subtítulo de "Príncipe Galeotto", o livro *Decamerão* (ou *Decameron*), escrito entre 1350 e 1353, por Giovanni Bocaccio (Paris, 16 de junho de 1313 – Certaldo, Toscana, 21 de dezembro de 1375), marca o período de transição vivido na Europa com o fim da Idade Média, após a Peste Negra. A narrativa oferecida por Boccaccio sobre a peste constitui um verdadeiro documento acerca dessa doença que devastou a Europa no século XIV, matando cerca de 25 milhões de pessoas, ou seja, 1/3 da população europeia da época.

Ilustração da Bíblia de Toggenburg que retrata os efeitos da peste bubônica na população europeia no período medieval, 1411.

Dez jovens (sete moças e três rapazes) fogem das cidades tomadas pela **pandemia** que dizimava impiedosamente o continente europeu. Para se distraírem, um deles seria nomeado rei ou rainha por uma noite, cabendo a este indicar uma temática sobre a qual todos deveriam narrar algum episódio por eles conhecido.

Um exemplo de sua descrição da peste está no início da obra:

(...) tínhamos já atingido o ano (...) de 1348, quando, na mui importante cidade de Florença (...) sobreveio a mortífera pestilência (...) nenhuma prevenção valeu, baldadas todas as providências dos homens (...) Nem conselho de médico, nem virtude de **mezinha** alguma parecia trazer a cura ou proveito para o tratamento.

A peste, em Florença, não teve o mesmo comportamento que no Oriente. Neste, quando o sangue saía pelo nariz, fosse de quem fosse, era sinal evidente de morte inevitável (...) apareciam no começo, tanto em homens como em mulheres, ou na virilha ou na axila, algumas inchações (...) a que chamava o povo de bubões (...) [e então] passava a repontar e a surgir por toda a parte. Em seguida, o aspecto da doença começou a alterar-se; apareciam manchas escuras ou pálidas nos doentes. Nuns, eram grandes e espalhadas; noutros, pequenas e abundantes.

Disponível em: <pt.wikipedia.org/wiki/Decamer%C3%A3o>. Acesso em: jun. 2012.

a) Veja com atenção a autoria e as datas do texto e da gravura. Eles foram produzidos na época da Peste Negra?

_____

_____

_____

_____

_____

b) A gravura confirma ou desmente a narrativa de Bocaccio? Justifique sua resposta.

_____

_____

_____

_____

_____

3 Explique os principais motivos que levaram o sistema feudal a uma grave crise e qual foi a solução encontrada na Europa.

_____

_____

_____

_____

Aspectos político-econômicos que impulsionaram a expansão marítimo-comercial europeia

O monopólio das cidades italianas no Mar Mediterrâneo

A intensificação da vida agrícola e comercial no Ocidente estimulou o crescimento de cidades, localizadas ao longo das principais rotas comerciais da Itália, da Alemanha, dos Países-Baixos e da França.

De um simples local de trocas, um mercado, as cidades foram se transformando em centros manufatureiros especializados no artesanato de lã, linho, tapetes, couraças, elmos, vestuário, vitrais para as catedrais, entre outras atividades. As regiões mais fortemente urbanizadas eram as ligadas às grandes rotas comerciais terrestres da Europa medieval e localizadas em zonas de grande produção agrícola.

As cidades de Gênova e Veneza (assim como as do Mar do Norte, que formaram a Liga Hanseática) estabeleceram uma ligação direta e regular, por mar, com Londres e Bruges e destas ao espaço báltico e às regiões a que ele dava acesso. Ao mesmo tempo, essas cidades expandiram suas rotas para o Mar Mediterrâneo.

Posição privilegiada de Veneza, na Itália, no Mar Mediterrâneo, tornou-a um dos principais portos de comércio com o Oriente entre os séculos XI e XIII. Foto de 2010.

No século XV, Gênova e Veneza, que até então controlavam boa parte das rotas mediterrâneas, tiveram sua atividade onerada pelas altas taxas cobradas, para a realização do comércio, quando da tomada de Constantinopla pelos turcos otomanos, o que elevava em muito os preços dos produtos.

Os Venezianos, que tinham obtido dos imperadores de Constantinopla (em 992 e em 1082) uma série de privilégios cada vez mais exorbitantes, fundaram um verdadeiro império colonial às margens do Adriático, em Creta, nas ilhas jônicas e no mar Egeu [...], depois da IV Cruzada (1204). Os Genoveses fizeram dos seus estabelecimentos na costa da Ásia Menor [...] e no Norte do mar Negro pontos sólidos de escoamento de mercadorias e de homens (escravos domésticos de ambos os sexos).

LE GOFF, Jacques. *A civilização do Ocidente medieval*. v. 1. Lisboa: Estampa, 1983. p. 111.

Selo emitido pelas Ilhas Tomé e Príncipe em 1982 que ilustra a história da navegação marítima e faz alusão à partida de Marco Polo da cidade de Veneza, Itália, 1260.

Os arranjos do poder

Na chamada Alta Idade Média (séculos V ao X), formaram-se na Europa as monarquias feudais, nas quais prevaleciam os laços de dependência pessoal, o caráter simbólico do poder real e a fragmentação político-territorial.

A partir do século XII, porém, a Europa assistiu a alterações geopolíticas: as monarquias feudais e a fragmentação político-territorial foram sendo superadas pelo fortalecimento do poder real, propiciado a partir da crise do século XIV, que levou à formação das monarquias nacionais.

No entanto, a formação das monarquias nacionais ocorreu de diferentes formas nas diversas regiões da Europa. Mesmo assim, há três aspectos comuns que podemos destacar:

1º O Estado que surgiu nesse período e tomou a forma de monarquia nacional representou a exigência de uma regulamentação **jurídica** para os conflitos sociais que se desenvolviam: revoltas camponesas, temor da nobreza ante as revoltas, surgimento de cidades-livres, interesses da burguesia em superar os entraves feudais que prejudicavam seus negócios, interesse dos reis em se fortalecer politicamente, contrapondo-se aos poderes locais e à autoridade da Igreja.

2º Embora no período o dinheiro comece a ser visto como riqueza (já que anteriormente a riqueza era a terra) e se tenha como objetivo seu acúmulo por meio do comércio (economia mercantil), o modo de produção feudal não é substituído, ainda, já que a maior parte da população europeia vive no campo, onde predominam as relações servis.

3º Nesse Estado, que se desenvolveu no Estado Absolutista (que estudaremos no Capítulo 4), embora muitas vezes tenham se celebrado alianças entre a burguesia e o rei, a nobreza continuou a ser a classe politicamente dominante, reforçando a submissão da população, majoritariamente camponesa.

As navegações portuguesas

Por apresentar uma série de condições favoráveis, Portugal foi o primeiro país a lançar-se às viagens marítimas em busca de um caminho para as Índias.

Os navios que faziam a rota comercial Atlântico-Mediterrâneo iniciavam a viagem nas cidades italianas, atravessavam o Estreito de Gibraltar e faziam escala em Portugal, para reabastecimento e comércio, antes de partir para o Mar do Norte. Com isso, apareceu um grupo mercantil forte no reino português.

Essa situação explica porque, quando ocorreu a **Revolução de Avis** (1383-1385), após a morte do último rei da dinastia de Borgonha, D. Fernando, dois grupos formaram-se em Portugal: um liderado pela burguesia, apoiando a ascensão ao trono português do Mestre de Avis, filho bastardo do rei e representante dos interesses burgueses; o outro, liderado pela nobreza que desejava a anexação de Portugal ao reino de Castela, pois a filha de D. Fernando era casada com o rei de Castela e esse reino ainda estava às voltas com a Guerra da Reconquista. A vitória da burguesia significou também a vitória dos seus interesses com a ascensão do Mestre de Avis, coroado como D. João I, dando início à dinastia de Avis.

A presença de um grupo mercantil forte, associado a uma monarquia centralizada e com interesses mercantis, foi fator decisivo para as navegações portuguesas. Além disso, os portugueses gozavam de uma situação de paz interna e externa. Isso já não acontecia com outros países europeus: enquanto França e Inglaterra lutavam na Guerra dos Cem Anos, a Espanha tentava expulsar os mouros de Granada, seu último reduto.

O plano português para atingir as Índias era contornar o continente africano. Em 1415, uma poderosa esquadra rumou para Ceuta, cidade dominada pelos árabes que ficava do lado africano do Estreito de Gibraltar. Após violenta luta, a cidade caiu em mãos lusitanas. A conquista de Ceuta foi importante, pois, além de ser um centro comercial, também constituía um ponto estratégico para o controle do litoral africano.

Em Portugal, nessa época, procurava-se aperfeiçoar as técnicas de navegação, elaboravam-se mapas e determinavam-se rotas. Esse conhecimento favorecia os interesses do governo português.

Gradativamente, os portugueses avançavam pelas costas do continente africano. Em 1419, iniciaram a colonização da Ilha da Madeira. Quando descobriram o arquipélago dos Açores, iniciaram nele o cultivo da cana-de-açúcar, utilizando a mão de obra escrava africana.

Roteiro de D. João de Castro, de 1538 a 1540. À direita, destacam-se um galeão e uma caravela; à esquerda, duas naus e duas galés.

Os portugueses na África

A África nunca esteve isolada dos continentes vizinhos. Contatos com a Europa e a Ásia existiram desde a Antiguidade.

Entre os séculos VII e XV, a África foi palco de um grande desenvolvimento econômico, político e cultural, coroada com a criação de vários Estados e reinos como o do Grande Zimbábue (ou de Mutapa), o Império do Congo, de Gana, de Mali e de Songai.[1] Entretanto, a partir do século XV, o rumo da história africana sofre uma reviravolta, quando a Europa entra no período de expansão econômica e geográfica, passando a interferir no desenvolvimento das sociedades africanas.

Entre os séculos XV e XIX, milhões de africanos foram arrancados violentamente de suas terras e aldeias, levados principalmente para a América, obrigados a trabalhar em grandes plantações de açúcar, tabaco, algodão e nas minas de ouro e prata.

No século XV, os portugueses começaram a buscar um caminho ao longo da costa ocidental africana.

Em 1481 construíram o primeiro forte na Costa do Ouro (Forte da Mina, na atual República de Gana) com o objetivo de, a partir daquele ponto, alcançar as minas de ouro da região. Foi, também, a partir desse forte – construído com autorização dos chefes africanos da região –, que os portugueses enviaram missões diplomáticas ao interior.

Com o tempo, o comércio diversificou-se. Além do ouro, os portugueses retiraram da África – e comercializaram – o marfim, peles de animais, madeiras e, finalmente, escravos.

Na costa ocidental da África, o tráfico de escravos começou no século XV. Em 1441, pela primeira vez, os portugueses capturaram escravos africanos. Na costa oriental, os portugueses estabeleceram na África os portos de apoio estratégico para suas embarcações que se dirigiam à Índia. Para tanto, destruíram as fortificações árabes.

Em 1507, a ilha de Moçambique converteu-se em quartel-general português na costa oriental africana.

Na África Austral (parte sul da África), os portugueses tentaram abrir rotas para as áreas de extração de ouro a partir dos estabelecimentos em Sofala[2] e ilha de Moçambique, usando o Rio Zambeze como via de comunicação com o interior. Em 1561 os jesuítas conseguiram penetrar na corte real de Mutapa e batizar o rei, seus parentes e conselheiros.

[...]

O comércio de escravos foi a atividade mais lucrativa dos portugueses (e, posteriormente, de outros povos europeus), que se encarregaram de persuadir os chefes locais e mercadores africanos a dele participar.

Deste modo, deterioram-se as relações entre os diversos estados e povos. Os que habitavam o litoral e o interior mais próximo entraram em guerra contínua. A partir do século XVI, reinos e impérios desmoronaram.

Entre os séculos XVII e XIX, nas selvas do Golfo da Guiné[3] e no Vale do Rio Zambeze desenvolveram-se estados militares com base no comércio de escravos. [...]

Impérios, reinos e etnias da África pré-colonial

Mario Yoshida

Fonte: HAYWOOD, John. *Atlas Histórico do Mundo*. Könemann, 2001.

Library of Congress/EUA

Gravura produzida por Thomas Astley em 1746 e publicada em *A new general collection of voyages and travel* representa as feitorias europeias no Golfo de Guiné.

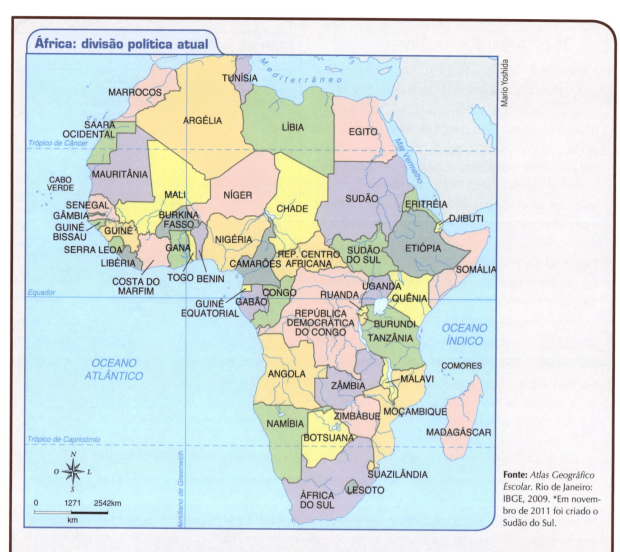

África: divisão política atual

Mario Yoshida

Fonte: *Atlas Geográfico Escolar*. Rio de Janeiro: IBGE, 2009. *Em novembro de 2011 foi criado o Sudão do Sul.

Assim, durante quatro séculos a África foi cenário de ataques e guerras para abastecer o tráfico de escravos. Milhões de africanos foram exportados para terras distantes, outros tantos morreram em longas marchas até a costa e nas **feitorias** à espera de serem embarcados. Esse êxodo forçado de milhões de pessoas provocou a diminuição do **crescimento vegetativo** da população africana, já que homens e mulheres em idade de procriação eram vendidos.

A presença europeia na África também promoveu o saque sistemático dos bens produzidos. Seja através de tributos seja de pilhagens, iam levando o produto das colheitas, gado, marfim, peles, cera, madeiras, ouro etc. As atividades econômicas como agricultura, mineração, manufatura de produtos foram aos poucos sendo abandonadas e a economia orientou-se para uma atividade em especial: a escravidão.

SAPUNAR, Marco Antonio Barticevic. *Historia de la esclavitud*: América conquistada, África esclavizada. Disponível em: <www.monografias.com/trabajos6/escla/escla.shtml>. Acesso em: jun. 2012. Texto adaptado.

1. O Reino de Zimbábue foi um dos mais poderosos da África Austral, abarcando as regiões atuais de Zimbábue e Moçambique.
   O Império do Congo desenvolveu-se às margens do rio que levou seu nome, ocupando o território que hoje corresponde ao noroeste de Angola, à Cabinda, à República do Congo, à parte ocidental da República Democrática do Congo e à parte centro-sul do Gabão.
   O nome de Angola vem de Ngola, rei de Ndongo.
   Gana foi o reino mais antigo da África Ocidental, situando-se entre os rios Senegal e Níger. O antigo Reino de Gana, na África Ocidental, decaiu e manteve-se sob o governo dos berberes e dos muçulmanos até 1240, quando o rei do Mali, Sundiata Keita, acabou por conquistá-lo. No seu auge, o Império Mali dominou a maior parte do território que compreende atualmente Mali, Gâmbia, Guiné e Senegal, além de regiões da Mauritânia.
   Songai foi o último dos impérios sudaneses. Foi construído por camponeses e pescadores das margens do Rio Níger. Seu apogeu situa-se entre os séculos XIV e XVI, atingindo partes dos atuais Senegal, Mali, Níger e Argélia.
2. Sofala era uma cidade portuária que se situava em Moçambique. Através de Sofala era obtido o ouro produzido no Grande Zimbábue.
3. Os países que, atualmente, compartilham a costa do Golfo da Guiné são (de norte para sul): República da Costa do Marfim, Gana, Togo, Benim, Nigéria, Camarões, Guiné Equatorial e Gabão.

Os portugueses atingem as Índias e o Brasil

Em 1488, Bartolomeu Dias atingiu o extremo sul do continente africano, contornando o Cabo das Tormentas, mais tarde denominado de Cabo da Boa Esperança. Essa expedição provou que o plano de navegação de Portugal estava correto.

Em 1497, o rei de Portugal, D. Manuel, organizou a expedição de Vasco da Gama com destino às Índias. No ano seguinte, a expedição atingiu a cidade de Calicute, na Índia. Estava descoberta a nova rota marítima. Foi feito comércio, mas faltava ainda estabelecer o domínio português na região.

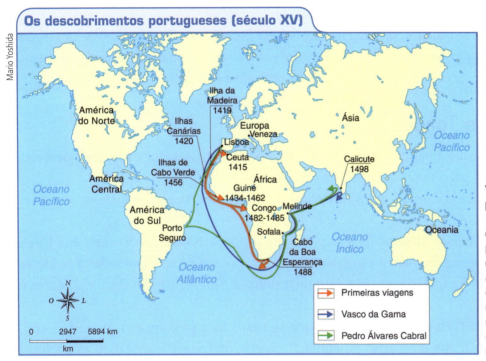

Os descobrimentos portugueses (século XV)

Veja, no mapa, as viagens portuguesas até o ano de 1498, quando Vasco da Gama descobriu o caminho marítimo para as Índias. A descoberta desse novo caminho marítimo acabou com o monopólio das cidades italianas. A partir daí, o controle comercial dos produtos de luxo e das especiarias ficou, durante algum tempo, nas mãos dos portugueses.

Fonte: MARTINELLI, Marcelo. *Atlas geográfico*: natureza e espaço da sociedade. São Paulo: Ed. Brasil, 2003.

Em 1500, o rei D. Manuel organizou uma poderosa esquadra com o objetivo de estabelecer o domínio português nas Índias e entregou o comando a Pedro Álvares Cabral.

Cabral partiu de Portugal no dia 9 de março, com 13 navios e cerca de 1200 homens. Porém, em vez de ir diretamente para as Índias, afastou-se das costas africanas, atravessou o Atlântico e, no dia 22 de abril, avistou terra. Portugal transformou essa terra em uma colônia.

Apesar de inúmeros acidentes, nos quais vários navios se perderam, Cabral chegou ao continente asiático e estabeleceu feitorias portuguesas.

As navegações espanholas

Com a expulsão dos mouros de seu território em 1492, a Espanha foi o segundo país europeu a adquirir condições de empreender o movimento de navegações, com o objetivo de chegar às Índias.

No dia 3 de agosto de 1492, o navegante genovês Cristóvão Colombo partiu do Porto de Palos com três caravelas: Santa Maria, Pinta e Niña. Nas proximidades do Novo Continente, foi atraído pela corrente do Mar dos Caraíbas, até que no dia 12 de outubro de 1492 aportou numa das suas ilhas, Guanahaní, que ele rebatizou de São Salvador, nas atuais Bahamas. Visitou a atual Ilha de Cuba e uma ilha que chamou Hispaniola (hoje compartilhada por Haiti e República Dominicana).

15

Em março do ano seguinte, Colombo voltou à Espanha e foi recebido festivamente pelos reis Fernando e Isabel. Realizou mais três viagens à América. Morreu em 1506, na cidade de Valladolid. Sempre acreditou que havia chegado a terras do continente asiático. Foi o geógrafo florentino Américo Vespúcio quem provou tratar-se de um novo continente, que, em sua homenagem, recebeu o nome de América.

Além da viagem que resultou no descobrimento da América, a Espanha realizou outras:

- 1508 – Vicente Yáñez Pinzón e Juan Díaz de Solís atingiram a região do atual México;
- 1513 – Vasco Nunes Balboa descobriu o Oceano Pacífico;
- 1515 – Juan Díaz de Solís explorou o Rio da Prata;
- 1519 – Fernão de Magalhães, português a serviço da Espanha, deu início à primeira viagem de circum-navegação. Morto em um conflito com nativos nas Filipinas, sua expedição passou a ser comandada por Sebastião de Elcano, que completou a viagem.

O Tratado de Tordesilhas

A concorrência espanhola nas navegações preocupou o governo português. Ele temia pela rota oriental que procurava e pelas terras que já havia descoberto.

A descoberta de terras ocidentais pelos espanhóis despertou em Portugal o interesse em assegurar parcela dessa região.

A disputa entre os países ibéricos foi encaminhada ao papa Alexandre VI que, em 1493, expediu a *Bula Inter Coetera*. Por ela, a Espanha ficava com a posse de terras situadas a ocidente de uma linha meridiana imaginária traçada de polo a polo, a cem léguas das ilhas de Açores e Cabo Verde.

O rei D. João II, de Portugal, considerando que seu país fora prejudicado, protestou contra a decisão do papa. Diante da reação de Portugal, os reis da Espanha aceitaram estabelecer diretamente outro acordo, que resultou, em julho de 1494, no **Tratado de Tordesilhas**. Ficava estabelecido um meridiano traçado a 370 léguas a oeste das Ilhas de Cabo Verde.

As terras situadas a oeste desse meridiano pertenceriam à Espanha e as terras a leste, a Portugal. Em 1506, por solicitação do rei português, o papa Júlio II ratificou o tratado.

Tratados entre Portugal e Espanha (século XV)

Mario Yoshida

Fonte: KINDER, Hermann, HILGEMANN, Werner e HERGT, Manfred. *Atlas histórico mundial*. Madri: Akal, 2007.

Com o Tratado de Tordesilhas, Portugal ficou com o domínio de quase todo o Atlântico Sul, que era importante como defesa de sua rota para chegar às Índias. Abriu-se também a possibilidade de tomar posse de terras ocidentais que já supunha existir.

As navegações inglesas

Os ingleses entraram no movimento das Grandes Navegações no final do século XV e contaram inclusive com a ajuda de navegantes de outras nacionalidades. Pretendiam chegar ao continente asiático por uma passagem a noroeste da América.

As principais viagens inglesas foram:

- em 1497, João Caboto, veneziano a serviço da Inglaterra, chegou à América do Norte. Seu filho, Sebastião Caboto, foi um navegador do século XVI que explorou a costa da América do Norte. Por causa disso e em sua homenagem, a estratégia de navegação costeando o litoral recebeu o nome de cabotagem;
- Martin Frobisher, **corsário** inglês, iniciou em 1576 uma série de viagens ao nordeste da América do Norte, tentando achar uma rota marítima do Oceano Atlântico ao Pacífico (o que tornaria as viagens para a Ásia mais fáceis). Pensando ter encontrado um estreito, descobriu, na realidade, uma baía que recebeu o seu nome;

- Francis Drake, outro corsário inglês, empreendeu sua viagem mais famosa (1577) quando, no comando de cinco navios, zarpou rumo ao Rio da Prata, de onde passou ao estreito de Magalhães e atingiu as costas americanas do Pacífico, adquirindo valiosíssimos **butins**. Alcançou a atual Califórnia, que chamou de Nova Albion, e dali retornou à Inglaterra (1580), completando a circum-navegação do globo;
- Walter Raleigh tentou fundar, em 1585, a primeira colônia inglesa na Ilha de Roanoke (na atual Carolina do Norte), porém não obteve êxito. Em 1587, fez uma segunda tentativa, fundando a "Colônia e Domínio de Virgínia" (em homenagem à rainha Elisabeth I, denominada "A Rainha Virgem"), que incluía os estados norte-americanos atuais da Carolina do Norte e da Virgínia, tendo John White como governador. Esse núcleo de povoamento, entretanto, desapareceu, possivelmente destruído pelos indígenas. Em 1595,

Pintura feita por Marcus Gheeraerts, em 1591, apresenta uma ideia de como era o navegador inglês Francis Drake. Óleo sobre tela, 1169 x 914 cm.

ele explorou o que agora é a parte leste da Venezuela, por causa de um mito espanhol que se referia a uma grande cidade dourada. Quando voltou à Inglaterra, publicou o livro *The Discovery of Guiana*, em que exagerou o que havia descoberto. O livro pode ser visto como uma contribuição para a lenda do *El Dorado*. Apesar de a Venezuela ter depósitos de ouro, não há provas de que Raleigh tenha encontrado alguma mina.

As navegações francesas

Após refazer-se dos efeitos da Guerra dos Cem Anos e completar o processo de centralização do poder real, a França entrou no movimento das Grandes Navegações. Os franceses, que também estavam interessados nas riquezas do Oriente, como os ingleses, pretendiam chegar ao continente asiático por uma passagem pelo noroeste da América.

As principais viagens feitas pelos franceses foram:

- em 1524, Sebastião Verrazzano, florentino a serviço da França. É-lhe creditada a descoberta de vários pontos da costa noroeste atlântica, nos atuais Estados Unidos da América e Canadá, incluindo a Baía de Nova York, onde a Ponte de Verrazano Narrows é nomeada em sua homenagem;
- em 1534, Jacques Cartier explorou o Rio São Lourenço;
- no século XVII, Samuel Champlain iniciou a colonização da "Nova França" (atual Canadá), fundando a cidade de Québec (Québec significa "estreito" em algonquino – tribo que habitava a região, antes da chegada dos colonizadores –, nome que se refere ao trecho estreito do Rio São Lourenço, na região onde fica a cidade).

Os efeitos dos descobrimentos marítimos

As navegações provocaram o aumento das relações comerciais entre o Oriente e o Ocidente, o deslocamento do eixo econômico do Mediterrâneo para o Atlântico, a entrada de metais preciosos na Europa, a ascensão econômica da burguesia, o fortalecimento do poder real e a formação de impérios coloniais. A todas essas transformações na economia europeia, dá-se o nome de **Revolução Comercial**.

Nessa época, um conjunto de práticas econômicas – que os historiadores mais tarde chamaram de **mercantilismo** – foi adotado por alguns Estados europeus.

O navegador francês Jacques Cartier aparece com outros colonos da França em gravura de Nicolas Vallard datada de 1547.

Embora cada país europeu aplicasse medidas próprias para desenvolver uma política econômica, pode-se afirmar que de modo geral o mercantilismo caracterizava-se pelo colonialismo e o controle estatal da economia, buscando acúmulo de metais preciosos (metalismo), maior exportação e menor importação (balança comercial favorável), protecionismo (impostos cobrados para encarecer os produtos importados, a fim de proteger os produtos nacionais).

Durante a Revolução Comercial, surgiram:

- as primeiras casas bancárias, seguindo-se a criação de bancos públicos;
- o sistema doméstico de produção, no qual os empresários compravam a matéria-prima e distribuíam aos trabalhadores, que a manufaturavam, em troca de um pagamento estipulado;
- as companhias regulamentadas, associações de comerciantes reunidos para proteger seus empreendimentos. Os associados concordavam em cooperar em proveito de todos e obedeciam a certas regras definidas;
- as sociedades por ações, formadas por associações de capitais. Mesmo não participando da administração, todos os acionistas eram proprietários da empresa. Essa nova forma de organização substituiu as companhias regulamentadas, em razão da necessidade de efetuar negociações que exigiam volumosa soma de capitais.

1 Faça duas listas resumindo os aspectos que motivaram a expansão marítimo-comercial europeia, uma dos aspectos econômicos e outra dos aspectos políticos.

2 Dos fatores listados na resposta anterior, destaque aqueles que possibilitaram o pioneirismo português nas Grandes Navegações, indicando os fatos correspondentes.

_____

_____

_____

_____

_____

Refletindo

3 Se pensarmos nas características da chamada Revolução Comercial, podemos dizer que ela foi positiva para a Europa? Por quê?

_____

_____

_____

_____

4 Observe a imagem a seguir e a legenda que a acompanha. Relacione essas informações (visual e escrita) à chamada Revolução Comercial. Escreva suas conclusões.

Museu Metropolitano de Arte, Nova York, EUA

_____

_____

_____

_____

_____

_____

Essa escultura de madeira patinada (com verniz oxidado pelo tempo e pela luz) pode significar a rendição da África a seus conquistadores, cada vez mais ávidos de homens e riquezas.

5 Pouco se sabe com segurança sobre a vida do escritor Luís Vaz de Camões. É provável que tenha nascido por volta de 1525, talvez em Lisboa. Deve ter tido uma educação esmerada, apesar de pertencer à camada menos abastada da corte portuguesa. Para cantar a história do povo português, em *Os lusíadas*, publicado em 1572, Camões foi buscar na cultura greco-romana a forma adequada: o poema épico, gênero poético narrativo, desenvolvido pelos poetas da Antiguidade para cantar a história de todo um povo.

O poema se estrutura em uma narrativa principal, que apresenta a viagem da armada de Vasco da Gama. Um dos principais episódios é o que você pode ler a seguir: o episódio do "Velho do Restelo". No momento em que a expedição de Vasco da Gama embarcava para a grande viagem, um velho, de aspecto respeitável, que estava entre as pessoas, na praia, olhando para os navegadores e balançando a cabeça negativamente, levantou um pouco mais alto a voz e disse:

– Ó glória de mandar! Ó vã cobiça
Desta vaidade, a quem chamamos
Fama!
Ó fraudulento gosto, que se atiça
C'uma aura popular, que honra
se chama!
Que castigo tamanho e que justiça
Fazes no peito vão que muito te ama!
Que mortes, que perigos,
que tormentas,
Que crueldades neles experimentas!
– Dura inquietação d'alma e da vida,
Fonte de desamparos e adultérios,
Sagaz consumidora conhecida
De fazendas, de reinos e de impérios:

Chamam-te ilustre, chamam-te subida,
Sendo dina [digna] de infames
vitupérios;
Chamam-te Fama e Glória soberana,
Nomes com quem se o povo néscio
engana!
– A que novos desastres determinas
De levar estes reinos e esta gente?
Que perigos, que mortes lhe destinas
Debaixo dalgum nome preminente
[proeminente]?
Que promessas de reinos, e de minas
D'ouro, que lhe farás tão facilmente?
Que famas lhe prometerás?
Que histórias?
Que triunfos, que palmas, que vitórias?

CAMÕES, Luís Vaz de. *Os lusíadas*. Canto IV. Cotia: Ateliê Editorial, 2000.

a) Como o personagem "velho do Restelo" interpreta a expansão marítimo-comercial portuguesa? Retire trechos do poema que comprovem a sua resposta.

_____

_____

_____

_____

_____

b) Compare a interpretação do "velho", na obra de Camões, à interpretação de Fernando Pessoa (poeta português do século XX) no poema a seguir.

Ó mar salgado, quanto do teu sal   Valeu a pena? Tudo vale a pena
São lágrimas de Portugal!   Se a alma não é pequena.
Por te cruzarmos, quantas mães choraram, Quem quer passar além do Bojador
Quantos filhos em vão rezaram!   Tem que passar além da dor.
Quantas noivas ficaram por casar   Deus ao mar o perigo e o abismo deu,
Para que fosses nosso, ó mar!   Mas nele é que espelhou o céu.

PESSOA, Fernando. Mar português. In: *Mensagem* (1934). São Paulo: Companhia das Letras, 1998.

_____

_____

_____

_____

_____

_____

Trabalhando em grupo

6 Faça um mapa-múndi com os continentes e pinte Portugal, Espanha, França e Inglaterra. Trace as rotas das viagens espanholas (em vermelho), francesas (em verde) e inglesas (em preto). Não se esqueça de numerar cada uma das rotas e fazer uma legenda, identificando-as.

Pesquisando e trabalho em grupo

7 O poeta Fernando Pessoa escreveu, no século XX: "Navegadores antigos tinham uma frase gloriosa: 'Navegar é preciso; viver não é preciso'". Porém, teria sido Petrarca (poeta do século XIV – veja na página 28) o autor da frase, usando o verbo precisar não no sentido de necessitar (como, erradamente, quase todos o fazem), e sim no sentido correto: de ser exato. "A Navegação é uma ciência exata, em comparação com a Vida, que sabemos onde começa e jamais onde termina!"
Vamos, então, pesquisar sobre a ciência da navegação. Reúna-se com o seu grupo e façam uma pesquisa sobre as "artes de navegar" nos séculos XV e XVI. Recorram à biblioteca, pesquisem em enciclopédias e na internet (vejam orientações no final do volume). Peçam ajuda a outros professores (Geografia, Ciências, Matemática, Português).
Com o material pesquisado, elaborem o jornal das Grandes Navegações. Inventem um nome para o jornal, criem as manchetes, escrevam pequenas notícias dando conta dos fatos mais importantes. Usem figuras, desenhos ou fotos para ilustrar o jornal e o exponham no mural da classe, observando as semelhanças e as diferenças entre o jornal de vocês e os dos outros grupos.

O RENASCIMENTO

Uma arte para a burguesia

Costuma-se denominar "Renascimento" às realizações culturais que se desenvolveram nas cidades europeias, entre os séculos XIV e XVII, refletindo uma nova mentalidade que buscou inspiração na antiga cultura greco-romana. Ao mesmo tempo em que se considerava esse passado fonte e modelo de civilização (Renascimento), ocorreram muitas realizações no campo das artes, da literatura e das ciências, que superaram a herança clássica.

Essa nova mentalidade, pela qual o homem se colocava no centro do universo (*antropocentrismo*) e valorizava a natureza (*naturalismo*), abandonando o **teocentrismo**, foi fruto de uma série de transformações.

Capela Sistina, Vaticano, Roma

Realismo: o artista do Renascimento não vê mais o homem como simples observador do mundo que expressa a grandeza de Deus, e sim como a expressão mais grandiosa do próprio Deus. E o mundo é pensado como uma realidade a ser compreendida cientificamente, e não apenas admirada. A criação de Adão, ou A criação do homem, afresco de Michelangelo Buonarroti feito entre 1508 e 1512, revela essas características, ao colocar a figura humana em destaque.

Nascimento de Vênus, 1485. Obra de Sandro Botticelli.

O ressurgimento do comércio e da vida urbana, no final da Idade Média, foi responsável por uma profunda mudança na sociedade europeia da época.

Nasceu uma nova camada social, a burguesia, que lutava para se libertar dos obstáculos que impediam o desenvolvimento de seus negócios. Assim, o Renascimento representou o desenvolvimento de uma cultura urbana protegida e impulsionada pela burguesia.

A Itália foi o berço do Renascimento, graças ao desenvolvimento econômico de suas cidades, que controlavam o comércio no Mar Mediterrâneo. No século XV, a cidade de Florença constituía o principal núcleo da produção renascentista. Por quase um século, foi governada pela família Médici, cujos membros, principalmente Lourenço, patrocinaram grande número de pensadores e artistas.

No século XVI, a cidade de Roma passou a ter a supremacia da arte renascentista, pois era para ela que convergiam os recursos de toda a cristandade. A enorme riqueza que chegava à cidade era administrada pelos papas e cardeais, que também se tornaram protetores das artes.

Esses patrocinadores, burgueses ricos, príncipes, cardeais, papas, eram chamados de *mecenas*, nome derivado de Caio Mecenas, protetor de literatos e artistas na época do imperador romano Otávio Augusto.

Com o financiamento que recebiam, os artistas, poetas e escritores tinham condições de se dedicar totalmente ao seu trabalho e desenvolver seus estudos, que levaram à criação de novas técnicas na arquitetura, na escultura e na pintura. Também puderam desenvolver um estilo pessoal, diferente dos demais, já que o período é marcado pelo *individualismo* (em oposição ao coletivismo medieval) e por uma explosão de confiança nas possibilidades do ser humano, que se reflete em suas obras.

O Juízo Final é um afresco do pintor renascentista italiano Michelangelo Buonarroti, com 13,7 m x 12,2 m, pintado na parede do altar da Capela Sistina, no Vaticano (Roma), entre 1534 e 1541. É, na visão do artista, uma representação do Juízo Final inspirada na narrativa bíblica. Foi encomendado pelo papa Clemente VII, mas só teve início após sua morte, no pontificado do papa Paulo III.

23

Inúmeros ateliês foram abertos nas cidades italianas. A maior parte dos artistas realizava trabalhos encomendados pelos homens poderosos, como pinturas em arcas, quadros e esculturas para túmulos. Nas pinturas havia grande riqueza de cores, era usada a técnica da perspectiva e fazia-se uma perfeita representação da figura humana. Os escultores trabalhavam grandes blocos de mármore provenientes de uma região da Itália chamada Carrara. Também fundiram figuras em bronze.

Alguns desses pintores e escultores começaram a se destacar entre os outros, tornando-se os grandes nomes do Renascimento.

Os precursores

Giotto

Giotto di Bondone (1266-1337) foi um pintor e arquiteto italiano, nascido em Colle Vespignano, perto de Florença.

Devido ao alto grau de inovação de seu trabalho (ele é considerado o introdutor da perspectiva na pintura da época), Giotto é considerado o precursor da pintura renascentista.

Giotto adotou a linguagem visual dos escultores, procurando obter volume e altura realista nas figuras em suas obras. Elas são muito mais naturalistas, sendo Giotto o pioneiro na introdução do espaço tridimensional na pintura europeia.

A característica principal do seu trabalho é a identificação da figura dos santos com seres humanos de aparência comum. Esses santos com ar humanizado eram o mais importante das cenas que pintava, ocupando sempre posição de destaque na pintura. Assim, a pintura de Giotto vem ao encontro de uma visão humanista do mundo, que vai cada vez mais se firmando até ao Renascimento.

Basílica de Assis, Itália

São Francisco de Assis pregando aos pássaros, 1297-99. Obra de Giotto di Bondone.

National Gallery, Londres, Inglaterra

Van Eyck

O Casal Arnolfini é o mais famoso quadro do pintor flamengo **Jan van Eyck,** pintado em 1434. A obra exibe o então rico comerciante Giovanni Arnolfini e sua esposa Giovanna Cenami, que se estabeleceram e prosperaram na cidade de Bruges (hoje Bélgica), entre 1420 e 1472. Nos dias de hoje, os historiadores da arte discutem exatamente a imagem que o quadro representa; a tese dominante durante muito tempo, introduzida por Erwin Panofsky em um ensaio de 1934, assegura que a imagem corresponde ao matrimônio de ambos, celebrado em segredo e testificado pelo pintor.

O Casal Arnolfini, 1434. Obra de Jan van Eyck. No Renascimento, inicia-se o uso da tela e da tinta a óleo.

A obra, considerada muito inovadora para a época em que foi concebida, exibe diversos conceitos novos relativamente às perspectivas e à acentuação dos segundos planos. Note-se o espelho no fundo da composição, em que toda cena aparece invertida, tal como a imagem do próprio artista.

Em primeiro plano, a **representação do casal**, que revela os diferentes papéis que cumpre cada um no casamento. Não esqueçamos que estamos falando de uma sociedade de mais de 500 anos, entre a Idade Média e a Idade Moderna: ele é severo, abençoa ou jura com a mão direita e, com a esquerda, segura com autoridade a mão de sua esposa que inclina a cabeça em atitude submissa e pousa sua mão esquerda sobre o ventre.

Há, em segundo plano, uma multidão de detalhes, objetos que aparecem sem justificativa aparente, como se carecessem de importância. Mas devemos lembrar que Bruges era um fervedouro de burgueses de todas as partes e Arnolfini um rico mercador. Assim, tudo que contém o quadro proclama a riqueza do jovem casal, desde o vestuário e os móveis, o tapete, até as frutas no parapeito da janela. Definitivamente, o certo é que todos têm um significado nítido que dá uma nova dimensão à obra. Por exemplo: os **tamancos** espalhados pelo chão – eles vão descalços – representam o vínculo com o solo sagrado do lar e também são sinal de que se estava celebrando uma cerimônia religiosa. A posição dos sapatos é também relevante: os de Giovanna, vermelhos, estão próximos à cama; os de seu marido, mais próximos do mundo exterior. Naquele tempo se acreditava que pisar no chão descalço assegurava a fertilidade.

O **espelho** é um dos melhores exemplos da minuciosidade microscópica alcançada por van Eyck (mede 5,5 centímetros e cada uma das cenas da paixão que o rodeiam mede 1,5 cm). Ao seu redor se mostram 10 das 14 estações da Via Sacra (as paradas do caminho de Cristo até sua morte no Calvário). O estudioso Craig Harbison vê no espelho o centro da gravidade de todo o quadro, é o que mais chama atenção, uma espécie de "círculo mágico" calculado com incrível precisão para atrair o olhar e revelar o segredo da história do quadro.

A **lâmpada** só tem uma vela, que simboliza a chama do amor – era costume flamengo acender uma vela no primeiro dia de casamento.

O **cão** dá um ar de graça e calma ao quadro, que é de surpreendente solenidade. O detalhismo do pelo é todo uma proeza técnica. Nos retratos, os cães podem simbolizar, como aqui, a fidelidade e o amor terreno.

Os únicos que faltariam para completar a cerimônia do matrimônio seriam o sacerdote e a testemunha, mas ambas as personagens aparecem refletidas no espelho, junto do casal: um clérigo e o próprio pintor, que atua como testemunha, e que, com sua assinatura, não só reclama a autoria do quadro como testifica a celebração do sacramento: "***Johannes van Eyck fuit hic 1434***" (Jan van Eyck esteve aqui em 1434). O quadro seria, portanto, um documento matrimonial.

Detalhes da obra *O Casal Arnolfini* (1434) de Jan van Eyck.

Disponível em: <http://pt.wikipedia.org/wiki/O_Casal_Arnolfini>. Acesso em: jun. 2012. Texto adaptado.

1 Observe as reproduções anteriores de obras de arte renascentistas. Compare-as com as reproduções medievais a seguir. O que têm de diferente?

Iluminura de Evangeliário, século XI, representando a visita dos Reis Magos a Nossa Senhora com o menino Jesus.

Cena 32 de *A Tapeçaria de Bayeux*, um dos maiores documentos imagéticos da Idade Média.

_____

_____

_____

2 A imagem abaixo não é uma obra de arte, e sim um estudo anatômico da figura humana. Qual característica do estilo renascentista que não existia no estilo medieval, encontramos nela?

Uomo vitruviano, 1490. Desenho de Leonardo da Vinci.

Acompanhando a intenção da burguesia de ampliar seu domínio sobre a natureza e sobre o espaço geográfico através da investigação científica e da investigação tecnológica, os artistas também se aventuraram, tentando conquistar a forma, o movimento, o espaço, a luz, a cor e até a expressão e o sentimento. A arte renascentista é uma arte de investigação, de invenções, inovações e aperfeiçoamentos técnicos. Ela acompanha, paralelamente, as conquistas da física, da matemática, da geometria, da anatomia, da engenharia e da filosofia.

SEVCENKO, Nicolau. *O Renascimento*. 16. ed. São Paulo: Atual, 1994. Texto adaptado.

Justifique sua resposta com informações do texto de Nicolau Sevcenko.

_____

_____

O humanismo

O humanismo, ou seja, a valorização do homem, foi o elemento principal do Renascimento.

> No sentido mais amplo, o humanismo pode ser definido como a glorificação do humano e do natural, em oposição ao divino e ao extraterreno. Assim concebido, foi ele o coração e a alma do Renascimento [...]. O humanismo também tem o sentido mais restrito de entusiasmo pelas obras clássicas. É este o sentido em que foi frequentemente empregado pelo homem da Renascença.
>
> BURNS, Edward McNall. *História da civilização ocidental*. Porto Alegre: Globo, 1991. p. 392.

Os humanistas defendiam a bondade natural do homem e sua capacidade de desenvolvimento. Em relação à Igreja, adotavam uma atitude crítica, não aceitando o teocentrismo. Sem negar Deus, os valores cristãos e a fé, defendiam o antropocentrismo, isto é, consideravam o homem a grande obra de Deus, o centro do Universo, e o uso da razão, instrumento do saber.

Os humanistas inspiraram-se nos princípios artísticos clássicos para suas produções. Defendiam que os gregos e os romanos tinham um conhecimento mais amplo sobre a vida e a natureza.

Os humanistas constituíam uma elite intelectual que apreciava a arte de escrever e a retórica. Diversos segmentos sociais, como os dos burgueses, eclesiásticos, professores universitários, médicos, juristas e funcionários públicos das cidades, compunham essa elite.

> O Renascimento teve início na Itália na primeira metade do século XIV, referindo-se apenas à literatura; no século XV alargou seus limites, atingindo as artes plásticas. Nos séculos seguintes, a valorização da cultura clássica já era percebida em todas as manifestações culturais de muitos países da Europa.
>
> PROENÇA, Graça. *O Renascimento*. São Paulo: Ática, 1998. p. 12.

As ideias humanistas tiveram grande difusão graças à invenção da imprensa por Gutenberg (1448). A imprensa estabeleceu-se em vários países europeus, permitindo que rapidamente se espalhassem os ideais humanistas, pois podiam ser impressas muitas cópias de um mesmo livro.

> Foi na obra *Vida dos mais excelentes pintores, escultores e arquitetos italianos* (1550), do artista e historiador de arte Giorgio Vasari (1511-1574), italiano nascido na cidade de Arezzo, que o termo *rinascita* definiu a renovação artística dos séculos XIII a XVI, de Giotto a Michelangelo. Vasari descreve "a vida, as obras, o talento artístico e as vicissitudes dos que fizeram ressuscitar as artes já envelhecidas". E acrescenta: "Quem contemplou a história da arte em sua ascensão e em seu declínio compreenderá mais facilmente o sucesso de seu renascimento [*della sua rinascita*] e da perfeição a que tem chegado em nossos dias".
>
> Apenas no século XIX, porém, a expressão "Renascimento" (ou "Renascença") passou a designar uma determinada época cultural e histórica.

O Renascimento italiano

Muitos fatores explicam o fato de o Renascimento ter começado na Itália. O desenvolvimento comercial propiciou o enriquecimento das cidades italianas, além disso, em muitas regiões da Península Itálica, havia obras e monumentos da cultura clássica (do antigo Império Romano) nos quais os humanistas se inspiraram. É preciso também assinalar a forte influência dos bizantinos e árabes. Com a invasão do Império Romano do Oriente (Constantinopla) pelos turcos, muitos intelectuais e artistas de Bizâncio fugiram para a Itália, levando documentos da cultura clássica. Dos árabes, com quem estabelecia relações comerciais, a Itália recebeu conhecimentos científicos e invenções trazidas do Oriente.

Os principais nomes do Renascimento italiano foram:

- **Dante Alighieri** (1265-1321) – autor do século XIV que escreveu a *A divina comédia*, obra com elementos ainda medievais, porém já prenunciando valores renascentistas. A temática do poema é a condução de Dante pelo poeta Virgílio, através do Inferno e do Purgatório, até atingir o Paraíso.

- **Giotto** (1267-1337) – pintor da cidade de Florença que se imortalizou com várias obras, entre elas *São Francisco pregando aos pássaros* (na página 24) e *A lamentação* (quadro abaixo).

A lamentação, 1304-1306. Obra de Giotto di Bondone.

Cappela Scronegni, Pádua, Itália

- **Francesco Petrarca** (1304-1374) – foi o grande humanista do Renascimento. Profundo conhecedor dos manuscritos latinos, defendia o estudo do latim clássico e do grego, nas fontes originais. Conhecedor da história romana, escreveu as *Epístolas*, em que se encontra o poema épico *De África*, que tem como tema a Segunda Guerra Púnica (entre Roma e Cartago). Petrarca é também considerado um dos mais importantes poetas italianos de sua época. Foi ele quem criou o soneto, forma de poema escrito em 14 versos.

- **Giovanni Boccaccio** (1313-1375) – o escritor que se imortalizou com a obra *Decameron*, na qual são descritos os costumes e os tipos populares do período renascentista.

- **Filippo Bruneleschi** (1377-1446) – arquiteto. Sua obra mais conhecida é a cúpula da catedral (duomo) Santa Maria del Fiore, em Florença. Construída em 1434, foi a primeira cúpula de grandes dimensões erguida na Itália, desde a Antiguidade.
- **Donato Bramante** (1444-1514) – arquiteto e pintor italiano. Donato d'Agnolo di Pascuccio, seu verdadeiro nome, é a grande figura da arquitetura renascentista de seu tempo e exerceu uma considerável influência sobre Michelangelo e Rafael. Em 1500, transferiu-se para Roma, onde absorveu os ensinamentos da arquitetura romana antiga. A obra que melhor reflete as suas concepções estilísticas é o projeto da Basílica de S. Pedro do Vaticano, que concebeu com planta de cruz grega. O projeto original foi posteriormente modificado por Michelangelo e Rafael.

Catedral de Santa Maria del Fiori, Florença (Itália). A cúpula é obra do arquiteto renascentista Bruneleschi.

A cúpula da Basília de São Pedro, no Vaticano, foi idealizada e construída inicialmente por Bramante, no século XVI.

- **Sandro Botticelli** (1445-1510) – seus trabalhos retratam o ideal da perfeição e da beleza humanas. São de sua autoria a **Alegoria** da primavera e O nascimento de Vênus (veja na página 23).
- **Leonardo da Vinci** (1452-1519) – florentino, foi pintor, escultor, engenheiro, músico, filósofo, poeta. Preocupou-se com novas técnicas pictóricas, tão bem empregadas na Última ceia e em Mona Lisa.

Mona Lisa, obra de Leonardo da Vinci, feita entre os anos 1503 e 1507.

- **Nicolau Maquiavel** (1469-1527) – destacou-se no pensamento político. Autor de *O príncipe*, livro no qual aponta as dificuldades dos governantes para se manterem no poder. O príncipe tinha a permissão de usar qualquer artifício para obter os resultados que desejava para o seu reino, o seu Estado, por isso a adoção da máxima: "Os fins justificam os meios". Ou seja, ele devia usar de todos os meios de que dispusesse para realizar o seu governo e impor a sua autoridade.

- **Michelangelo Buonarroti** (1475-1564) – foi pintor, escultor e arquiteto. Deixou para a humanidade um legado importante de esculturas, como *Moisés, Pietà* e *Davi*. Na pintura, imortalizou-se com o *Juízo Final*, na Capela Sistina, no Vaticano (ver página 23).

Galleria Dell'Academia, Florença, Itália

David, 1504. Obra de Michelangelo.

Galleria Palatina, Florença, Itália

Madona Della Sedia, 1514. Obra de Rafael Sanzio.

- **Rafael Sanzio** (1483-1520) – sua obra representa a plenitude do Renascimento. Foi o pintor das *Madonas,* e também autor das obras *Escola de Atenas, A Sagrada Família* e *São Miguel esmagando o demônio*.

A expansão do Renascimento

Da Itália, o Renascimento atingiu outras regiões europeias. No século XVI, surgiram grandes artistas que adotaram as formas renascentistas.

Países Baixos

Nos Países Baixos, destacou-se na pintura precursora **Jan van Eyck**, com a obra *O Casal Arnolfini* (veja boxe nas páginas 24/25), e **Rembrandt**, no século XVII, com *A lição de anatomia do Dr. Tulp*.

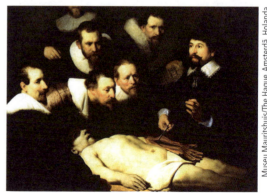

Museu Mauritshuis/The Hague, Amsterdã, Holanda

A lição de anatomia do Dr. Tulp, 1632. Tela de Rembrandt Harmenszoon Van Rijn.

No campo da literatura e da filosofia, pode-se citar **Erasmo de Rotterdã** (1469-1536), autor do livro *Elogio da loucura*, uma crítica aos excessos da sociedade, a superstições, a fanatismos e aos abusos do clero.

Alemanha

Destacou-se **Albrecht Dürer** (1471-1528), grande pintor que estudou a fundo matemática e geometria para aprimorar a perspectiva em seus trabalhos. É dele a frase: "A nova arte deverá basear-se na ciência – em particular na matemática, como a mais exata, lógica e impressionantemente construtiva das ciências". Uma de suas obras mais conhecidas é *Adoração dos Magos*.

Outro pintor de destaque, **Hans Holbein** (1497 ou 1498-1543), retratou personalidades importantes da época, como Erasmo de Rotterdã.

França

Na literatura francesa, destacam-se os escritores **Rabelais** (1483-1553), com sua obra *Gargântua*, e **Montaigne** (1533-1592), com seu livro *Ensaios*.

Inglaterra

Na Inglaterra, foi a dinastia dos Tudor (reis que governaram até início do século XVII) que incentivou o Renascimento. O destaque é **William Shakespeare** (1564-1616), o notável dramaturgo que imortalizou *Romeu e Julieta, Hamlet, Otelo* e *Ricardo III*.

Península Ibérica

Na Península Ibérica, o Renascimento coincidiu com a expansão comercial e ultramarina.

Na Espanha, temos **Miguel de Cervantes Saavedra** (1547-1616), o autor de *Dom Quixote de la Mancha*; **Francisco Quevedo** (1580-1645), que escreveu *Política de Deus*; os pintores **El Greco** (1541-1614), autor de *O enterro do Conde de Orgaz*, **Velásquez** (1599-1660), autor da obra *As meninas*; e o escultor **Bartolomé Ordóñez** (1490-1520) que esculpiu *Cenas da vida de Santa Eulália*, na Catedral de Barcelona.

Em Portugal, o conteúdo renascentista teve como precursor o dramaturgo **Gil Vicente (**1465- 1536), o criador do teatro português, destacando-se entre suas obras o *Auto da alma* ou *Barca do Inferno*; foi seguido por **Luís Vaz de Camões** (1524/25-1580), que escreveu o poema da epopeia portuguesa, *Os lusíadas*.

Museu do Prado, Madri, Espanha

As meninas, obra feita entre os anos de 1656 e 1657, de Diego Rodrígues de Silva y Velásquez.

O Renascimento nas ciências

O humanismo, estimulando a investigação e a pesquisa, também contribuiu para o desenvolvimento das ciências.

Entre os principais nomes das ciências na época renascentista, podem ser citados:

- Na medicina, **André Vesálio** (1514-1564), estudioso do corpo humano pela dissecação dos cadáveres; **Ambroise Paré** (1510-1590), que aperfeiçoou o método de tratar ferimentos por arma de fogo e **Harvey** (1578-1657), inglês que descreveu a pequena circulação do sangue.

- **Roger Bacon** (1214-1292) – frade franciscano, considerado um dos precursores do espírito científico do pensamento moderno, por defender a importância da matemática para a fundamentação da ciência natural e por valorizar o papel da experiência para a ciência, defendendo o método de observação da natureza para o conhecimento de suas leis.

Frontispício da obra *De humanis corporis fabrica* de André Vesálio, 1543.

- **Nicolau Copérnico** (1473-1543) – monge polonês, autor da teoria heliocêntrica, segundo a qual o Sol é o centro do Sistema Solar e os planetas giram em torno dele.

- **Galileu Galilei** (1564-1642) – matemático, físico e astrônomo italiano que confirmou o heliocentrismo, aperfeiçoou a luneta astronômica e descobriu os satélites de Júpiter e as manchas solares.

- **Kepler** (1571-1530) – astrônomo alemão que descobriu a órbita elíptica dos planetas em torno do Sol.

- **Isaac Newton** (1643-1727) – matemático, físico e astrônomo inglês que descobriu a lei da gravitação universal e da decomposição dos corpos.

Retrato de Nicolau Copérnico feito em 1597 por Theodore de Bry e Jean-Jacques Boissard.

O pulmão e a arte

No início do século XVI, repleta de artistas e de escolas de arte, Florença (símbolo da Renascença) vivia uma avalanche de novos conhecimentos, principalmente no campo científico, que transformavam toda a sociedade europeia.

Grandes gênios surgiam, entre eles, Leonardo da Vinci e Michelangelo que, embora vivessem na mesma época, não apresentavam afinidades pessoais, exceto por compartilharem o fascínio pela anatomia.

Ainda sem compreender a função da respiração e compartilhando das teorias de Galeno sobre o pneuma, Leonardo registrou imagens dos pulmões em livros de anatomia da época.

Mas foi Michelangelo quem ultrapassou todos os limites com seu talento e sua habilidade de artista. Escultor de formação, foi contrariado que aceitou o convite do papa Julio II, em 1508, para pintar o teto da Capela Sistina (nome dado em homenagem ao pontífice Sixtus IV, tio de Júlio II).

No entanto, foi lá, em pinturas que escondem peças anatômicas em detalhes pictóricos e iconográficos presentes em todas as obras, que se revelou um grande anatomista.

Em um dos afrescos, a cena que retrata *A Criação de Eva*, o Criador ordena que Eva se levante de dentro do tórax de Adão (Gênesis 2:21). Se víssemos o tórax esquerdo de Adão aberto (de onde Eva se levanta), teríamos a visão lateral do pulmão esquerdo, que corresponde exatamente à forma do manto do Criador.

Além disso, Adão repousa sobre um tronco de árvore com ramos seccionados e sem folhas. Haveria, no Paraíso, árvores tão sem vida? Desse modo, conclui-se que essa estrutura complementa a representação do pulmão, assemelhando-se a um segmento de árvore brônquica.

Assim como em nós – pneumologistas – desde a antiguidade os pulmões despertam o interesse de artistas e estudiosos, com sua incomum anatomia e complexa fisiologia.

Capela Sistina, Vaticano, Roma

Afresco *A Criação de Eva*, pintado entre 1508 e 1512 por Michelangelo.

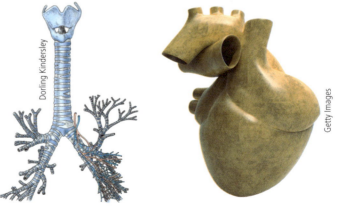

Dorling Kindersley

Getty Images

À esquerda, representação de brônquios e traqueias humanos. À direita, modelo de um coração humano.

Nilva Regina Gelamo Pelegrino. Pneumologista do Hospital Estadual de Bauru, São Paulo.
Disponível em: <http://itarget.com.br/newclients/pulmonar.org.br/2010/?op=paginas&tipo=pagina&secao=1&pagina=47>. Acesso em: jul. 2012

1 Observe com atenção as duas reproduções a seguir:

Museu Kunsthistorishes, Viena, Áustria

Coleção Schönborn, Pommersfelden, Alemanha

Suzana e os Velhos, 1555. Obra de Tintoretto.

Suzana e os Velhos, 1610. Obra de Artemisia Gentileschi.

Tintoretto, como era conhecido **Jacopo Robusti** (1518-1594), por sua energia fenomenal em pintar, foi chamado *Il Furioso*, e sua dramática utilização da perspectiva e dos efeitos da luz fez dele um dos precursores do Barroco. Seu pai, Battista Robusti, era *tintore* (tingia seda), o que lhe valeu o apelido.

Artemisia Gentileschi (1593-1652). Numa época em que a pintura era um mundo exclusivamente masculino, não por falta de talentos femininos, mas porque o acesso ao estudo e a prática da pintura era reservado aos homens, temos Artemisia Gentileschi, filha do pintor romano Orazio Gentileschi. Durante muito tempo, a obra de Artemisia foi injustamente esquecida e por vezes atribuída a seu pai. Hoje seu reconhecimento é universal e se constata que sua obra contém, em muitos casos, um ponto de vista único, feminino e até feminista, extremamente avançado para sua época.

As duas pinturas retratam o mesmo tema, uma história da Bíblia, Antigo Testamento, livro de Daniel, capítulo 13, sobre uma mulher – Suzana – que é surpreendida no banho por dois homens velhos da sua comunidade, que a assediam.

a) Que características renascentistas você pode ver em cada uma das pinturas?

_____

_____

_____

b) Quais as diferenças no tratamento do tema entre as duas obras?

_____

_____

2 Observe o seguinte quadro comparativo entre a mentalidade do homem medieval e a mentalidade humanista e renascentista e reflita.

Mentalidade medieval	Mentalidade humanista
Teocentrismo Deus é o centro do universo	Antropocentrismo O homem como centro do universo
Bíblia Fonte de todo o saber Fé – crença incontestável	Ciência Meio de ampliar o domínio sobre a natureza e o espaço geográfico Razão – dúvida diante das verdades preestabelecidas
Sociedade estamental, de três ordens clero, nobreza e servos Submissão piedosa, ideia de coletividade.	Burguesia – classe social em ascensão. Dinamismo e individualismo

Agora, leia este trecho:

Oração sobre a dignidade humana

Pico della Mirándola (pensador italiano)

Deus chamou a Adáo e lhe disse: Adáo, eu te dei um lugar no mundo, te dei a razáo e certas qualidades [...] A natureza de todas as outras criaturas é governada por leis estabelecidas por mim. Tu, ao contrário, descobrirás por ti mesmo tua verdadeira natureza e não haverá obstáculos para tua busca, justamente porque eu te criei livre. Te coloquei no centro do universo para que, a partir desse ponto de vista, pudesses ver tudo que existe no universo.

MIRANDOLA, Giovanni Pico della. *Discurso sobre a dignidade do homem*. Florença, 1486.

a) Com base nas ideias defendidas pelo autor e tomando como base o quadro das mentalidades, você diria que ele é um pensador medieval ou humanista? Justifique sua resposta.

_____

_____

_____

_____

b) Segundo a opinião do autor, qual é a diferença entre o homem e os outros seres naturais?

_____

_____

_____

_____

Trabalhando em grupo

3 Volte ao quadro comparativo anterior. Leia as características da mentalidade humanista e identifique-as em uma das obras de arte reproduzidas no capítulo. Converse com outros quatro colegas sobre a sua opinião.

AS REFORMAS RELIGIOSAS

O cristianismo em crise

No século XVI, a Igreja católica viu-se ameaçada por movimentos separatistas que levaram boa parte da população europeia a abandonar o catolicismo. A essa ruptura da unidade religiosa, dá-se o nome de Reforma ou Reforma protestante. Ela foi iniciada na Alemanha por Martinho Lutero.

A Reforma foi um movimento de caráter religioso, político e econômico, fruto das novas condições que caracterizam a época moderna.

Biblioteca do Congresso, Washington, EUA

Reprodução de uma Bíblia traduzida por Lutero.

A Igreja católica atravessava momentos de crise em sua organização. Durante longos períodos dos séculos XV e XVI, os papas se preocuparam mais com as questões materiais do que com os problemas religiosos. Intervinham, inclusive, em questões políticas dos países.

Além disso, havia o despreparo de muitos clérigos, que tinham conseguido seus cargos de maneira irregular; o afastamento dos bispos de suas **dioceses**; o não cumprimento do voto de castidade por parte de vários sacerdotes; a venda de relíquias religiosas falsas e de indulgências.

Uma indulgência é o perdão, em parte ou na totalidade, do castigo temporal do pecado. Inicialmente, esse perdão era conseguido por meio de ações caridosas, preces, participação nas lutas para combater os infiéis. Mas a Igreja católica, pretendendo angariar dinheiro, passou a vendê-la por vultosas quantias.

Uma outra estratégia da Igreja para angariar dinheiro, nesse período, era a cobrança de "colaborações" (em dinheiro) para que os fiéis pudessem ver ou até tocar as "relíquias" (em geral, falsas).

Navio dos Loucos, obra de Hieronymus Bosch feita entre os anos 1490 e 1500.

Geert Geertz – que depois adotaria o nome literário de Erasmo – nasceu em 1469 em Roterdã, Holanda. Era filho ilegítimo de um padre com a filha de um médico. Teve formação sólida até se ordenar monge. Aos 26 anos, chegou a Paris para fazer seu doutorado e hospedou-se entre os frades do Colégio Montaigu, mas não suportou o regime de austeridade e desconforto. Isso o levou a procurar sustento dando aulas particulares e organizando compêndios de provérbios latinos, com os quais ganhou notoriedade. Em 1499 foi para a Inglaterra, onde fez amizade com intelectuais como Thomas More. Na casa de More, anos depois, escreveria sua obra-prima, *O Elogio da Loucura*. Convites de nobres e atividades acadêmicas levaram Erasmo a viajar pela Europa até o fim da vida. Por ter sido acusado por correligionários de ter inspirado Martinho Lutero a se rebelar contra a Igreja, Erasmo se viu obrigado a entrar em polêmica pública com o religioso alemão. O episódio se desdobrou em outras disputas teológicas que continuaram até sua morte, em 1536, em Basileia, na Suíça.

Nova Escola On-line, n. 184, ago. 2005. Disponível em: <http://revistaescola.abril.com.br/historia/pratica-pedagogica/porta-voz-humanismo-423230.shtml?page=3>. Acesso em: jul. 2012.

Retrato de Erasmo de Rotterdã, pintura produzida em 1523 por Hans Holbein, o Jovem.

Outro aspecto a ser levado em conta refere-se à salvação da alma, cuja interpretação dividia os homens cultos da Igreja em duas correntes de pensamento: o agostinismo e o tomismo.

Santo Agostinho, bispo de Hipônia (354-430), responsável por interpretar os estudos do filósofo grego Platão segundo a doutrina cristã, dizia que o destino do homem estava totalmente nas mãos de Deus. Seu conceito de salvação baseado na predestinação, dependendo da graça de Deus, foi aceito por todos os reformadores do século XVI.

Em contraposição, **São Tomás de Aquino** (1225-1274), professor da Universidade de Paris, defensor da ideia de que tanto a fé quanto a razão eram aspectos importantes na busca do conhecimento, afirmava que Deus dotara o homem de livre arbítrio, com o poder de escolher o bem e afastar o mal, auxiliado pela graça divina. São Tomás reconstruiu os textos do filósofo grego Aristóteles com base na ótica cristã. No século XVI, o tomismo estava incorporado à doutrina oficial da Igreja católica.

ATIVIDADES

1 Observe com atenção a pintura de Hyeronimus Bosch na página 37.

a) Descreva o cenário do quadro.

_____

_____

_____

b) Descreva as figuras centrais e os personagens em primeiro plano.

_____

_____

_____

_____

c) Descreva a cena.

_____

_____

_____

_____

_____

d) Em que data foi feito o quadro? Que relações se pode estabelecer entre a pintura e o que ocorria na época?

_____

_____

_____

_____

2 Apesar de a Reforma ter sido uma ruptura da unidade religiosa, não se tratou de um movimento somente religioso. Que fatos ocorriam na época da Reforma que justificam essa afirmação?

_____

_____

_____

_____

3 Sobre as ideias defendidas pelo agostinismo e pelo tomismo, responda:

a) O que significavam?

_____

_____

_____

b) No que elas se opõem?

_____

_____

_____

c) Você concorda com alguma dessas ideias? Por quê?

_____

_____

_____

4 Pesquise, em jornais, revistas ou na internet sobre a atuação da Igreja católica e de outras Igrejas na atualidade. Procure saber se sua atuação se restringe a assuntos religiosos ou se abarca outros aspectos da sociedade. Anote o que considerar mais importante e troque ideias com a classe.

Os primeiros reformistas

Durante toda Idade Média, a Igreja católica foi a única instituição centralizada e que controlava a sociedade europeia, mantendo-a unida pelo pensamento cristão. Porém, o desenvolvimento do comércio, o renascimento da vida urbana, a centralização política e o fortalecimento do poder dos reis, além do humanismo, alteraram essa situação.

Muitos governantes não mais admitiam a interferência do papa nos negócios do Estado. A burguesia não aceitava a condenação da usura pregada pela Igreja. Havia também o desejo de muitos príncipes e reis de se apossarem das terras e riquezas da Igreja e o ressentimento contra os tributos impostos pelo papa.

Vários líderes surgiram nessa época reivindicando mudanças na Igreja católica. São considerados os primeiros reformadores:

- **John Wyclif** – professor da Universidade de Oxford; pregou o confisco dos bens da Igreja católica. Considerava que a Bíblia era a única fonte de verdade e que deveria ser interpretada livremente pelos fiéis. Suas ideias foram consideradas heréticas e foi excomungado.
- **Jan Huss** – professor da Universidade de Praga; manteve posição semelhante à de Wyclif. Criticava os excessos do clero e a hierarquia da Igreja católica. Defendia que os cultos deveriam ser realizados na língua nacional do país, para que os fiéis pudessem entendê-los e deles participar. Porém, foi preso e condenado à morte na fogueira.

A Reforma luterana

Na Alemanha, o líder do movimento reformista foi o monge agostiniano **Martinho Lutero** (1483-1546). De origem humilde, fez os estudos universitários e foi professor de teologia na Universidade de Wittenberg.

Nessa época, a Alemanha estava dividida em vários Estados que faziam parte do Sacro Império Romano-Germânico. Essa fragmentação política colaborava para que o poder da Igreja fosse muito grande nessa região. O Sacro Império vivia uma situação econômica difícil. A agricultura apresentava ainda características feudais e a Igreja detinha a propriedade de um terço das terras.

O interesse dos príncipes em confiscar os bens da Igreja, os abusos e a corrupção do clero e a reação dos camponeses, que eram explorados pelos senhores, foram fatores que provocaram a Reforma na Alemanha. A ação reformista de Lutero foi motivada pela venda de indulgências na Alemanha, autorizada pelo papa Leão X. O sumo pontífice esperava obter fundos para terminar a construção da nova Basílica de São Pedro.

Em 1517, Lutero afixou 95 teses nas portas da Catedral de Wittenberg, condenando muitas das ações da Igreja e fazendo um apelo para que ela se reformasse. Essas teses foram escritas em latim, mas logo depois, traduzidas para o alemão, espalharam-se pela Alemanha.

O papa Leão X, em 1520, excomungou Lutero, que queimou a bula de excomunhão em praça pública. Para que se **retratasse**, o imperador Carlos V convocou uma Dieta (assembleia com os representantes dos Estados alemães), em Worms, mas Lutero manteve-se firme em sua posição. Ameaçado de morte, refugiou-se no castelo do duque da Saxônia, onde traduziu a Bíblia para o alemão. A partir dessa época, estruturou toda sua doutrina.

O pensamento religioso de Lutero

As principais teses que Martinho Lutero defendia eram:

- **Justificação pela fé** – para Lutero, apenas a fé em Deus assegurava a salvação do homem. É o ponto básico da doutrina luterana.
- **Reconhecimento de apenas dois sacramentos: o batismo e a eucaristia** – na eucaristia, Lutero negava a transubstanciação (mudança do pão e do vinho em carne e sangue de Cristo), mas aceitava a consubstanciação (presença de Jesus no pão e no vinho).
- **Livre exame ou livre interpretação da Bíblia** – ao contrário do que impunha a Igreja católica, qualquer pessoa poderia ler a Bíblia, considerada a única fonte da revelação.

Lutero negava a hierarquia clerical, o celibato do clero e a infalibilidade do papa. Defendia a simplificação do ritual religioso, a secularização dos bens eclesiásticos e a substituição do latim pelo alemão nos cultos. Era contra o uso de imagens nas igrejas ou outros lugares.

O avanço do luteranismo

A doutrina luterana estendeu-se com bastante rapidez por toda a Alemanha. Muitos príncipes e nobres, interessados nas terras da Igreja católica, aderiram ao luteranismo e iniciaram uma grande revolta, confiscando as riquezas do clero ou de católicos. Também camponeses tornaram-se luteranos e se revoltaram. Em 1524, eclodiu um movimento camponês, liderado por Thomas Munzer, que se dizia luterano, exigindo participação nas terras e redução das obrigações feudais.

Os camponeses, liderados pelo pastor Thomas Munzer, viam na Reforma a esperança de fugir à eterna servidão que os submetia aos seus senhores. Em 1524/25, uma insurreição de camponeses levantou como bandeira os novos conceitos religiosos O movimento foi tão avassalador que o próprio Lutero – que, inicialmente, tentara manter uma posição de intercessor – acabou se voltando contra os rebelados. Derrotados os camponeses, Munzer foi preso e executado.

Foi tal o avanço do luteranismo que o imperador Carlos V convocou, em 1529, uma nova Assembleia, desta vez na cidade de Spira, que reconheceu a nova religião, mas proibiu a sua propagação. Foi por causa do protesto dos partidários de

Gravura elaborada por Stecher Johann Dürr, em 1630, retrata a leitura da Confissão de Augsburg, pelo imperador Carlos V, em 25 de junho de 1530.

Lutero contra essa proibição que os reformistas passaram a ser chamados de protestantes.

Em 1530, Filipe Melanchton fez uma exposição da doutrina luterana, conhecida como a **Confissão de Augsburgo**. Um ano depois, os príncipes luteranos uniram-se contra o imperador Carlos V, formando a Liga de Smalkade. Esse conflito somente foi resolvido em 1555, com a assinatura da **Paz de Augsburgo**. Ela representou o triunfo da nova corrente religiosa, pois se estabeleceu que cada príncipe determinaria a religião de sua região e, consequentemente, de seus súditos.

A Reforma calvinista

As ideias de Lutero influenciaram outros movimentos contra a Igreja católica. Na Suíça, **Ulrico Zwinglio** deu início a um movimento reformista, tendo êxito relativo na parte norte do país. Como os cantões do sul permanecessem católicos, seguiu-se uma guerra religiosa na qual o reformador foi morto.

Sua obra foi continuada por um francês, **João Calvino**, formado em Teologia pela Universidade de Paris e defensor do humanismo. Propagou sua doutrina na França, mas, perseguido, fugiu para Genebra, na Suíça, onde divulgou sua doutrina, compilada na obra *Instituição da religião cristã*. Entre seus preceitos religiosos, destacam-se:

- a salvação não depende da fé ou das obras, mas o homem já nasce predestinado à salvação ou à condenação;
- a aceitação da Bíblia como única fonte da verdade;
- a exclusão do culto aos santos e às imagens;
- o combate ao celibato clerical e à autoridade papal;
- a manutenção dos sacramentos do batismo e da eucaristia;
- a justificação da usura.

A doutrina calvinista teve grande aceitação entre os membros da camada burguesa, pois esse reformador valorizava o trabalho e a riqueza.

O triunfo definitivo da doutrina calvinista deu-se quando o reformador assumiu o governo de Genebra (1541), onde estabeleceu uma rígida ditadura. Calvino controlava a vida dos habitantes da cidade e todas as suas atividades sociais.

Muitas famílias nobres da França também abraçaram a nova fé e com isso o calvinismo conquistou adeptos entre a nobreza, que disputava espaços junto ao trono. A disputa por influência gerava sérias rivalidades, como a que ocorreu entre o duque de Guisa, católico, e o almirante Gaspar de Coligny, calvinista. Os calvinistas da França eram também chamados de **huguenotes**. Uma lei francesa de 1562 concedia liberdade religiosa a eles, mas proibia a construção de templos e a organização sem permissão do Estado, tentando impedir seu crescimento. Essa medida, porém, não surtiu efeito.

Em 1572, o almirante Coligny sofreu um atentado por parte de um católico, o que acirrou o ânimo dos huguenotes. Paralelamente, circulava na corte o boato de que os huguenotes estavam tramando uma conspiração para assumir o governo da

Detalhe da tela *A matança do Dia de São Bartolomeu*, feita por volta de 1572 por François Dubois.

França. Nesse contexto, os soldados, sob a liderança do duque de Guisa, invadiram as casas dos huguenotes, na noite de São Bartolomeu, 24 de agosto de 1572, e mataram tantos quantos puderam. Cerca de 15 mil huguenotes foram mortos naquela noite, fato que constituiu uma das páginas mais cruéis da história dos conflitos religiosos, conhecido como a "Matança de São Bartolomeu".

KLUG, João. *Lutero e a Reforma religiosa*. São Paulo: FTD, 1998. p. 32. (Coleção Para conhecer melhor).

A Reforma anglicana

Na Inglaterra, havia condições favoráveis à eclosão de um movimento reformista:

- a influência das ideias de John Wyclif;
- o nacionalismo;
- a evasão das rendas inglesas, devido aos tributos católicos;
- a necessidade de os reis ingleses de se livrarem da influência de Roma para centralizar o poder.

O motivo que desencadeou a Reforma anglicana foi o rompimento entre o rei inglês Henrique VIII e o papa Clemente VII. O rei queria que o papa anulasse seu casamento com Catarina de Aragão para poder desposar Ana Bolena. Como o papa se recusou, o rei reuniu um tribunal composto de bispos ingleses que aprovou o matrimônio real.

A família de Henrique VIII, pintada por artista desconhecido em 1545.

Henrique VIII foi excomungado pelo papa e, em 1534, o Parlamento inglês aprovou o **Ato de Supremacia**, pelo qual o monarca era reconhecido como o único chefe da Igreja nos territórios ingleses.

A Reforma inglesa, ao contrário das de Lutero e Calvino, não foi radical, pois respeitou as normas e os rituais da Igreja católica, negando apenas a autoridade do papa.

O anglicanismo consolidou-se definitivamente durante o reinado de Elizabeth I, quando esta fez o Parlamento promulgar a Lei dos 39 Artigos (1562), que transformou a religião inglesa numa combinação dos rituais católicos e da doutrina calvinista.

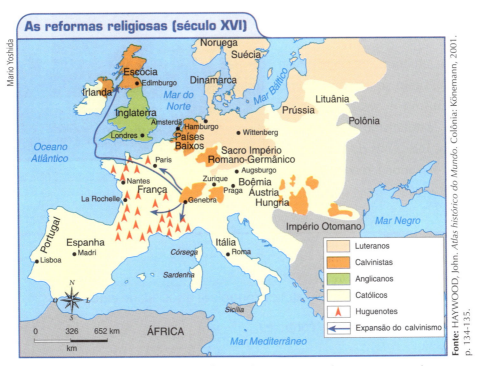

Observe, no mapa, as áreas atingidas pela Reforma. O luteranismo expandiu-se por uma vasta área do Sacro Império Romano-Germânico. A Reforma calvinista teve aceitação em vários países: França e Países Baixos, onde os adeptos eram chamados de huguenotes; Inglaterra, de puritanos; e Escócia, de presbiterianos. O anglicanismo limitou-se à Inglaterra.

A Reforma católica

O êxito das oposições reformistas deu origem a uma decidida reação da Igreja católica, que se lançou a combatê-las com a finalidade de destruí-las e de impedir que pudessem prosperar novas correntes consideradas heréticas. Essa reação da Igreja é conhecida como **Contrarreforma** ou **Reforma católica**.

No século XVI, com o avanço do protestantismo, a Igreja católica apressou sua reforma, e nesse movimento destacaram-se os chamados papas reformistas: Paulo III, Paulo IV, Pio V e Sisto V.

Em 1545, o papa Paulo III convocou o Concílio de Trento, que:

- reafirmou que a salvação depende da fé e das ações da pessoa;
- impôs que a interpretação da Bíblia devia ser feita pela Igreja;
- manteve os sete sacramentos, o celibato clerical, a indissolubilidade do matrimônio e o culto aos santos;
- criou os seminários para melhor formar os sacerdotes;
- determinou a publicação de um resumo da doutrina cristã: o catecismo.

Outras medidas ordenadas pela Igreja foram a elaboração do *Index*, catálogo dos livros proibidos aos católicos, e o restabelecimento dos Tribunais do Santo Ofício (a Santa Inquisição), cuja finalidade era reprimir as heresias. Esses tribunais eram órgãos de repressão que atingiam as crenças, o modo de vida etc. dos indivíduos. As pessoas acusadas eram sujeitas à tortura para confessar crimes contra a religião e, se condenadas, morriam queimadas.

Para o sucesso da Reforma católica, foi de grande importância a participação dos padres jesuítas. A Companhia de Jesus, ou Ordem dos Jesuítas, foi fundada em 1534, por Inácio de Loyola.

Os jesuítas atuaram no setor educacional, destacaram-se na luta contra o protestantismo e dedicaram-se à conversão ao catolicismo de grande parte dos povos indígenas do continente americano, na época recentemente descoberto.

Museu do Louvre, Paris, França

Detalhe de pintura retratando o Concílio de Trento. Obra do século XVI, de Paolo Farinati.

ATIVIDADES

1 Durante a Idade Média, a Igreja católica controlava a sociedade europeia.

a) De que forma era feito esse controle?

_____

_____

b) Quem passou a se opor a ele? Por quê?

_____

_____

_____

_____

2 Uma série de fatores favoreceu a Reforma luterana na Alemanha.

a) Que fatores foram esses?

_____

_____

_____

_____

b) Como se deu a propagação do luteranismo pela Alemanha?

_____

_____

_____

_____

Refletindo

3 Sobre a Reforma calvinista, responda: que camada social a Reforma favoreceu? Por quê?

_____

_____

4 O que foi a Contrarreforma?

_____

_____

5 Cite três decisões do Concílio de Trento.

_____

_____

_____

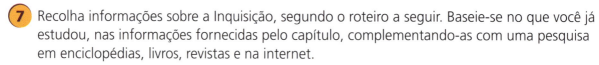

6 Consulte o mapa e os textos deste capítulo e preencha o quadro abaixo sobre as Igrejas surgidas no século XVI.

Igrejas	católica	luterana	calvinista	anglicana
Áreas de maior ocorrência				
Ideias fundamentais				

Pesquisando

7 Recolha informações sobre a Inquisição, segundo o roteiro a seguir. Baseie-se no que você já estudou, nas informações fornecidas pelo capítulo, complementando-as com uma pesquisa em enciclopédias, livros, revistas e na internet.

- Quando teve início.
- O que foi.
- Qual sua finalidade.
- Qual sua forma de agir.
- Por que foi retomada na Idade Moderna.
- Por que prendeu e condenou mais mulheres do que homens.

Anote o que achar mais importante para conversar com os colegas de classe. Não se esqueça de anotar, também, suas fontes de pesquisa.

8 Pesquise sobre a atuação dos jesuítas no Brasil colônia e escreva um pequeno texto sobre o assunto. No texto, dê sua opinião sobre a ação dos jesuítas em relação aos indígenas. Não se esqueça de anotar, também, suas fontes de pesquisa.

O ABSOLUTISMO MONÁRQUICO

Reis poderosos

O Estado sou eu. Essa frase, atribuída ao rei da França, Luís XIV (1638-1715), sintetiza a característica básica do absolutismo: a concentração de todos os poderes nas mãos do rei.

Os soberanos absolutistas não admitiam nenhum controle no exercício de seu poder e impunham sua vontade à nação.

Mantinham um exército nacional, muitas vezes com soldados mercenários. Tinham o poder de decretar as leis e administravam a Justiça. Determinavam os impostos e controlavam sua cobrança.

Museu do Louvre, Paris, França

Luís XIV entrando em Paris, obra de Charles Le Brun, 1666.

Luís XIV reinou de 1643 a 1715. De 1643 a 1651, porém, sua mãe, Ana da Áustria, governou em seu lugar, com o auxílio do Cardeal Mazzarino. Luís XIV assumiu o trono em 1651 aos 13 anos de idade, mas seu governo pessoal só começou, realmente, após a morte de Mazzarino, em 1661.

Leia o que Luís XIV, considerado a expressão maior do absolutismo francês, respondeu ao Parlamento de Paris:

> "É exclusivamente na minha pessoa que reside o poder do soberano [...] é só a mim que os meus tribunais recebem a sua existência e a sua autoridade; a plenitude dessa autoridade, que eles não exercem senão em meu nome, permanece sempre em mim, e o seu uso não pode nunca ser voltado contra mim; é a mim unicamente que pertence o poder legislativo sem dependência e sem partilha [...] a ordem pública inteira emana de mim, e os direitos e interesses da Nação, de que se ousa fazer um corpo separado do Monarca, estão necessariamente unidos com os meus e repousam unicamente nas minhas mãos".
>
> FREITAS, Gustavo de. *900 textos e documentos de História*. Lisboa: Plátano, 1972. V. III. p. 22.

No Estado absolutista, a nobreza continuava a deter privilégios. Estava isenta do pagamento de impostos e conservava o direito de explorar o trabalho dos camponeses. O rei absolutista mantinha junto a si uma corte numerosa, vivendo luxuosamente, o que contribuía para aumentar os gastos públicos. Para alguns nobres, o rei oferecia altos postos, como os ministérios.

Mas como o rei absolutista precisava do apoio econômico da burguesia, as práticas econômicas adotadas voltavam-se para o fortalecimento do comércio, possibilitando o enriquecimento da burguesia mercantil.

Embaixada da França em Madri, Espanha/ The Bridgeman Art Library, Londres, Inglaterra /Keystone

Tapeçaria de Charles Le Brun feita entre os anos 1665 e 1668 na França. A obra possui uma legenda que diz: "Encontro de Luís XIV, Rei da França e de Navarra, e de Felipe IV, Rei da Espanha, no ano de 1660, para ratificar a paz e para o casamento de sua Majestade com Maria Teresa de Áustria, infanta da Espanha". A tapeçaria retrata várias personagens de ambas as cortes, que acompanharam os respectivos reis no encontro, realizado na Ilha dos Faisões, no Rio Bidasoa, na fronteira entre os dois reinos: Navarra e Espanha.

ATIVIDADES

1) Reúna-se com um grupo em sala de aula e conversem sobre o que entenderam da resposta de Luís XIV ao Parlamento francês, que aparece nesta página. A classe poderá fazer uma dramatização: cada grupo escolhe um colega para ler o texto, como se fosse o rei absolutista respondendo ao Parlamento. Se vocês quiserem, poderão arranjar uma peruca e roupas para serem usadas na dramatização, com base nas pinturas que retratam Luís XIV.

2 Leia os trechos abaixo e analise a figura apresentada na sequência:

[...] Luís [XIV] foi também extremamente aquinhoado pela sorte na qualidade dos artistas, escritores e compositores que o serviram. A fabricação de sua imagem foi modelo para outros monarcas. Além disso, [sua imagem] está extremamente bem documentada. Centenas de pinturas, medalhas e gravuras do rei se conservaram.

BURKE, Peter. *A fabricação do rei*: a construção da imagem pública de Luís XIV. Rio de Janeiro: Jorge Zahar Editor, 1994. p. 14.

Os retratos conformam, neste contexto, um tipo de representação privilegiada das autoridades. São capazes de cumprir a sua função de substituir a personalidade com grande eficácia. Burke relata que muitos retratos de Luís XIV foram usados em cerimônias as mais diversas, nas quais o rei não podia estar presente. Os retratos de Luís XIV, segundo o autor, estavam entre as mais importantes representações inanimadas do rei. [...] essas pinturas eram tratadas como substitutos do rei. [...] Dar as costas ao retrato era uma ofensa tão grave quanto dar as costas ao rei.

MACEDO, Suiani Cordeiro. O mundo como palco. *Cadernos de História*, Universidade Federal de Ouro Preto, Ano II, n. 1, mar. 2007. Disponível em: <www.ichs.ufop.br/cadernosdehistoria/download/CadernosDeHistoria-03-02-Livre.pdf.>. Acesso em: jul. 2012.

Retrato de Luís XIV, 1701. Tela de Hyacinthe Rigaud.

a) Descreva com detalhes o retrato de Luís XIV.

_____

_____

_____

_____

b) Quais os elementos do retrato que reforçam o poder absoluto do monarca?

_____

_____

_____

_____

c) De acordo com o texto de Cordeiro Macedo, por que dar as costas a um retrato como esse era ofensa grave?

_____

_____

_____

Pensadores defendem o absolutismo

O poder real, que desde o final da Idade Média vinha se fortalecendo, consolidou-se nos séculos XVI e XVII, constituindo-se o absolutismo, um regime político no qual os poderes estavam concentrados nas mãos do rei.

Pensadores políticos modernos procuraram explicar ou justificar as origens e as razões do Estado absolutista. Entre eles, podem ser citados:

- **Nicolau Maquiavel** – escritor renascentista, em sua obra *O príncipe* justificou ser o absolutismo necessário para a manutenção de um Estado forte. Defendia que os governantes podem usar todos os meios para manter o poder e a segurança do país, mas desde que não mexa nos bens de seus súditos. Como afirmava: *os fins justificam os meios*.
- **Thomas Hobbes** – sua teoria sobre o governo absoluto está exposta na obra *Leviatã*. (Leviatã: um monstro bíblico que governava o **caos** na época da Criação.) Explica que os homens primitivos viviam em estado natural, sem leis para obedecer e agindo segundo seus próprios interesses. Mas havia guerras constantes, que geravam insegurança. Para viverem melhor, eles fizeram um contrato, cedendo todos os seus direitos a um soberano forte (assim, a imagem do Leviatã é uma referência ao poder absoluto do monarca que controla o caos).
- **Jean Bodin** e **Jacques Bossuet** – defensores da Teoria do Direito Divino. Viam nos monarcas absolutos a expressão mais perfeita da autoridade delegada por Deus na Terra (*O rei o é por vontade de Deus e só a Ele deve prestar contas*) e, assim, os súditos não tinham o direito de se revoltar contra o governante.

O absolutismo na França

No século XVII, o absolutismo consolidou-se na França e atingiu o seu apogeu com a dinastia dos Bourbons. Seus representantes foram Henrique IV, Luís XIII, Luís XIV, Luís XV e Luís XVI.

Henrique IV era um líder huguenote, mas, para ocupar o trono francês, renunciou à religião calvinista. Governou de 1589 a 1610 e, adotando práticas mercantilistas, promoveu o desenvolvimento da agricultura e do comércio. Deu início à colonização francesa na América, com a fundação de Québec e Port Royal, no Canadá. Pôs fim às guerras religiosas na França, assinando o **Edito de Nantes**, em 1598, que concedia liberdade religiosa e igualdade política aos huguenotes.

Luís XIII reinou de 1610 a 1643. Quando herdou o trono, ainda era menor de idade, por isso sua mãe, Maria de Médicis, ocupou o cargo de regente. Quem efetivamente governou a França foi o ministro, cardeal Richelieu. Suas principais realizações foram:

- submeteu a nobreza, consolidando o poder absolutista;
- destruiu o poder dos protestantes que, no reinado anterior, obtiveram o controle de alguns centros comerciais. Conseguiu tirar-lhes o direito de organizar um partido político;
- pretendia fazer da França uma nação forte no continente europeu e, para tanto, envolveu o país em várias guerras, entre elas a Guerra dos Trinta Anos (1618-1648). Nessa guerra, interessado em enfraquecer a dinastia dos Habsburgos, apoiou os príncipes protestantes alemães que lutavam contra o imperador austríaco.

A Guerra dos Trinta Anos foi motivada pela perseguição do imperador da Áustria aos protestantes da Boêmia e pelas pretensões centralizadoras dos Habsburgos austríacos em relação à Alemanha.

Os franceses venceram a guerra e, pelo Tratado de Vestfália, conseguiram impor sua **hegemonia** na Europa.

O apogeu do absolutismo francês é representado pelo governo de **Luís XIV** (1643-1715). Herdou o trono quando tinha apenas 5 anos de idade e, por isso, sua mãe, Ana d'Áustria, foi a regente, mas o poder de fato era exercido pelo ministro, o cardeal Mazzarino.

Esse ministro enfrentou revoltas conhecidas como **frondas**, que foram tentativas da nobreza e da burguesia de se libertar do poder absoluto. Essas duas camadas sociais eram contrárias à cobrança dos pesados tributos fixados pelo governo, por causa dos gastos com as guerras. Mazzarino conseguiu vencer as revoltas, fortalecendo, assim, o poder real.

Quando o cardeal Mazzarino morreu, o poder do monarca Luís XIV, conhecido como o Rei Sol, já estava praticamente consolidado.

Luís XIV teve como principal auxiliar o ministro das finanças, Colbert. Para aumentar a riqueza do Estado, Colbert reforçou as práticas mercantilistas, desenvolveu as manufaturas, a navegação e intensificou a exploração das Antilhas, na América, com a cultura canavieira. Em seu governo:

- revogou o Edito de Nantes (1685), o que provocou a saída de vários huguenotes da França. Como muitos deles eram comerciantes, donos de manufaturas e artesãos especializados, ao sair, levaram seu capital, abalando as finanças francesas;
- foi construído o Palácio de Versalhes, onde vivia luxuosamente uma enorme corte;
- deu grande apoio à cultura, destacando-se **Molière**, autor de sátiras como o *Burguês fidalgo*; **Racine**, autor de tragédias como *Phedra*; **Pascal**, filósofo e matemático; **Descartes**, filósofo, autor do *Discurso do método;*
- envolveu a nação em várias guerras, objetivando aumentar sua influência e o território do país. Uma delas foi a guerra pela sucessão na Espanha, defendendo o trono espanhol para o seu neto Felipe. Esses conflitos abalaram as finanças da França.

Seu sucessor, Luís XV, teve seu governo prejudicado pelo agravamento da situação financeira. As despesas da corte eram muito elevadas, e uma tentativa de recuperação econômica com emissão de moeda para a criação de companhias de comércio fracassou. Além disso, a França foi derrotada na Guerra dos Sete Anos, contra a Inglaterra, e perdeu parte de suas colônias.

O governo de seu sucessor, Luís XVI, marcou o fim do absolutismo francês, com a Revolução Francesa de 1789.

O Estado absolutista inglês

Museu Thyssen-Bornemisza, Madri, Espanha

O apogeu do absolutismo na Inglaterra foi atingido com a dinastia Tudor. Contou com o apoio da burguesia, interessada em um governo forte que incentivasse o comércio e a indústria.

Os principais representantes do absolutismo inglês foram: Henrique VII, Henrique VIII e Elizabeth I.

- **Henrique VII** – lutou contra a nobreza; foi o primeiro rei absolutista da Inglaterra.
- **Henrique VIII** – em seu governo, o Parlamento conservava-se aberto, porém manobrado à sua vontade. Anulou o poder da Igreja católica na Inglaterra e, em 1534, fundou a Igreja anglicana. Promoveu o desenvolvimento das manufaturas e do comércio marítimo.

Henrique VIII. Obra de Hans Holbein, o Jovem, 1536.

Encontrado retrato perdido de Elizabeth I de Inglaterra

Um retrato raro da princesa adolescente Elizabeth Tudor, mais tarde rainha Elizabeth I da Inglaterra, foi descoberto 450 anos depois de ter sido pintado.

O quadro, intitulado *Retrato da Rainha Elizabeth I quando era princesa* foi exibido ao público pela primeira vez, em Londres, em junho de 2006.

A descoberta foi feita por Philip Mould, um colecionador de arte, especializado em retratos do século XVI. Mould informou que a obra é o segundo retrato conhecido de Elizabeth quando era princesa, mostrando-a como uma jovem suave e frágil. O outro quadro pertence à Coleção Real e retrata a princesa como uma adolescente ambiciosa, que espera a Coroa.

O colecionador comprou o retrato, cujo autor é desconhecido, de uma coleção particular na Espanha, onde a obra esteve por mais de 40 anos. Os proprietários sabiam que o retrato era da princesa Elizabeth Tudor, mas desconheciam que se tratasse de um original.

Após adquirir o retrato, o colecionador consultou especialistas que identificaram a madeira no qual foi pintado como sendo de 1546. Estima-se que a pintura foi realizada em 1547, quando a princesa Elizabeth tinha 14 anos e vivia com sua madrasta, Catherine Parr, após a morte de seu pai, o rei Henrique VIII.

Coleção particular de Philip Mould/ The Bridgeman Art Library/Londres, Inglaterra, Keystone

Retrato de Elizabeth Tudor. Autor desconhecido, 1547.

Disponível em: <www.consultarte.es/2006/06/hallan-retrato-perdido-de-isabel-i-de.html>. Acesso em: jul. 2012. Texto traduzido.

- **Elizabeth I** – governou de 1558 a 1603. Coube a essa rainha a consolidação do anglicanismo, a adoção de práticas mercantilistas e o início da colonização da América do Norte, com a fundação de Virgínia. Ela enfrentou o rei Felipe II, da Espanha, em uma guerra em que os dois países disputaram o controle do comércio marítimo, e derrotou a Invencível Armada, nome dado à armada espanhola. A partir desse momento, a Inglaterra passou a ter a supremacia marítima.

Com a morte de Elizabeth I, que não deixou descendentes, encerrou-se a dinastia Tudor. Assumiu o poder seu primo e rei da Escócia, Jaime I, da família Stuart. Pretendendo impor sua autoridade, obteve aberta oposição do Parlamento. Perseguiu violentamente os católicos e os puritanos. Muitos desses últimos foram para a América do Norte, onde fundaram uma colônia, Plymouth.

Jaime I, pintura atribuída a John de Critz, 1620. Rei da Escócia (como Jaime VI) de 1567 a 1625 e primeiro rei da dinastia Stuart na Inglaterra, de 1603 a 1624, chamou a si próprio de "rei da Grã-Bretanha". Jaime foi um forte defensor do absolutismo monárquico.

Galleria Uffizi, Florença, Itália/ The Bridgeman Art Library, Londres, Inglaterra

No reinado de seu filho, Carlos I (1625-1648), a pequena nobreza e a burguesia viram-se obrigadas a pagar altos impostos. Aqueles que não o fizessem eram presos.

Em 1628, o Parlamento impôs a Carlos I a **Petição dos Direitos**, pela qual o rei não poderia criar tributos, convocar o exército ou prender pessoas sem sua prévia autorização. No ano seguinte, o rei conseguiu a aprovação de alguns impostos, mas, em seguida, fechou o Parlamento, só voltando a convocá-lo em 1640.

No ano seguinte, quando tentou mais uma vez fechar o Parlamento, teve início uma guerra civil.

A guerra civil (1641-1649)

Havia dois grupos antagônicos: os **cavaleiros**, partidários do rei, e os **cabeças redondas**, partidários do Parlamento.

Os cabeças redondas, liderados pelo deputado puritano Oliver Cromwell, derrotaram os cavaleiros. O rei Carlos I foi preso e condenado à morte, sendo decapitado em 1649.

Com o apoio do Parlamento, Cromwell passou a governar a Inglaterra. No entanto, em 1653, dissolveu-o e impôs uma ditadura, com o título de Lorde Protetor da Inglaterra.

Procurou consolidar os interesses mercantis da burguesia, ao assinar, em 1650, os **Atos de Navegação**, determinando que os produtos importados pela Inglaterra só poderiam ser transportados em navios ingleses ou nos de países com os quais estivesse comercializando diretamente. Essa decisão prejudicou o comércio holandês. A Holanda reagiu, e foi deflagrada uma guerra (1652-1654). A Inglaterra saiu vitoriosa, tornando-se suprema no comércio marítimo e a maior potência naval do mundo.

O período do governo de Cromwell foi chamado de República ou Protetorado de Cromwell.

Gravura de 1754 em que Oliver Cromwell (1599-1658), usando uma coroa de rei, domina seus inimigos.

O Lorde Protetor morreu em 1658 e foi substituído por seu filho Ricardo, cujo governo durou pouco tempo e foi marcado por agitações políticas e sociais.

Um novo Parlamento foi eleito em 1660, decidindo restaurar o regime político monárquico, sob a dinastia dos Stuart, entregando a Carlos II o governo da nação.

A restauração dos Stuart e a Revolução Gloriosa

Carlos II (1660-1685) tentou restabelecer o absolutismo na Inglaterra. No Parlamento, surgiram dois partidos: *Whig* (defensor do governo controlado pelo Parlamento) e *Tory* (absolutista). O rei organizou um exército para eliminar a oposição, fechou o Parlamento e impôs o absolutismo.

Com a morte do rei, ocupou o trono Jaime II (1685-1688). Seu filho, herdeiro do trono, era católico, o que não foi aceito pelo Parlamento. O rei foi destituído e o Parlamento ofereceu o trono ao governa-dor das Províncias Unidas (Holanda), Guilherme de Orange, esposo de Maria II, filha de Jaime II.

Rijksmuseum, Amsterdã, Holanda

Retrato da princesa Maria Stuart e do príncipe Guilherme de Orange, de Anthony van Dyck, 1641.

O rei Jaime II refugiou-se na França, e Guilherme de Orange passou a reinar com o título de Guilherme III. Esse episódio, que terminou com o absolutismo e instaurou na Inglaterra a monarquia parlamentar (1688), é conhecido como **Revolução Gloriosa**.

Guilherme de Orange jurou a **Declaração de Direitos** (*Bill of Rights*), que limitava o poder do rei e ampliava o do Parlamento. A partir desse momento, cabia ao Parlamento a aprovação de tributos, a manutenção de um exército permanente, a garantia do exercício da justiça pública, entre outras medidas.

Com o Parlamento fortalecido, a burguesia tornou-se ainda mais poderosa, controlando o comércio, a legislação comercial e administrativa, assumindo um compromisso com a aristocracia rural, que passou a cultivar as terras nos moldes capitalistas.

As práticas econômicas do absolutismo: o mercantilismo

O conjunto de práticas e teorias econômicas que marcaram a atuação dos governos absolutistas foi denominada, posteriormente, por alguns especialistas, **mercantilismo**. Embora essas práticas e teorias fossem diversas, conforme as especificidades de cada Estado, seu objetivo era fortalecer os grupos mercantis, tornando o Estado mais rico e poderoso, para que pudesse intervir no mercado, controlar e estimular o crescimento econômico. Essas práticas atingiram seu apogeu no século XVII, mas algumas eram ainda comuns até o final do século XVIII. De modo geral, eram as seguintes:

- forte interferência do Estado na economia, por meio de taxações e impostos;
- acumulação de metais preciosos nos tesouros do Estado;

- comércio como atividade mais importante do país;
- maior exportação e menor importação, para manter uma balança comercial favorável;
- protecionismo, ou seja, adoção de uma política que consistia no lançamento de altas tarifas alfandegárias sobre os produtos importados, na tentativa de reduzir as importações, aumentar as exportações e incentivar a produção nacional;
- colonialismo – um Estado tanto mais rico seria quanto maior número de colônias possuísse, pois estas abasteceriam a metrópole com seus produtos e se constituiriam em mercados consumidores dos produtos metropolitanos.

Ilustração do livro *History of the World* de H. F. Helmolt, Inglaterra, 1902. A cena representa a chegada de Guilherme de Orange na Inglaterra, em 1688.

O Estado absolutista adquiriu particularidades próprias, variando de país a país.

Em Portugal, o absolutismo teve início com a dinastia de Avis, cujo maior empreendimento foi ter transformado aquele pequeno país na cabeça do maior império marítimo e colonial da Época Moderna. Entretanto, a consolidação do governo absolutista ocorreu no século XVIII, após a exploração dos minérios do Brasil, que tornou o rei D. João V o monarca absolutista por excelência.

Na Espanha, a consolidação ocorreu a partir do século XVI, posterior aos reis católicos, quando aquela nação foi governada por Carlos V e Felipe II. No século XVII, ocorreu uma retração do poder político, que foi recuperado no início do século XVIII, após a Guerra de Sucessão (1701-1715), quando a dinastia Bourbon assumiu os rumos políticos da nação de forma centralizada e com forte interferência nas atividades econômicas. Os reis Felipe V e Fernando VI foram a expressão maior do absolutismo.

ORDOÑEZ, Marlene; QUEVEDO Júlio. *História*. São Paulo: Ibep, 1999.

1 Vamos ler com muita atenção o texto a seguir, de um teórico do absolutismo. No final, responda às questões.

Um príncipe não deve, pois, temer a má fama de cruel, desde que por ela mantenha seus súditos unidos e leais, pois que, com mui poucos exemplos, ele será mais piedoso do que aqueles que, por excessiva piedade, deixam acontecer as desordens das quais resultam assassínios ou **rapinagens**: porque estes costumam prejudicar a comunidade inteira, enquanto aquelas execuções que emanam do príncipe atingem apenas um indivíduo. E, dentre todos os príncipes, é ao novo que se torna impossível fugir à **pecha** de cruel, visto serem os Estados novos cheios de perigos.

Nasce daí uma questão: se é melhor ser amado que temido ou o contrário. A resposta é de que seria necessário ser uma coisa e outra; mas, como é difícil reuni-las, em tendo que faltar uma das duas é muito mais seguro ser temido do que amado. Isso porque dos homens pode-se dizer, geralmente, que são ingratos, volúveis, **simuladores**, tementes do perigo, ambiciosos de ganho; e, enquanto lhes fizeres bem, são todos teus, oferecem-te o próprio sangue, os bens, a vida, os filhos, desde que, como se disse acima, a necessidade esteja longe de ti; quando esta se avizinha, porém, revoltam-se. E o príncipe que confiou inteiramente em suas palavras, encontrando-se destituído de outros meios de defesa, está perdido: as amizades que se adquirem por dinheiro, e não pela grandeza e nobreza de alma, são compradas, mas com elas não se pode contar e, no momento oportuno, não se torna possível utilizá-las. E os homens têm menos escrúpulo em ofender a alguém que se faça amar do que a quem se faça temer, posto que a amizade é mantida por um vínculo de obrigação que, por serem os homens maus, é quebrado em cada oportunidade que a eles convenha; mas o temor é mantido pelo receio de castigo que jamais se abandona.

Deve o príncipe fazer-se temer de forma que, se não conquistar o amor, fuja ao ódio, mesmo porque podem muito bem coexistir o ser temido e o não ser odiado: isso conseguirá sempre que se abstenha de tomar os bens e as mulheres de seus cidadãos e de seus súditos e, em se lhe tornando necessário derramar o sangue de alguém, faça-o quando existir conveniente justificativa e causa manifesta. Deve, sobretudo, **abster**-se dos bens alheios, posto que os homens esquecem mais rapidamente a morte do pai do que a perda do patrimônio.

Concluo, pois, voltando à questão de ser temido e amado, que um príncipe sábio, amando os homens como a eles agrada e sendo por eles temido como deseja, deve apoiar-se naquilo que é seu e não no que é dos outros; deve apenas empenhar-se em fugir ao ódio, como foi dito.

MAQUIAVEL, Nicolas. *O príncipe*. São Paulo: Hedra, 2007. c. XVII. Texto adaptado.

a) Segundo Maquiavel, é melhor que o Príncipe (o governante) seja amado ou temido? Por quê?

_____

_____

_____

b) Selecione o trecho de Maquiavel que melhor represente o pensamento "Os fins justificam os meios".

_____

_____

_____

_____

_____

Refletindo

2 O governo dos reis absolutistas na França apresentou aspectos negativos e positivos. Troque ideias com a classe, depois faça um quadro, anotando esses aspectos.

3 Se a burguesia inglesa apoiou a dinastia Tudor, por que, posteriormente, participou de uma guerra civil e apoiou a Revolução Gloriosa?

_____

_____

_____

_____

_____

4 Relacione absolutismo e mercantilismo.

_____

_____

_____

_____

_____

Trabalhando em grupo

5 A classe poderá se dividir em quatro grupos. Cada grupo deverá fazer um cartaz com uma imagem de um dos pensadores que apoiavam o Estado absolutista e escrever, em um balão, sua explicação ou justificativa para esse regime político. Vocês poderão pesquisar textos e as imagens desses pensadores em uma enciclopédia ou outra fonte, tirar uma fotocópia ou desenhar. Exponham o cartaz no mural da classe e façam uma comparação com os cartazes dos outros colegas.

POVOS
PRÉ-COLOMBIANOS

Os povos que os europeus encontraram na América

Quando, no final do século XV, os europeus chegaram ao continente americano, já o encontraram povoado por mais de 40 milhões de pessoas, segundo alguns pesquisadores.

Qual a origem do homem americano?

Duas teorias que explicam a origem do homem americano contam com o maior número de adeptos entre os estudiosos do assunto.

A mais aceita é a de que o homem primitivo, perseguindo animais selvagens para caçar, deslocou-se da Sibéria, na Ásia, para o Alasca, na América, atravessando o Estreito de Bering. Essa travessia foi possível graças a uma glaciação que teria unido os dois continentes. A partir daí, o povoamento atingiu a costa ocidental da América no Norte, em seguida a América Central e, depois, a América do Sul, na região andina.

A outra teoria é a de que o homem chegou à América por mar, vindo da Malásia, ou das ilhas da Austrália, pelo Oceano Pacífico, chegando ao extremo sul da América, na Patagônia.

Fonte: ARRUDA, José Jobson de A. *Atlas histórico básico*. São Paulo: Ática, 2005. p. 20.

Um trabalho científico de dois geneticistas brasileiros, Sérgio Danilo Pena e Fabrício Santos, publicado na revista Science em março de 1999, confirma o parentesco genético entre tribos de seis países americanos (Brasil, Peru, Argentina, Colômbia, México e Estados Unidos) e um pequeno povoado nas Montanhas Altai, localizado entre a Sibéria, Rússia e Mongólia. Este trabalho foi apresentado como prova irrefutável da origem asiática dos ameríndios, os quais penetraram pelo Estreito de Bering, comprovando a teoria de Alis Hardilick.

O arqueólogo Walter Neves da Universidade de São Paulo e seu parceiro de pesquisa, Héctor Pucciarelli, formularam a hipótese de que, milhares de anos antes da escravidão negra, já poderia haver africanos na América. Baseou-se na análise de detalhes anatômicos de centenas de ossos de índios do Brasil, do Chile e da Colômbia. As medidas quase sempre coincidem com as de atuais povos do Extremo Oriente. No entanto, os crânios mais antigos apresentam traços africanos, parecidos com os aborígenes da Austrália. Um deles, o de uma mulher encontrada em Lagoa Santa, Minas Gerais, com 11 500 anos de idade, segundo datação realizada em 1998, é o crânio mais velho das Américas, cognominada de Luzia, que fazia parte do grupo dos "homens de Lagoa Santa", os quais se alimentavam mais de vegetais, obtidos pela coleta, do que de caça. A medição dos ossos de Luzia revelou um queixo proeminente, um crânio estreito e longo e faces estreitas e curtas. Essas características sugerem que antes da chegada dos ancestrais asiáticos dos ameríndios houve uma primeira leva de imigrantes que deixou a África há 120 000 anos.

A provável face de Luzia.
A surpresa são os traços negroides

Um grupo teria ido para a Oceania há 40 mil anos e outro grupo teria entrado na América pela Sibéria em data desconhecida. Mais tarde, os asiáticos teriam exterminado os africanos, sobrando só os ossos, em virtude de disputa por caça e territórios. Para reforçar essa hipótese, pesquisadores ingleses da Universidade de Manchester fizeram vários exames tomográficos do crânio de Luzia, sendo o resultado desses exames reprocessados por um computador da University College London, Inglaterra, obtendo uma imagem tridimensional e produzindo um crânio idêntico ao encontrado. Esse modelo foi encaminhado ao professor Richard Neave, especialista em reconstituições faciais, da Universidade de Manchester e coincidiu com o modelo negroide defendido pelo arqueólogo brasileiro. Luzia, portanto, seria uma mulher de feições negroides, com nariz largo, olhos arredondados,

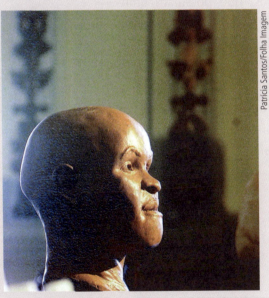

Patrícia Santos/Folha Imagem

Foto de uma reconstituição da cabeça de Luiza, ancestral humano encontrado na cidade de Lagoa Santa, Minas Gerais, em 1975.

queixos e lábios salientes, muito diferente dos povos de origem asiática, presentes por ocasião da chegada do homem europeu. Para reforçar ainda mais essa teoria, as configurações cranianas de Luzia foram encontradas em fósseis de mais ou menos 9 mil anos perto da cidade colombiana de Tequendama e na Terra do Fogo, do outro lado do Estreito de Magalhães, territorialmente localizado no fim da América do Sul. Portanto, atualmente, a hipótese de Walter Neves e Héctor Pucciarelli, acrescenta mais uma celeuma na conturbada história do povoamento americano.

Disponível em: <www.historiadomundo.com.br/artigos/povoacao-da-america/>. Acesso em: jun. 2012. Texto adaptado.

No momento da ocupação europeia, os povos americanos apresentavam diferentes modos de vida, cultura e grau de desenvolvimento.

No extremo norte da América, na região ártica, viviam os esquimós. Em busca de animais para caçar e pescar, permaneciam pouco tempo no mesmo local. Armavam suas tendas de peles e construíam suas casas de gelo, os iglus. Obtinham luz e calor do óleo de baleia e vestiam-se com peles de focas e caribus.

Ainda na América do Norte havia, entre outros povos, os apaches, os iroqueses, os sioux, os cherokees. Eram nômades e viviam da coleta, da caça de búfalos, antílopes, veados, da pesca e de uma agricultura rudimentar, plantando milho, feijão, abóbora.

Na América do Sul, havia vários povos, entre eles, os chibchas, que possuíam grande conhecimento de técnicas agrícolas, ourivesaria e cerâmica. Havia, também, os tupis, macro-jês, aruaques, caribes, entre outros, que ocupavam terras mais tarde dominadas por Portugal.

Populações originárias da América

Principais grupos étnicos

- Grupo Esquimó-Aleutino
- Grupo Na-Dene
- Sioux-Dakota
- Iroqueses
- Grupo Algonquino-Wakash
- Grupo Uto-Asteca
- Maias
- Grupo Aruaque
- Grupo Chibcha
- Grupo Caribe
- Grupo Tupi-Guarani
- Grupo Jê
- Grupo Quíchua
- Outras populações

Fonte: ARRUDA, José Jobson de A. *Atlas histórico básico*. São Paulo: Ática, 2005. p. 21.

É importante saber que essas denominações não são nomes de tribos, mas se referem às línguas faladas pelas diferentes nações indígenas. No universo de línguas indígenas no Brasil, por sua vez, reconhece-se a existência de "troncos" linguísticos – **Tupi** e **Macro-Jê** são os dois maiores –, dos quais se derivam diversas famílias linguísticas e, destas, diferentes línguas. Além dessas, há 19 famílias linguísticas que não apresentam taxas de semelhanças suficientes para que pudessem ser agrupadas em troncos. Há, também, famílias de apenas uma língua, às vezes denominadas "línguas isoladas", por não se revelarem parecidas com nenhuma outra língua conhecida. Na atualidade, há cerca de 180 línguas indígenas conhecidas no Brasil.

Dos povos pré-colombianos, três desenvolveram importantes civilizações: os maias, os astecas e os incas.

Os **maias** ocupavam a Península de Yucatan, na região que hoje corresponde ao sul do México, Guatemala e Belize. Quando os espanhóis chegaram à América, essa civilização já estava em uma situação de desorganização social.

O povo mexicano emigrou do território dos atuais Estados Unidos, de uma região deno-

Gravura colorida, produzida por Olfert Dapper em 1673, é uma interpretação do artista sobre como seria a capital dos astecas.

Ruínas maias em Tikal, Guatemala, 2010.

minada Aztlán e, ao chegar a uma região de vales e pântanos, conhecida como Vale do México, instalou-se nas ilhas do Lago Texcoco. Os astecas, como passaram a ser conhecidos, fundaram a cidade de Tenochtitlán (1325), atual Cidade do México.

Com a dominação dos habitantes locais, formou-se o **Império Asteca** que, no final do século XV, controlava uma vasta área, com mais de 500 cidades e aproximadamente 15 milhões de habitantes.

Tenochtitlán, a capital do império, começou como uma pequena aldeia, com choças que rodeavam um templo. No início do século XVI, era uma das maiores cidades do mundo, com uma população de um milhão de habitantes. Contava com templos, palácios, ruas bem traçadas, mercados, praças e monumentos artísticos. Era também um grande centro cultural e econômico.

Detalhe do mural *A Grande Cidade de Tenochtitlán*, obra de Diego Rivera, 1945.

Chamados de "Os filhos do Sol", os **incas** têm origem obscura, cercada de lendas e mitos. A mais conhecida das lendas relata que chegaram à região do Peru por volta do ano de 1200. Estabeleceram-se em Cuzco, chefiados por Manco Cápac, o primeiro inca (imperador).

Os incas formaram seu império dominando as várias civilizações que habitavam a região dos Andes, na América do Sul.

O Império Inca compreendia os atuais territórios do Peru, do Equador, de parte da Colômbia, do Chile, da Bolívia e da Argentina.

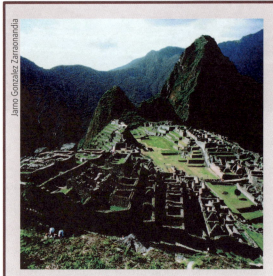

Ruínas de Machu Picchu, Peru, 2010.

Jarno Gonzalez Zarraonandia

Yale restitui ao Peru 4 000 artefatos retirados de Machu Picchu

A Universidade de Yale (Nova Inglaterra, EUA) vai restituir ao Peru 4 000 peças arqueológicas que tinham sido retiradas da cidadela inca de Machu Picchu, anunciou um membro do governo de Lima.

As peças tinham sido levadas para a Universidade de Yale no início do século XX por um arqueólogo norte-americano. O acordo de restituição das peças foi concluído entre o governo peruano e a instituição acadêmica, depois de meses de negociações.

Entre 1911 e 1916, o arqueólogo Hiram Bingham escavou a cidadela inca, tendo levado para Yale numerosos artefatos arqueológicos, como múmias, restos de corpos humanos, cerâmicas, utensílios e objetos de arte.

Revista *Ciência Hoje*, Portugal, 16 set. 2007. Disponível em: <www.cienciahoje.pt/23294>. Acesso em: jun. 2012. Texto adaptado.

ATIVIDADES

1. Existem duas teorias mais aceitas sobre a origem do homem americano. Explique-as.

_____

_____

_____

_____

_____

_____

_____

_____

2. Com o grande desenvolvimento das ciências em geral, a cada dia são feitas novas descobertas sobre os primeiros homens que habitavam a América e sua origem. Leia o boxe da página 59 e procure, em jornais, revistas, livros ou na internet, as mais recentes descobertas sobre o homem americano. Anote o que achar mais interessante para trocar ideias com os colegas de classe.

3. Observe com atenção as imagens das páginas 61 e 62 (as cidades Tikal, Tenochtitlán e Machu Picchu). A que conclusão você chega sobre a tecnologia dos povos que construíram essas cidades?

_____

_____

_____

A civilização maia

Na **economia** dos maias, a agricultura foi a atividade básica. Plantavam o milho, que era o principal produto, o algodão, o tomate, o feijão, a batata e o cacau. A terra pertencia ao Estado e era cultivada coletivamente. A caça e a pesca eram atividades econômicas complementares, e os maias desconheciam a pecuária. No artesanato, realizaram notáveis trabalhos: tecidos, objetos de cerâmica, lapidação de pedras preciosas etc. Desenvolveram um importante comércio com os povos vizinhos.

A sociedade estava dividida em quatro camadas:

Museu de Palenque, México/CPG, s.d.

- **nobres**, os chefes guerreiros que lideravam a administração pública, a quem os espanhóis chamavam de caciques;
- **sacerdotes**, que mantinham o controle da religião, dirigindo os cultos, realizando os sacrifícios, as oferendas etc. Também se dedicavam às artes e às ciências;
- **trabalhadores**, eram o povo, a maioria da população. Dedicavam-se à agricultura, às construções e ao artesanato;
- **escravos**, em pequeno número, geralmente prisioneiros de guerra ou condenados por algum delito.

As cidades maias eram independentes, cada uma governada por um chefe, responsável pela direção da **política** e pelo recebimento dos impostos. O governante era assessorado por um conselho formado por alguns nobres e sacerdotes.

Detalhe de peça maia encontrada em Palenque, cidade do sul da Península de Yucatán, México.

Na **religião**, havia um grande número de divindades, que representavam a chuva, o trovão, o raio, a seca, a guerra, a tempestade, e para elas foram construídos amplos templos.

Nas artes, os maias destacaram-se na arquitetura, com a construção de templos e palácios. Também desenvolveram a pintura. Na escultura, foram notáveis nos baixos-relevos, nos quais retratavam divindades, sacerdotes ou chefes políticos. Nas ciências, desenvolveram a matemática e a astronomia, fazendo cálculos bastante complexos, que lhes permitiram conhecer a duração da rotação de Vênus, as fases da Lua, os eclipses solares etc.

A civilização asteca

A **economia** asteca baseava-se na agricultura, com o cultivo de milho, tabaco, feijão, pimenta, tomate, cacau, baunilha, algodão, abóbora, melão etc. Do cacau, os astecas extraíam uma bebida chamada *xocoatl*. A propriedade da terra era do Estado.

Para conseguir maior área para o plantio, eles construíram as *chinampas* ou jardins flutuantes, ilhas artificiais formadas com lama amontoada e firmada com relvas e arbustos.

Pedra do Sol – calendário solar asteca.

O comércio foi largamente desenvolvido. Nas maiores cidades, os mercados eram diários e, nas menores, semanais. O comércio era feito à base de troca. Também há indícios que utilizassem as sementes de cacau (que chamavam de *cacahuat*) como "moeda" de troca. O artesanato também foi de grande importância, movimentando o comércio interno e o externo. Confeccionavam tecidos com fibras vegetais, faziam machados e outros instrumentos de cobre, joias, trabalhos com plumas, cerâmicas etc.

A **sociedade** estava dividida em camadas bastante diferenciadas. A mais alta era a dos nobres, que abrangia várias categorias: o governante (*tlacatecuhtli*) e sua família, os sacerdotes e os chefes guerreiros. A nobreza gozava de alguns privilégios, como usar joias, sandálias, não executar trabalhos manuais, ter várias mulheres, assistir às festas do palácio etc. Os sacerdotes recebiam educação rigorosa e eram encarregados dos cultos, dos sacrifícios e de colaborar na administração do Estado. Os comerciantes, ou *pochteca,* formavam uma camada social à parte, que gozava de grande privilégio junto ao governo, porque atuavam como espiões. Depois vinha a camada composta pelos agricultores, artesãos e pequenos comerciantes, que eram obrigados a pagar pesados tributos. A camada mais baixa da sociedade era constituída pelos escravos.

Quanto à vida **política**, no princípio, os astecas estavam sob a autoridade de um chefe, com poderes absolutos. Mais tarde, foi adotada a monarquia eletiva.

Na **religião**, eram politeístas. Uma das principais divindades era *Quetzalcoatl*, a serpente emplumada que representava a sabedoria.

Nas **artes** e **ciências**, os astecas desenvolveram particularmente a arquitetura, com técnicas avançadas de construção. Criaram um calendário pelo qual o ano tinha 365 dias, distribuídos em 18 meses de 20 dias cada um. Os cincos dias que restavam eram chamados de vazios, e eles acreditavam que traziam má sorte, por isso, nada de importante devia ser feito nesses dias. O calendário solar dos astecas, também conhecido como Pedra do Sol, foi encontrado em 1790, quando eram realizadas obras próximas à catedral da Cidade do México.

Os astecas conheciam várias plantas medicinais, com as quais faziam remédios. Tinham também alguns medicamentos de origem animal e mineral. Tratavam de feridas, doenças de pele, dos olhos, do ouvido etc.

O mural *Civilização Totonac*, produzido em 1955, traz a interpretação do pintor Diego Rivera sobre a cultura asteca.

Os incas

Na **economia**, os incas possuíam uma agricultura desenvolvida, cultivando dezenas de espécies vegetais, entre elas o milho, principal produto, a batata-doce, o tomate, a goiaba, o abacate, o amendoim, o ananás etc. Com uma população superior a 20 milhões de habitantes, tinham necessidade de uma boa produção agrícola.

Para aumentar a produtividade da terra, usavam irrigação e adubos. Domesticaram a lhama, o guanaco, a vicunha e a alpaca, que serviam para o transporte e o fornecimento de lã e couro. O comércio era realizado em grandes mercados locais, mas não conheciam a moeda.

A **sociedade** estava dividida em três camadas sociais. A dos sacerdotes e a dos nobres eram as dominantes. A posição mais importante da sociedade era a do inca ou imperador. Considerado o grande sacerdote do Sol, o inca ficava à frente da hierarquia religiosa. Essas camadas privilegiadas estavam isentas do pagamento dos impostos e do trabalho gratuito.

O povo, camada social não privilegiada, era formado basicamente pelos camponeses. Trabalhava nas terras do Estado e do clero e pagava um imposto em serviços, construindo obras públicas, participando do exército, explorando minérios etc. Também faziam parte dessa camada social os artesãos.

Quanto à vida **política**, o Estado inca foi uma monarquia teocrática. O imperador era ao mesmo tempo chefe religioso, civil e militar. Seu poder sustentava-se no culto ao Sol, pois ele era considerado a sua encarnação na Terra.

Na **religião**, os incas adoravam as forças da natureza, principalmente o Sol, *Inti*, e a Lua, *Quilla*. Havia também o deus do trovão, do arco-íris, dos planetas etc. Acima de todos esses deuses estava *Wiracocha*, o deus criador do Sol e da Lua. Contavam com um corpo de sacerdotes bem organizado.

Nas **artes**, o grande destaque ficou para a arquitetura. Construíram palácios, fortalezas e templos, cujos exemplos podem ser vistos na cidade de Machu Picchu.

Nas **ciências**, os incas criaram um sistema de numeração decimal denominado *quipu*. Registravam as informações em diferentes cordões, com nós. Essas informações eram identificadas pela cor do cordão, o número e a posição dos nós. Na medicina, usavam ervas para o tratamento de doenças e a técnica da sangria. Há algumas indicações de que faziam cirurgias com perfuração do crânio (trepanação).

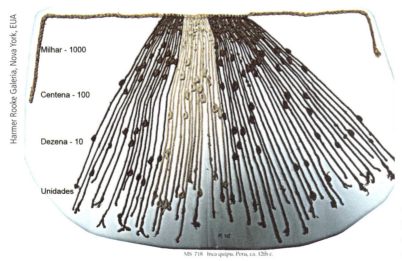

Harmer Rooke Galeria, Nova York, EUA

Milhar - 1000

Centena - 100

Dezena - 10

Unidades

MS 718 Inca quipu. Peru, ca. 12th c.

Quipu: sistema de numeração decimal criado pelos incas. As informações eram registradas em um conjunto de nós que indicavam diferentes valores numéricos.

1 Leia com atenção.

A famosa zona arqueológica, declarada Patrimônio Cultural da Humanidade em 1995, está encravada nas montanhas do sul da Colômbia. Era um lugar cerimonial, onde os antigos habitantes prestavam cultos à natureza e à morte, como símbolo de continuidade e evolução.

O complexo trabalho em pedra foi realizado desde o século II a.C. até o século X da nossa era. Estão enterrados em montes de terra artificiais: grandes esculturas em uma só pedra (monólitos), decoradas com as cores roxa, amarela, preta e branca. Dentro do parque arqueológico encontram-se esculturas antropomorfas, zoomorfas e antropozoomorfas.

Estátuas construídas entre os séculos VI a XIV de um monumento mortuário de uma antiga cultura norte-andina localizada em San Agustín, na Colômbia.

Disponível em: <www.icanh.gov.co/?idcategoria=1235>. Acesso em: jul. 2012. Texto traduzido.

Perto do lago Titicaca, as impressionantes ruínas de Tiwanaku [também grafado Tiahuanaco] são o último vestígio de uma das mais duradouras civilizações da América do Sul. Anteriores às construções megalíticas dos incas, com pedras muito bem talhadas e alinhadas, as ruínas evocativas do deus criador Viracocha foram classificadas como Património Mundial pela UNESCO. Paulo Afonso conta o que viu quando as visitou.

A cidade de Tiwanaku foi a capital de um vasto império regional pré-colombiano, que ia do Sul do actual Peru ao Sul dos Andes bolivianos

A Porta do Sol em Tiahuanaco na Bolívia.

e partes vizinhas do Norte do Chile, incluindo ainda contactos com povos da periferia da floresta amazónica, que integra hoje parte do território boliviano. O seu apogeu deu-se durante o período compreendido entre 500 e 900 d.C., mas as suas origens datarão de muito antes, por volta de 400 a.C. Outros indícios apontam, porém, para que a área onde surgiu Tiwanaku já fosse habitada por pequenos povoados agrícolas em torno de 1500 a.C.

No ano 2000, a UNESCO classificou as ruínas monumentais de Tiwanaku como Património da Humanidade, por serem testemunhos do poder político e cultural desta civilização.

[...]

SUPER, 147, jul. 2010. Disponível em: <http://www.superinteressante.pt/index.php?option=com_content&view=article&id=115:o--misterio-de-tiwanaku&catid=9:artigos&Itemid=83>. Acesso em: jul. 2012.

Os textos acima apontam dois aspectos: um local que foi considerado "patrimônio da humanidade" e duas civilizações pré-colombianas sobre as quais não falamos no capítulo. Pesquise para saber: o que são "patrimônios da humanidade" e qual sua importância?

Refletindo

2 Faça um quadro comparativo das civilizações asteca, maia e inca.

3 Leia o texto.

O inca, soberano supremo, é ao mesmo tempo uma divindade e transmite o poder a seus filhos. Na presença dele humilhavam-se até os mais altos e nobres dignitários, obrigados a apresentar-se descalços, curvados e carregando um peso nas costas. Os direitos de vida e morte sobre seus súditos são absolutos, qualquer que seja o nível social deles.

Adaptado de POMER, León. Os incas. In: PINSKY, Jaime. *História da América através de textos*. 7. ed. São Paulo: Contexto, 2001. p. 15.

Responda:

a) Que poderes detinha o soberano inca?

_____

_____

_____

_____

b) Cite o trecho do texto que evidencia a dupla natureza do inca.

_____

_____

_____

_____

c) Que semelhança há entre o regime político dos incas e o absolutismo francês?

_____

_____

_____

_____

_____

4 A classe deve dividir-se em grupos. Cada grupo deverá pesquisar um país, por exemplo, México, Guatemala, Peru, Bolívia, Brasil, para saber como vivem os povos indígenas, atualmente, nos lugares de origem dos povos pré-colombianos. Depois, deverá comparar com a forma como o povo vivia antes da chegada dos colonizadores europeus. O resultado da pesquisa de cada grupo deverá ser compartilhado com a classe.

Capítulo 6

CONQUISTA E COLONIZAÇÃO DA AMÉRICA

Chegam os invasores: morte e destruição na América

O processo de conquista e colonização da América pelos europeus provocou significativa **devastação** ambiental e morte das populações nativas. O objetivo dos conquistadores espanhóis, portugueses, ingleses e franceses era explorar suas colônias e proporcionar o maior lucro possível para as metrópoles. Em função disso, apropriaram-se das terras, escravizaram, mataram, destruíram.

Vamos conhecer como as duas grandes civilizações da América pré-colombiana, asteca e inca foram dominadas pelos espanhóis.

O fabuloso Império Asteca foi conquistado por Hernán Cortez. Os espanhóis, com armas de fogo e o cavalo, desconhecidos dos nativos, levavam uma vantagem inicial e souberam explorar os conflitos daquele império.

A expedição de Cortez partiu de Cuba, em 1519, e, descendo a costa, desembarcou na cidade de Veracruz, no México. O imperador asteca, Montezuma, enviou presentes ao comandante espanhol e o pedido para que se retirasse. Porém, Cortez continuou avançando. Contou com o apoio de alguns setores da sociedade asteca, descontentes com a obrigação de pagar tributos ao imperador.

Biblioteca Nacional, Madrí, Espanha

O imperador Montezuma, representado nesta ilustração espanhola do século XVI, nasceu em, aproximadamente, 1480 e reinou de 1502 a 1520.

Representação de Francisco Pizarro, feita em 1754.

Em novembro do mesmo ano, a expedição espanhola chegou à cidade de Tenochtitlán. Montezuma foi preso pelos espanhóis, que o obrigaram a reconhecer o rei da Espanha como soberano do México. Além disso, teve de mostrar os mapas das terras e os registros dos impostos.

No início do ano seguinte, Cortez foi até a cidade de Veracruz, deixando em seu lugar, em Tenochtitlán, Pedro Alvarado. Durante uma festa religiosa, Alvarado promoveu um verdadeiro massacre dos astecas. Revoltados, os astecas começaram a se preparar para a guerra.

Ao retornar, Cortez prendeu Alvarado e tentou acalmar os ânimos. Não foi bem-sucedido. Violentas lutas foram travadas entre os espanhóis e os astecas. Por fim, Cortez tomou mais uma decisão cruel. Ordenou que fosse envenenada a água que servia Tenochtitlán e cercou a cidade para que ninguém saísse ou nenhuma ajuda entrasse. No dia 13 de agosto de 1521, a capital foi dominada.

O responsável pela conquista do Peru foi Francisco Pizarro. O Império Inca vivia momentos difíceis. Atahualpa e Huascar lutavam pelo poder. Atahualpa venceu, mas o império ficou enfraquecido.

Quando os espanhóis chegaram à cidade de Cuzco, encontraram-na praticamente vazia, pois o imperador havia ordenado que fosse evacuada. Atahualpa concordou em se encontrar com Pizarro.

Os espanhóis quiseram obrigá-lo a reconhecer o deus dos espanhóis como o único deus e a obedecer ao papa e ao rei da Espanha. O imperador deixou cair a Bíblia que havia sido colocada em suas mãos. Pizarro deu ordem de ataque, surpreendendo a desarmada população incaica. O imperador foi preso e, em troca de sua liberdade, foram exigidos ouro e prata.

O povo inca mobilizou-se para cumprir a exigência, mas, mesmo assim, Atahualpa foi condenado à morte e executado. Em 1533, os espanhóis tomaram as cidades de Cuzco e Quito. Dois anos depois, fundaram a cidade de Lima, que passou a ser a capital.

A prisão de Atahualpa em Cajamarca. Obra de Pierre Duflos, feita entre os anos 1760 e 1810.

1 A classe deverá se dividir em dois grandes grupos e ler a introdução do capítulo.

a) Um dos grupos deverá imaginar que faz parte da expedição colonizadora espanhola que destruiu o Império Asteca e organizar uma apresentação dramatizada, contando:

- como chegou à América;
- os objetivos da expedição;
- como pretende subjugar a população.

b) O outro grupo deverá imaginar que vive no Império Inca e organizar uma apresentação dramatizada, contando:

- como vivia antes da chegada dos espanhóis;
- como os espanhóis dominaram o Império;
- como passou a viver após a chegada dos espanhóis.

Os grupos poderão, também, improvisar vestimentas e objetos, de acordo com as imagens observadas.

A colonização da América espanhola

No início do século XVI, Portugal e Espanha e, um pouco mais tarde, a Inglaterra, a França e a Holanda promoveram a colonização das terras que haviam conquistado na América.

A colonização que foi implantada estava ligada à expansão marítima e comercial da Europa, ao fortalecimento das monarquias absolutistas e às práticas econômicas do mercantilismo.

O monopólio do comércio colonial garantia à metrópole a aquisição de todos os produtos coloniais a um preço mínimo, porém suficiente para estimular a produção. As colônias eram também um centro consumidor dos produtos metropolitanos.

Espanha e Portugal garantiram a posse efetiva das possessões americanas, principalmente perante a França e a Inglaterra.

Ao iniciar a colonização, o governo espanhol montou uma máquina administrativa que se incumbisse de realizá-la. Foram criados:

- a **Casa de Contratação**, em 1503, para supervisionar as relações marítimas e comerciais entre a América e a Metrópole. Exercia, no setor comercial, a função de Corte de Justiça;
- o **Real Supremo Conselho das Índias**, em 1511, responsável pela administração geral da Colônia, como a preparação das leis e decretos.

A extensão territorial da colônia espanhola na América levou a uma divisão administrativa. Foram criados quatro vice-reinos e quatro capitanias-gerais.

Os vice-reinos e as capitanias-gerais eram governados, respectivamente, por vice-reis e capitães-gerais, nomeados pelo Conselho das Índias. Ambos tinham amplos poderes. Além de serem os responsáveis pelo Poder Executivo, nomeavam funcionários, cuidavam da Justiça etc. Eram fiscalizados pelas Audiências, tribunais que possuíam competência jurídica e administrativa.

Os vice-reinos estavam divididos em intendências (províncias) administradas por governadores. A administração das cidades e vilas era da competência dos *cabildos* (ou *ajuntamentos*), que faziam as leis, fixavam os tributos etc. Eram uma espécie de câmara municipal formada por representantes da camada dominante, grandes proprietários, comerciantes e mineradores.

Colonização da América Hispânica

Colonização espanhola
- Vice-Reinado da Nova Espanha
- Vice-Reinado da Nova Granada
- Vice-Reinado do Peru
- Vice-Reinado do Rio da Prata
- Capitania Geral de Cuba
- Capitania Geral do Guatemala
- Capitania Geral da Venezuela
- Capitania Geral do Chile

Colonização portuguesa
- Brasil

Outras colonizações
- Inglesa (Ingl.), Francesa (Fr.), Holandesa (Hol.)
- Divisão política atual
- Divisão na época colonial
- 1903 As datas indicam o ano de independência de cada país

Fonte: ARRUDA, José Jobson de A. *Atlas histórico básico*. São Paulo: Ática, 2005. p.22.

71

A economia e a sociedade na América espanhola

A **economia** da América espanhola caracterizou-se pela exploração de metais preciosos – ouro e prata –, principalmente no México, onde os astecas já desenvolviam essa atividade. A exploração de prata foi maior do que a de ouro e teve como mais importantes centros o vice-reino do México e as minas de Potosí, situadas no território da atual Bolívia. Não se deve esquecer que o regime empregado era o do monopólio real, aplicado por meio de impostos, como o quinto.

O ouro e a prata eram levados à Europa, por galeões pertencentes à Coroa. Além dos metais preciosos, a América espanhola também enviava para a Europa produtos agrícolas, como o milho, o açúcar e o tabaco, cultivados em algumas regiões. A Metrópole controlava o comércio colonial.

Esplendores de Potosí: o Ciclo da Prata

Dizem que até as ferraduras dos cavalos eram de prata, no auge da cidade de Potosí. De prata eram os altares das igrejas e as asas dos **querubins** nas procissões: em 1658, para a celebração do *Corpus Christi*, as ruas da cidade foram desempedradas, da matriz até a igreja de Recoletos, e totalmente cobertas com barras de prata. Em Potosí a prata levantou templos e palácios, mosteiros e cassinos, foi motivo de tragédia e de festa, derramou sangue e vinho, incentivou a cobiça e gerou desperdício e aventura. A espada e a cruz marchavam juntas na conquista e na **espoliação** colonial. Para arrancar a prata da América, encontravam-se em Potosí os capitães e **ascetas**, tesoureiros e apóstolos, soldados e frades. Convertidas em bolas e **lingotes**, as vísceras da rica montanha alimentaram substancialmente o desenvolvimento da Europa.

GALEANO, Eduardo. *As veias abertas da América Latina*. São Paulo: Paz e Terra, 1996. p. 32.

A mão de obra utilizada na América espanhola foi a indígena, sob duas formas:
- *encomienda* – um colono (o encomendero) recebia a tutela de certo número de indígenas e, sob a alegação de que iria cristianizá-los, explorava seu trabalho;
- *mita* – nesta forma, as tribos eram obrigadas a fornecer certo número de trabalhadores que, em troca, recebiam um salário. Eram constantes as fugas e as revoltas para escapar da mita.

Com o declínio da mineração, no século XVIII, a agricultura e a pecuária passaram a ser atividades econômicas significativas. A mão de obra do africano escravizado foi utilizada sobretudo na atividade agrícola.

Na **sociedade** colonial espanhola, a divisão social apresentava rígidas camadas, e a mobilidade era praticamente inexistente. Eram elas:
- *chapetones* – brancos nascidos na Espanha e que ocupavam altos cargos civis e eclesiásticos;
- *criollos* – filhos dos espanhóis nascidos na América. Eram grandes proprietários de terras e minas, comerciantes, grandes pecuaristas e profissionais liberais;
- *mestiços* – resultantes da miscigenação entre brancos e negros, e brancos e índios. Eram mascates, servidores domésticos e trabalhadores assalariados;
- *índios e negros escravos* – a camada inferior, considerada apenas força de trabalho.

A Igreja católica teve papel significativo na colonização espanhola da América. Os padres jesuítas eram responsáveis pela conversão dos indígenas ao cristianismo. Exerciam sobre eles uma vigilância muito grande, obrigando-os a viver em aldeias (missões) e forçando-os a trabalhar a terra. A Igreja auxiliava o rei a manter sua autoridade sobre a população espanhola por meio dos tribunais de Inquisição, instalados no México e no Peru.

A colonização da América portuguesa

Após um período de 30 anos, durante o qual o Brasil ficou praticamente abandonado, Portugal iniciou a colonização. O primeiro sistema administrativo adotado foi o de capitanias hereditárias (1534). O Brasil foi dividido em 15 lotes, administrados por um donatário. Como o sistema não deu os resultados esperados pela Metrópole, em 1548 foi adotado o sistema de governo-geral. A capital da Colônia foi instalada na cidade de Salvador, na Bahia.

As cidades e as vilas eram administradas pelas câmaras municipais, formadas por vereadores representantes dos chamados "homens bons", os grandes proprietários rurais.

O Engenho São Jorge dos Erasmos conta com uma das mais antigas arquiteturas da ocupação europeia no Brasil, datada da metade do século XVI, que pertenceu a Martin Afonso de Souza, donatário da capitania de São Vicente. Foto de 2007.

A primeira atividade econômica desenvolvida no Brasil foi a exploração de pau-brasil, madeira da qual se extraía uma tinta de cor vermelha usada no tingimento de tecidos. A partir de 1532, houve o desenvolvimento da economia açucareira. As lavouras de cana, iniciadas na capitania de São Vicente, conseguiram condições favoráveis para o seu desenvolvimento na Região Nordeste.

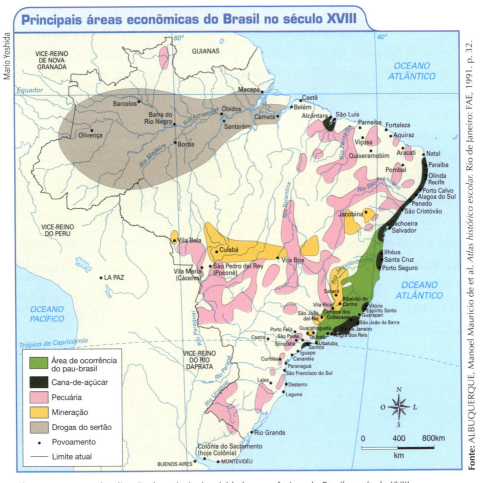

Observe no mapa a localização das principais atividades econômicas do Brasil no século XVIII.

A economia açucareira caracterizou a economia da Colônia nos séculos XVI e XVII. Essa economia sustentava-se no trabalho dos africanos escravizados, trazidos por traficantes portugueses, com o apoio de Portugal, que conseguia bom lucro com o tráfico.

No século XVIII, a economia brasileira baseou-se na exploração de minérios nas regiões de Minas Gerais, Mato Grosso e Goiás. Mais uma vez, a mão de obra usada foi a do escravo negro. A mineração levou ao desenvolvimento do comércio interno e a capital foi mudada para o Rio de Janeiro.

Paralelamente a esses dois produtos, desenvolveu-se uma economia de subsistência, com a plantação de produtos para consumo local, e a criação de gado.

A colonização da América inglesa

Em meados do século XVI, sir Humphrey Gilbert recebeu da rainha Elizabeth I uma concessão de terras na Terra Nova, região da América do Norte. Organizou uma expedição e tentou ali fundar colônias. Seu objetivo, porém, não foi alcançado. Nos últimos anos do mesmo século, sir Walter Raleigh enviou uma expedição à região do atual estado norte-americano de Virgínia, tentando criar núcleos de colonização. Como nessa época os ingleses estavam em guerra com a Espanha, não puderam dar à nova colônia a ajuda financeira de que ela necessitava. Quando os reforços britânicos chegaram, a colônia havia desaparecido, sem que ninguém, até hoje, soubesse o que acontecera.

Apesar do fracasso dessas duas tentativas, continuou o interesse dos ingleses pela América do Norte. Some-se a esse interesse a situação interna da Inglaterra, que com as guerras político-religiosas provocou o êxodo de parte da população, a qual, em busca de abrigo e paz, dirigiu-se para a América com o intuito de se estabelecer, provocando um povoamento efetivo. Ao lado do interesse econômico, existia também o de organizar uma sociedade permanente no novo lar. Naturalmente, esse tipo de colono reivindicaria o seu direito de participar da administração colonial.

As possessões inglesas na América do Norte inicialmente dividiram-se em 13 colônias, assim localizadas:

- **Norte**: New Hampshire, Massachusetts, Rhode Island e Connecticut;
- **Centro**: Nova York, Nova Jersey, Delaware e Pensilvânia;
- **Sul**: Maryland, Virgínia, Carolina do Norte, Carolina do Sul e Geórgia.

Observe no mapa os nomes e a localização de cada uma das 13 colônias britânicas localizadas na América do Norte.

Fonte: ALBUQUERQUE, Manoel Maurício de et al. Atlas histórico escolar. Rio de Janeiro: FAE, 1991. p. 63.

Desde o período colonial, os Estados Unidos (EUA) tiveram uma diversificação na forma econômica de ocupação. O Norte e parte da região central, pobre em terrenos agrícolas e com uma estreita planície costeira, o que dificultava a exploração e impedia a aquisição de vastas extensões de terras, dedicaram-se mais ao comércio e à manufatura do que à agricultura. Multiplicaram-se as pequenas e médias explorações agrícolas, o comércio, o artesanato, os negócios de pesca e a construção naval. Desenvolveu-se a vida urbana e formou-se uma aristocracia comercial.

Já as colônias do Sul apresentavam terras férteis e clima ameno, condições favoráveis ao desenvolvimento de uma intensa atividade agrícola. Proliferaram as grandes fazendas, principalmente de algodão. Formou-se uma poderosa aristocracia agrária e o trabalho sustentava-se na mão de obra escrava negra. A empresa agro-comercial do Sul proporcionava altos lucros para a Metrópole.

A colonização francesa na América

No século XVII, quando era ministro da França o cardeal Richelieu, Samuel Champlain fundou a Companhia da Nova França e liderou uma expedição colonizadora. Dessa expedição, resultou a fundação da cidade de Québec. No final desse século, Robert Cavélier de La Salle, ainda procurando uma passagem para o Pacífico, adentrou o Rio Mississípi, percorrendo-o até o Golfo do México. Tomou posse da região, denominando-a de Louisiana.

Ainda no século XVII, os franceses estabeleceram-se na América Central. Conquistaram as ilhas de São Domingos, Martinica, Guadalupe e Dominica, nas quais introduziram a pecuária e, posteriormente, a plantação de cana-de-açúcar.

Na América do Sul, além das tentativas de fundação, no Brasil, da França Antártica (1555-1567) – na região do atual Rio de Janeiro – e da França Equinocial (1610-1614) – no atual Maranhão –, os franceses dominaram a Guiana e fundaram a cidade de Caiena.

Se o século XVII representou o auge das conquistas francesas, o século XVIII significou a decadência do império colonial francês na América. Com a derrota na Guerra dos Sete Anos, com a Inglaterra, a França perdeu o Canadá e renunciou à posse dos territórios situados às margens do Mississípi.

Colonização Francesa na América

Círculo Polar Ártico

Trópico de Câncer

OCEANO ATLÂNTICO

AMÉRICA

Equador

OCEANO PACÍFICO

Trópico de Capricórnio

N
O   L
S

0   1635   3270km
km

Possessões francesas

Mario Yoshida

Fonte: CAMPOS, Flávio de; DOLHNIKOFF, Miriam. Atlas História do Brasil. São Paulo: Scipione, 2000. p. 13.

Observe no mapa o território da América do Norte que pertencia à França no século XVIII.

75

1 Observe a imagem e leia com atenção o texto a seguir.

Kunstgeschichtliche Institut Ruhr/Universitat Bochum, Alemanha

Representação alegórica da América, figura de Adriaen Collaert, 1600.

A América é uma mulher... Pelo menos assim ela aparece nas **iconografias** entre o século XVI e XVII; o ventre opulento, o longo cabelo amarrado com conchas e plumas, as pernas musculosas, nus os seios. [...] A representação assim construída pelos europeus traduzia um discurso que tentava se impor como concepção social sobre o Novo Mundo: a América, como uma bela mulher, tinha que ser vencida e domesticada para ser melhor explorada. A metáfora para a exploração do continente serviu, na prática, para ilustrar as relações de gênero, no período da conquista. Nesse momento, o estupro [...] podia ser lido como paradigma de uma história...

PRIORE, Mary Del. Imagens da terra fêmea: a América e suas mulheres. In: VAINFAS, Ronaldo (Org.). *América em tempo de conquista*. Rio de Janeiro, Zahar, 1992.

A autora estabelece uma analogia entre as imagens e a exploração da América.

a) Qual é a analogia?

_____

_____

_____

_____

_____

b) Você concorda com ela? Justifique sua resposta.

_____

_____

_____

_____

Refletindo

2 Quais foram os motivos que levaram os europeus a conquistar a América?

_____

_____

3 O que representava, para a metrópole, o monopólio do comércio colonial?

_____

_____

_____

4 Compare as missões com a encomienda, apontando as semelhanças e diferenças entre essas duas formas de utilização da mão de obra indígena.

_____

_____

_____

5 Troque ideias com a classe e depois faça um quadro comparativo entre a colonização europeia na América espanhola e no Brasil, em relação aos seguintes itens:

- atividades econômicas;
- mão de obra utilizada;
- organização social.

6 A economia brasileira dos séculos XVI e XVII e a do Sul dos Estados Unidos apresentam semelhanças e diferenças. Cite as semelhanças e uma diferença entre elas.

_____

_____

_____

_____

O ILUMINISMO

Liberdade e igualdade

Filósofos do século XVIII foram os primeiros a proclamar que os homens nascem livres e iguais. Discutiam a liberdade, o progresso e a igualdade. O movimento cultural europeu do século XVIII, que apresentou novas ideias políticas, sociais e econômicas, chama-se **Iluminismo**. Por isso, esse século ficou conhecido como o Século das Luzes ou da Ilustração.

Os pensadores iluministas defendiam a razão como fonte do conhecimento humano. Buscavam explicações racionais para o universo e para a sociedade. Desenvolveram teorias políticas e sociais que se opunham à sociedade da época. Combatiam os governos absolutistas e os privilégios sociais, que oprimiam a burguesia e as camadas populares. Defendiam o respeito aos direitos do homem.

Museu Nacional, Paris, França

Café Procópio, local parisiense de grandes reuniões iluministas. Ilustração do século XVIII, autor desconhecido.

Museu Louvre, Paris, França

Retrato de Diderot elaborado, em 1773, por Louis van Loo.

Leia no quadro a seguir o que é a liberdade para Diderot, um pensador do Século da Luzes e um dos grandes expoentes na denúncia da opressão do Estado absolutista.

A liberdade é um presente do céu, e cada indivíduo da mesma espécie tem o direito de gozar dela logo que goze da razão [...]. Toda outra autoridade (que não a paterna) vem duma outra origem, que não é a da natureza. Examinando-a bem, sempre se fará remontar a uma destas duas fontes: ou a força e a violência daquele que dela se apoderou; ou o consentimento daqueles que lhe são submetidos, por um contrato celebrado ou suposto entre eles e a quem deferiram a autoridade.

DIDEROT, Autoridade política. In: FREITAS, Gustavo de. *900 textos e documentos de História*. Lisboa: Plátano, 1977.

As ideias iluministas representavam os **anseios** da burguesia, que encontrou nelas as justificativas para criticar a velha ordem, a sociedade tradicional e seus privilégios. Os burgueses passavam a clamar pela liberdade econômica, sem a interferência do Estado, e a igualdade transformava-se na condição necessária à realização do comércio.

Apoiada nesses novos ideais, a burguesia promoveu revoluções liberais em vários países, na segunda metade do século XVIII, destacando-se a Revolução Francesa de 1789, e influenciou as lutas de libertação das colônias da América.

ATIVIDADES

1 Como Diderot interpreta o sentido da "liberdade"?

_____

_____

_____

_____

_____

Refletindo

2 Discuta com seu grupo o que vocês entendem por "liberdade".

3 Os iluministas defendiam o respeito aos direitos do homem. Você acha que, na nossa sociedade, todas as pessoas têm os mesmos direitos? Por quê? Discuta com os colegas de classe.

4 Que motivos levaram a burguesia a apoiar o Iluminismo?

_____

_____

_____

79

A filosofia iluminista

O Século das Luzes produziu os grandes pensadores de que a Europa necessitava para livrar-se do passado, da tradição, da superstição, e atingir o progresso pleno nos domínios da razão.

Entre 1751 e 1772, o pensamento dos iluministas foi documentado na Enciclopédia, obra suprema do Iluminismo, em 34 volumes, organizada por Diderot e D'Alembert, que contaram com a colaboração de Montesquieu, Voltaire, Rousseau, Quesnay, entre outros.

> É do latim *lumen* (que significa "luz, claridade", nos legando o verbo "iluminar") que vem a palavra iluminismo. [...] A expressão chama a atenção para os sentidos com que a palava luz era então comumente empregada. Não se referia apenas ao fenômeno físico da luminosidade ou claridade emitida por um corpo (sol, vela, vaga-lume etc.) mas também à faculdade de esclarecer o espírito, a percepção humana e daí a própria capacidade intelectual, a inteligência e o seu produto: o saber.
>
> PONGE Robert. A tocha da razão. In: *Caminhos para a liberdade*. Porto Alegre: UFRGS/PUC-RS/FAPERGS, 1989. p. 3.

A filosofia iluminista teve sua origem na Inglaterra, com **John Locke**, em suas obras: *Ensaio sobre o entendimento humano* (1687) e *Tratado sobre o governo civil* (1690). Locke defendia que os homens nascem livres e iguais e têm direito à vida e à propriedade. Afirmava que os governos se originaram de um contrato estabelecido entre os homens e seu fim maior era assegurar os direitos naturais. O não cumprimento desse dever era motivo de rebelião contra o governo. Dessa forma, Locke combatia o absolutismo monárquico.

Foi na França que a filosofia iluminista ganhou mais força, devido à presença de um poderoso regime absolutista.

Voltaire, cujo nome verdadeiro era François Marie Arouet, em sua obra *Cartas inglesas,* valorizou o regime político da Inglaterra, defendendo um governo monárquico que garantisse os direitos individuais. Esse filósofo atacou o absolutismo, os privilégios da nobreza e a Igreja católica, acusando-a de retrógrada e responsável pela ignorância do povo. Propunha regimes políticos diferentes, de acordo com o grau de desenvolvimento dos países: despotismo esclarecido para os mais atrasados, e um governo liberal, apoiado na burguesia, para os mais adiantados.

Outro pensador de relevância foi o barão de **Montesquieu**. Em sua obra *Cartas persas* (1721), criticou os costumes da sociedade e a política francesa. Em *O espírito das leis*, de 1748, defendeu a divisão do poder em Legislativo, Executivo e Judiciário, os quais, no conjunto, se harmonizariam e equilibrariam o poder.

O filósofo iluminista suíço **Jean-Jacques Rousseau** foi o único a defender um governo democrático. Suas principais obras são: *Discurso sobre a origem e os fundamentos da desigualdade entre os homens* (1755), e *O contrato social* (1762). Afirmava que o homem é bom por natureza, mas a sociedade o corrompe. Criticou a propriedade privada, responsabilizando-a pelas lutas sociais. Segundo Rousseau, o Estado deveria expressar a vontade geral, pois a soberania política é do povo. Suas ideias foram aceitas pelas camadas populares e pela pequena burguesia.

A fisiocracia e o liberalismo econômico

Duas doutrinas econômicas nasceram no Iluminismo: a fisiocracia e o liberalismo econômico.

Os economistas fisiocratas defendiam a liberdade econômica (*laissez-faire* = deixai fazer) e, por consequência, combatiam a prática mercantilista. Negavam a intervenção do Estado na economia, o dirigismo estatal. Para eles, o Estado deveria garantir a propriedade e a vida dos cidadãos. Propunham a valorização da indústria extrativa e da agricultura, consideradas as únicas atividades criadoras de riquezas. Os pensadores fisiocratas foram Quesnay, Gournay e Turgot.

Adam Smith, pensador inglês, fundou o liberalismo econômico. Em sua obra *A riqueza das nações*, publicada em 1776, defendeu a liberdade do indivíduo na busca de seus interesses, relacionando a riqueza de um país com a capacidade de trabalho de seus habitantes. Combatia a intervenção do Estado na economia, defendendo a liberdade econômica. Afirmava que cabia ao Estado organizar os setores nos quais os particulares não podiam atuar.

A teoria do liberalismo econômico atendia às necessidades de lucro e investimento da burguesia, pois justificava a livre competição e os lucros ilimitados nos negócios. O próprio trabalho já era visto como uma atividade a ser vendida no mercado de trabalho.

O despotismo esclarecido

O Iluminismo espalhou-se pelas sociedades europeias, influenciando os governos de tendências reformadoras. Muitas de suas ideias foram adotadas por soberanos europeus que, por tentar conciliar o poder absoluto com essa ideologia, ficaram conhecidos como déspotas esclarecidos. Foram governantes que fizeram algumas reformas de caráter social, sem, contudo, prejudicar o seu poder pessoal. Estavam mais preocupados em conter as manifestações do povo do que em satisfazer suas necessidades.

Os déspotas esclarecidos foram:

- **Frederico II,** rei da Prússia – incentivou a cultura, aboliu a pena de morte e as torturas, criou um novo código jurídico, permitiu a liberdade de culto religioso, construiu hospitais e casas para o povo e transformou em obrigatória a instrução primária.
- **José II,** rei da Áustria – aboliu a servidão e os trabalhadores rurais tiveram a oportunidade de comprar a terra que cultivavam. Além disso, estabeleceu igualdade de impostos e liberdade religiosa e de imprensa.
- **Catarina II,** imperatriz da Rússia – incentivou a agricultura e o comércio, confiscou os bens da Igreja ortodoxa e, com os recursos obtidos, abriu orfanatos, hospitais e escolas.
- **Sebastião José de Carvalho e Melo,** marquês de Pombal – ministro do rei de Portugal, D. José I, reformou o ensino, introduzindo nas escolas muitas ideias iluministas; perseguiu os jesuítas e expulsou-os de Portugal e do Brasil.

ATIVIDADES

Refletindo

1 Faça um quadro-resumo das principais ideias dos filósofos iluministas.

2 Discuta essas ideias com a classe: com quais vocês concordam? Com quais vocês discordam? Por quê?

3 Leia o texto e depois responda às questões.

A filosofia da Ilustração, que se apresenta no alvorecer do século XVIII como a etapa da maturidade da Razão, [...], favorece o nascimento de novos relatos, entre eles o do feminismo, que apelará a esta mesma Razão para desfazer os mitos que caíam sobre a mulher, confinando-a a um único destino de esposa, mãe ou complemento do homem, sem mais razões que a apelação para a tradição ou para a natureza.

Mulheres como Olympe de Gouges e Mary Wollstonecraft são algumas das vozes femininas dessa época, silenciadas pelos livros de texto. A escola continua transmitindo uma visão androcêntrica do mundo. Essa ausência não é uma casualidade, mas sim – segundo muitas pesquisadoras – responde à transmissão de uma visão de mundo onde as mulheres continuam a ser consideradas menos importantes que os homens.

Olympe de Gouges escreveu a *Declaração dos direitos da mulher e da cidadã*, em 1791. O texto, paralelo à Declaração dos direitos do homem e com o mesmo número de artigos, denunciava a falsa universalidade desta última ao usar o termo "homem" com o significado real de "varão" e, ao mesmo tempo, proclamava explicitamente os mesmos direitos para a mulher, baseando-se no princípio da igualdade natural de todos os seres humanos.

Um ano depois, em 1792, aparece outra obra, intitulada *Em defesa dos direitos da mulher*, escrita por Mary Wollstonecraft. Nela a autora se esforça em atacar os preconceitos sociais da época, que deixavam a mulher à margem dos direitos do cidadão, proclamados pela nova ordem.

Ambas partem da afirmação da igualdade natural entre homens e mulheres (da mesma forma que **Condorcet***, um dos iluministas mais radical), e do princípio segundo o qual a Razão não tem sexo, atribuindo todas as desigualdades existentes aos preconceitos herdados historicamente e à falta de instrução para as mulheres.

Essas autoras criticam Rousseau e seus preceitos para a educação da mulher. Em sua obra *Emílio*, Rousseau mostra seu ideal de cidadão como produto do contrato social. No Capítulo V desta obra ele apresenta "Sofia", o modelo de companheira desse cidadão ideal. O juízo sobre Sofia está bem claro: ela não é cidadã, em função de uma inferioridade natural que a impede de se instruir para desenvolver as tarefas características do que, a partir desse momento, será o novo espaço público e político. Com essa obra, Rousseau sistematiza as bases do novo patriarcado moderno: a nova mulher burguesa como "rainha do lar", entregando ao homem as tarefas morais da autonomia e da autorrealização.

Kant, como Rousseau, limita as mulheres à esfera da beleza, negando que elas tenham capacidade de alcançar o conhecimento, a ciência e a moral. [...] Em um coração feminino, segundo Kant, não está gravada a lei moral, mas apenas belos sentimentos. Nas palavras de Kant "A virtude da mulher é uma virtude bela. A do sexo masculino deve ser uma virtude nobre".

[...]

Dessa maneira, o Iluminismo, ao sequestrar a palavra e encarcerar metade da humanidade no espaço doméstico e na esfera da "beleza", não foi universal, e sua promessa de emancipação não atingiu às mulheres. A Razão não era a Razão Universal, pois a mulher ficou fora dela, como aquele setor que as Luzes não quiseram iluminar.

* Condorcet foi o único filósofo a participar da Revolução Francesa. Desprezando o conceito de feminilidade "natural", Condorcet pensava na condição feminina a partir de uma categoria de direito natural que submetia todos os indivíduos às mesmas leis. Se as mulheres eram parte do gênero humano, tal como os homens, eram seres dotados de razão, merecedoras de direitos civis e políticos idênticos aos dos homens. As mulheres não eram inferiores aos homens pela "natureza" e sim por fatores históricos, que levaram a sociedade a mantê-las submissas aos homens, sem acesso à educação e à vida pública. Por suas ideias, Condorcet é reconhecido como um dos precursores do feminismo.

GÓMEZ, Sofía Valdivielso. *De la educación como heterodesignación del cuerpo y del género a la educación como autodesignación.* Addenda a la III Ponencia: El lenguaje del cuerpo. Políticas y poéticas del cuerpo en educación. Disponível em: <http://www.ucm.es/info/site/docu/22site/a3valdivielso.pdf>. Acesso em: jul. 2012. Texto adaptado.

a) Releia o texto, procurando o significado de expressões e palavras que você não conhece.

b) O texto inicia-se com: "A filosofia da Ilustração, que se apresenta no alvorecer do século XVIII como a etapa da maturidade da Razão, [...] favorece o nascimento de novos relatos, entre eles o do feminismo [...]". O que é feminismo?

_____

_____

_____

c) Segundo o texto, por que os livros escolares, em sua maioria, não se referem a mulheres como Olympe de Gouges e Mary Wollstonecraft?

_____

_____

d) Quais as obras escritas por essas duas mulheres, na época do Iluminismo e da Revolução Francesa, e de que tratavam?

_____

_____

_____

e) O que diziam sobre a mulher os filósofos Rousseau e Kant?

_____

_____

_____

f) O que a autora do texto, Sofía Valdivielso Gómez, conclui sobre o Iluminismo? Você concorda com ela? Por quê?

_____

_____

A REVOLUÇÃO INDUSTRIAL

Os trabalhadores das indústrias e das minas

Em meados do século XVIII, teve início na Inglaterra a **Revolução Indus-trial**. Foi o grande desenvolvimento da indústria, que provocou profundas transformações na vida das pessoas, nas relações entre as nações e na estrutura das sociedades.

Muitas cidades surgiram com a indústria. Nelas, as fábricas concentravam centenas de trabalhadores, que vendiam sua força de trabalho em troca de um salário.

Os operários viviam em condições miseráveis. Homens, mulheres e até crianças iniciavam a jornada diária muito cedo.

Trabalhavam de 14 a 16 horas, tendo apenas uma hora para comer.

Imagestate/Keystone

CARDING, DRAWING, AND ROVING.

Ilustração criada em 1830 por autor desconhecido que retrata a mão de obra feminina e infantil em indústria têxtil da Inglaterra.

Dentro das fábricas havia muita umidade, poeira e o barulho era ensurdecedor.

Mulheres e crianças trabalhavam o mesmo número de horas e recebiam um salário bem mais baixo que o dos homens.

Viam-se nas indústrias de tecidos crianças entre 5 e 7 anos, agachadas embaixo dos teares, recolhendo os fios partidos.

À noite, os operários iam para suas pequenas casas, em ruas estreitas e sujas. A fumaça que saía das chaminés das fábricas deixava todas as construções acinzentadas. As casas, sem conforto algum, normalmente, tinham dois cômodos e apenas uma cama, onde dormia toda a família.

Das Eisenwalzwerk (metalurgia) de Adolph von Menzel, obra produzida entre 1872 e 1875.

As condições sub-humanas em que vivia o trabalhador levavam-no a contrair muitas doenças: tuberculose, varizes, úlceras, problemas de coluna etc. e, principalmente por causa do cansaço excessivo, ocorriam muitos acidentes de trabalho, que provocavam mutilações ou morte.

Os trabalhadores que sofriam acidentes eram sumariamente demitidos e não havia nenhuma lei que os protegesse.

As condições de trabalho nas minas de carvão eram ainda piores. Em galerias profundas, mineiros seminus, em virtude do calor, respiravam um ar sufocante. Trabalhavam à luz de lanternas, extraindo o carvão e carregando-o até os vagonetes, que corriam sobre um trilho até o canteiro da mina, onde era despejado num galpão. Mulheres e crianças também trabalhavam nas minas, por salários mais baixos.

Os acidentes eram muito frequentes, principalmente os desmoronamentos de galerias, ferindo, mutilando e até matando muitos trabalhadores.

Mina de carvão na Inglaterra, pintura de 1790.

Há registros de indústrias que tratavam as crianças com brutalidade, usando chicote para acordá-las, forçá-las a continuar trabalhando e para corrigi-las. Outras vezes os patrões tratavam-nas a socos e pontapés. Mas eram os contramestres, os quais recebiam de acordo com o trabalho realizado nas oficinas, que tratavam as crianças com mais crueldade. Caso houvesse alguma tentativa de fuga eram colocados ferros nos pés. Esses contramestres também chegavam a abusar sexualmente das crianças enquanto estavam nos dormitórios das fábricas, apesar de muitas delas, de tão cansadas, optar por dormir na própria fábrica, fora do dormitório.

Os altos-fornos de Naute y Glo, tela atribuída a George Robertson, século XVIII.

Thomas Clarke, um garoto de 11 anos, deu em 1883 um depoimento sobre o seu trabalho. Dizia que se as crianças dormissem, eram agredidas com golpes de cordas com nós. A jornada de trabalho começava às 5 da manhã e ia até às 9 da noite. Porém, para chegar à fábrica, muitas crianças se aprontavam às 3 horas da manhã e só retornavam às 10 da noite (19 horas de trabalho). Havia também trabalho noturno. No entanto, certas vezes, ele afirma ter varado a noite trabalhando porque assim teria algum dinheiro para poder gastar.

São vários os relatos de garotos trabalhadores. Há também um depoimento de um administrador de uma fábrica para uma comissão parlamentar em 1832:

P: A que horas da manhã, com tempo bom, essas moças chegam à fábrica?

R: Com tempo bom, durante cerca de seis semanas, chegam às três da manhã e saem às dez ou dez e meia da noite.

P: Que intervalos existem durante essas dezenove horas de trabalho para alimentação e descanso?

R: Quinze minutos, respectivamente para o almoço, lanche e jantar.

P: Alguns desses intervalos é utilizado para a limpeza de máquinas?

R: Quase sempre as moças são obrigadas a fazer o que chamam de "pausa seca", às vezes a limpeza toma todo o intervalo do almoço ou do lanche.

P: Não há dificuldades para acordar essas jovens depois de um trabalho exaustivo como esse?

R: Há sim; de madrugada é preciso sacudi-las para que acordem.

P: Tem havido acidentes com elas em consequência desse trabalho?

R: Sim, minha filha mais velha esmagou o dedo na engrenagem.

P: Perdeu o dedo?

R: Teve de ser cortado na segunda falange.

P: Ela recebeu pagamento durante o acidente?

R: No dia em que aconteceu o acidente, o pagamento foi suspenso.

HEILBRONER, H. *A formação da sociedade econômica*. Rio de Janeiro: Zahar, 1974. p. 108-109. Texto adaptado.

1 O que foi a Revolução Industrial e o que ela provocou?

_____

_____

_____

2 Conversem sobre a situação dos trabalhadores na época da Revolução Industrial e na de hoje, nas circunstâncias retratadas.

Trabalhadores em mina de carvão no Vietnã, 2009.

Boias-frias almoçam em cafezal na cidade de Lupércio, São Paulo, 2010.

A Inglaterra e a primeira Revolução Industrial

O primeiro país a ter condições favoráveis de investir na utilização da máquina foi a Inglaterra. Por isso, liderou a primeira Revolução Industrial. Dentre essas condições, podem-se citar:

- **Acúmulo de capitais** – os lucros provenientes da expansão marítimo-comercial e das práticas mercantilistas adotadas pela Inglaterra contribuíram para a acumulação de capitais.
- **Supremacia marítima** – o fato de a Inglaterra dominar o comércio marítimo internacional favoreceu o contato com diferentes mercados, tanto consumidores quanto fornecedores de matérias-primas, e estimulou a produção industrial.
- **Reservas minerais** – havia abundância de jazidas de carvão e ferro no solo inglês. Essas reservas minerais favoreceram a multiplicação dos centros industriais, geralmente servidos de bons portos, estradas e canais.
- **Produção capitalista da terra** – o acúmulo de capitais viabilizou os investimentos na área rural, ocorrendo um controle capitalista do campo pela burguesia agrária e pelos nobres.
- **Ampliação dos empréstimos a juros** – com a criação do Banco da Inglaterra, em 1694, ficou mais fácil a obtenção de créditos para aplicação na indústria e nas invenções técnico-científicas da época.

- **Crescimento populacional** – a população inglesa do século XVIII cresceu vertiginosamente, graças ao controle de epidemias e ao aumento da produção agrícola. Aliado a esse fato, o êxodo rural possibilitou grande oferta de trabalhadores nas cidades.
- **Revolução Gloriosa** – essa revolução burguesa transformou o Parlamento britânico num efetivo órgão dirigente do Estado, favorecendo assim as decisões dos empresários ingleses. A partir desse momento, o Parlamento passou a ser utilizado para orientar a política econômica do país, instalando em definitivo a ordem burguesa.

Todos esses elementos foram decisivos para a industrialização inglesa. As novas invenções revolucionaram a indústria. O grande consumo de tecidos de lã e algodão estimulou a criação da máquina de fiar de Arkwright, do tear mecânico de Cartwright, do descaroçador de algodão de Eli Whitney, e deu origem às primeiras fábricas inglesas de fiação e tecelagem. Outras invenções fizeram parte da Revolução Industrial inglesa, dentre elas: a máquina a vapor de James Watt, a locomotiva a vapor de George Stephenson, o barco a vapor de Robert Fulton.

A fábrica arruína o artesanato

A produção em larga escala, mediante a utilização de meios mecânicos, exigiu a concentração de trabalhadores em grandes unidades de produção, as fábricas, onde eles realizavam um trabalho dirigido e em conjunto. Na fábrica, consagrou-se e aperfeiçoou-se o princípio da divisão do trabalho: cada trabalhador realizava apenas uma parte do processo de produção, na qual se especializava.

O sistema fabril arruinou a pequena oficina artesanal, tão característica do modo de produção feudal. A maioria dessas oficinas, onde o operário fazia seu trabalho manual com as próprias ferramentas e com horário e ritmo de trabalho que ele mesmo determinava, não puderam aguentar a concorrência imposta pelos novos métodos fabris. Os artesãos viram-se obrigados a abandonar suas oficinas e a procurar trabalho nas fábricas, convertendo-se em operários assalariados.

Com a Revolução Industrial, dois grupos sociais se definiram: a burguesia industrial e o operariado, também chamado de proletariado.

No século XIX, a máquina suplantava definitivamente o trabalho humano, e o capitalismo financeiro e monopolista tornava-se efetivamente hegemônico.

Nesse século, o petróleo e a eletricidade substituíram o vapor, enquanto o aço substituiu o ferro. A indústria siderúrgica superou o setor têxtil.

A expansão industrial: a segunda fase da indústria

Por volta de 1830, a França e a Bélgica iniciaram sua industrialização, utilizando o vapor como principal fonte energética e o ferro como material industrial básico. Esses dois países e a Inglaterra estavam centrados na indústria têxtil.

Após 1860, a indústria instalou-se em outras regiões, como os Estados alemães, o norte da Itália, a Rússia, os Estados Unidos, o Japão e a Holanda.

A partir dessa época, começaram a ocorrer grandes inovações técnicas. O aço e os sintéticos foram utilizados como material industrial básico e as principais fontes de energia eram a eletricidade e o petróleo. Os setores industriais também se multiplicaram com o surgimento das indústrias siderúrgica, petroquímica e automobilística.

A consolidação do capitalismo

Cartaz de um encontro de sindicalistas na Inglaterra, final do século XIX.

A ideologia burguesa, o liberalismo, fortaleceu-se e foi responsável por reformas que tiraram a economia do controle do Estado. Passou a existir a liberdade de comprar e vender, e o respeito pelo direito do indivíduo de investir onde quisesse.

O modo de produção capitalista consolidou-se. Esse modo de produção caracteriza-se pelo acúmulo de capital, propriedade privada, obtenção de lucro e uso de trabalho assalariado.

A concentração de capital estimulou a livre concorrência das empresas capitalistas. As mais ricas foram absorvendo as mais fracas. Os grandes grupos financeiros aliaram-se para monopolizar o mercado consumidor.

A concentração de capitais nas mãos da burguesia acentuou a exploração do operariado urbano. Com a segunda fase da Revolução Industrial, ocorreu progressiva diminuição da jornada de trabalho, bem como a regulamentação do trabalho feminino e infantil. Nesse período, os trabalhadores começaram a se organizar em sindicatos e surgiu a primeira Organização Internacional dos Trabalhadores, com o objetivo de unificar a luta operária.

As teorias sociais

Os conflitos sociais gerados pela exploração dos trabalhadores e pelo aumento da desigualdade social levaram muitos intelectuais a questionar os efeitos da industrialização e da ordem capitalista. As teorias socialistas surgiram nos séculos XVIII e XIX.

O socialismo utópico

A primeira corrente socialista era representada por Robert Owen, Saint-Simon, Louis Blanc e Fourier, pensadores que defendiam uma sociedade mais justa, na qual, para alguns, haveria acordos entre capitalistas e trabalhadores. No final do século XIX, foram criticados pelos criadores do "socialismo científico", Marx e Engels, que os chamaram de utópicos porque acreditavam nessa possibilidade de conciliação.

O socialismo científico

A teoria socialista ganhou consistência com o **socialismo científico** de Karl Marx e Engels, defensores da união e da luta do operariado contra a exploração. Pregavam a necessidade de derrubar a burguesia do poder e pôr fim à propriedade privada, seguidos da instalação de um regime socialista baseado no poder dos trabalhadores e na propriedade social dos meios de produção. O socialismo seria a etapa que possibilitaria a implantação do comunismo, no qual não existiriam classes sociais, nem Estado. Esse pensamento está contido nas obras *Manifesto comunista*, de 1848, *Contribuição à crítica da economia política*, de 1859, e *O capital*, fundamento do socialismo científico, publicado por Marx em 1867.

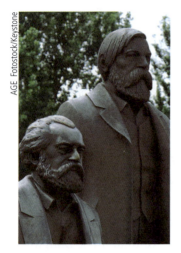

Estátua de Marx e Engels que fica em Berlim na Alemanha. Obra do escultor Ludwig Engelhardt, 1977.

> Os comunistas não se rebaixam em dissimular suas ideias e seus objetivos. Declaram abertamente que seus fins só poderão ser alcançados pela derrubada violenta das condições sociais existentes. Que as classes dominantes tremam diante da revolução comunista! Os proletários nada têm a perder senão seus grilhões. Têm um mundo a ganhar. Proletários de todos os países, uni-vos!
>
> MARX, Karl; ENGELS, Friedrich. *Manifesto comunista*. Londres, 1848.

O socialismo cristão

A Igreja católica procurou acompanhar as inovações dos tempos e não poupou críticas à exploração capitalista dos trabalhadores. Elaborou a sua própria doutrina social, o **socialismo cristão**, uma alternativa para superar os conflitos entre os trabalhadores e os capitalistas.

Essa doutrina foi iniciada em 1891 pelo papa Leão XIII, na encíclica *Rerum Novarum*. Por meio dela, a Igreja propôs a aproximação entre patrões e operários, a participação destes nos lucros das empresas, o salário mínimo digno, a formação de sindicatos de trabalhadores e a defesa da propriedade privada. Portanto, essa doutrina rejeitava a teoria marxista, porém condenava a superexploração capitalista. Essas ideias tiveram seguimento e foram confirmadas nas encíclicas *Quadragesimo Anno*, do papa Pio IX, *Mater et Magistra*, de João XXIII, e *Populorum Progressio*, de Paulo VI.

O anarquismo

O anarquismo era uma ideologia extremamente radical que defendia a revolução armada, a derrubada imediata e a supressão do Estado. Os anarquistas acreditavam que o homem era capaz de viver em paz, sem a instituição do Estado. Eles eram defensores de uma ordem natural, baseada na autodisciplina e na cooperação voluntária. Para isso, propunham que os homens vivessem em comunidades autogovernadas, sem qualquer hierarquia entre eles e com a participação de todos nas decisões. Os principais representantes dessa tendência eram Bakunin e Kropotkin.

ATIVIDADES

1. Que fatores favoreceram a ocorrência da Revolução Industrial na Inglaterra?

_____

_____

_____

2. Qual a relação entre a expansão marítimo-comercial da Inglaterra e a Revolução Industrial?

_____

_____

Refletindo

3 Leia os textos e depois compare-os com a charge. Conversem sobre o que concluíram.

[...] A reunião dos trabalhadores na fábrica não se deveu a nenhum avanço das técnicas de produção. Pelo contrário, o que estava em jogo era justamente um alargamento do controle e do poder por parte do capitalista sobre o conjunto de trabalhadores.

DE DECCA, Edgar S. *O nascimento das fábricas*. São Paulo: Brasiliense, 1985. p. 22.

[...] Um operário desenrola o arame, o outro o endireita, um terceiro corta, um quarto o afia nas pontas para a colocação da cabeça do alfinete; para fazer a cabeça do alfinete requerem-se 3 ou 4 operações diferentes; [...].

SMITH, Adam. *A riqueza das nações*: investigação sobre a sua natureza e suas causas. São Paulo: Nova Cultural, 1985. v. I.

Hierarquizados, disciplinados, submetidos a uma divisão de trabalho intensa, os trabalhadores se alienam; não controlam mais o processo de produção, nem o que produzem. "O produto da atividade humana é separado do seu produtor e apropriado por uma minoria. A mercadoria torna-se estranha ao homem e o esmaga. Este mundo onde o dinheiro exerce uma dominação absoluta, onde o ter mata o ser, organiza-se de forma a salvaguardar esse domínio".

BIROU, A. *Dicionário das Ciências Sociais*. 5. ed. Lisboa: Dom Quixote, 1982. p. 27. Texto adaptado.

4 Faça um quadro-resumo das principais características do capitalismo, e outro das principais características do socialismo proposto por Marx e Engels. Compare as características, encontrando semelhanças e diferenças entre os dois sistemas econômicos.

5 Reúna seu grupo e pesquisem as condições de trabalho nas indústrias, na cidade ou região em que você mora. Verifiquem se os trabalhadores continuam a ser explorados ou se ocorrem conflitos. Vocês podem entrevistar os trabalhadores, registrar as respostas e, depois, compartilhar com a classe os resultados.

A REVOLUÇÃO NORTE-AMERICANA

O ideal da liberdade

As 13 colônias britânicas da América, que vieram a integrar os Estados Unidos, foram as primeiras a se tornar independentes. Essas colônias apresentavam características diferentes (reveja o Capítulo 6) e se posicionaram, no início, de forma diferente em relação à independência.

Corel Photos Gallery

Reprodução da Declaração de Independência dos Estados Unidos.

Museu do Capitólio, Washington, EUA

Detalhe da tela *Declaração da Independência* de John Trumbull, feita em 1786. De pé, estão John Adams, Thomas Jefferson e Benjamin Franklin.

> [...] podemos identificar com clareza duas áreas bastante distintas nas 13 colônias. As colônias do Norte, com predominância da pequena propriedade, trabalho livre, atividades manufatureiras, com um mercado interno relativamente desenvolvido, realizando o comércio triangular. As colônias do Sul com o predomínio do latifúndio, voltado quase que inteiramente à exportação, trabalho servil e escravo, e pouco desenvolvidas quanto às manufaturas.
>
> KARNAL, Leandro. *Estados Unidos*: da colônia à independência. São Paulo: Contexto, 1997. p. 42.

Pode-se perceber, assim, que os nortistas ultrapassaram as fronteiras coloniais, organizando triângulos comerciais. O mais conhecido começava com o comércio de peixe, madeira, gado e produtos alimentícios com as Antilhas, onde compravam melaço, rum e açúcar. Em Nova York e na Pensilvânia, transformavam o melaço em mais rum, que trocavam por escravos na África. Os escravos iam para as Antilhas ou colônias do sul. Outro triângulo começava na Filadélfia, Nova York ou Newport, com carregamentos que eram trocados, na Jamaica, por melaço e açúcar; levavam estes produtos para a Inglaterra e trocavam por tecidos e ferragens, trazidos para o ponto inicial do triângulo. Também foi muito ativo o triângulo iniciado com o transporte de peixe, madeira e cereais para Espanha e Portugal, de onde levavam para a Inglaterra sal, frutas e vinho, trocados por manufaturados que traziam de volta à América.

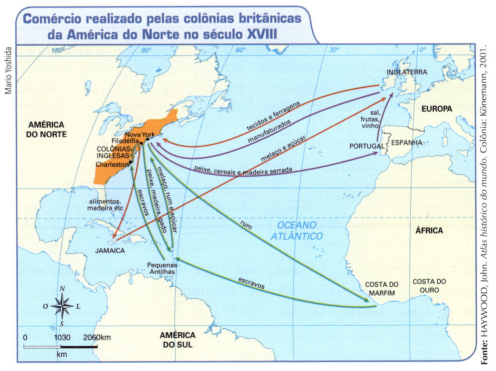

O comércio realizado pelas colônias britânicas da América do Norte no século XVIII formava três tipos de triângulos comerciais: colônias britânicas na América – Antilhas – África; Nova York/Filadélfia/Newport – Jamaica – Inglaterra; colônias britânicas na América – Espanha/Portugal – Inglaterra.

Embora houvesse leis inglesas restritivas ao comércio autônomo das colônias, elas não eram aplicadas, mas, quando o comércio colonial começou a concorrer com o comércio metropolitano, surgiram atritos.

Foi significativa a influência do Iluminismo no processo de libertação da América, não só a inglesa, como também a espanhola e a portuguesa. Os filósofos iluministas criticavam a existência das monarquias absolutistas, despóticas e **arbitrárias**, os privilégios da nobreza, a desigualdade social e as práticas mercantilistas (veja o Capítulo 7).

Propunham mudanças fundamentais, baseadas nos princípios da liberdade individual, da igualdade perante a lei, da tolerância religiosa, da limitação dos privilégios da nobreza e da liberdade de comércio. Essa filosofia foi amplamente aceita pelos intelectuais norte-americanos.

A essa influência filosófica, somaram-se outros fatores para o movimento de libertação das 13 colônias inglesas.

As relações entre os colonos e a Metrópole tornaram-se críticas na segunda metade do século XVIII, quando a Coroa inglesa mudou a política tributária, procurando retomar as malhas do *pacto colonial*. Em 1750 e 1754, foram proibidas, respectivamente, a fundição de ferro nas colônias e a fabricação de tecidos. Deve-se lembrar que a Inglaterra está, nesse período, em plena Revolução Industrial.

Além disso, por causa do alto custo da Guerra dos Sete Anos (1756-1763), o Parlamento inglês decidiu que os colonos deviam pagar parte dos custos da guerra. O objetivo era aumentar as taxas e os direitos da Coroa na América. Nessa guerra, os colonos ingleses haviam ajudado a Inglaterra a conquistar possessões francesas ao norte e a oeste das colônias.

A guerra dos Sete Anos ocorreu entre 1756 e 1763, durante o reinado de Luís XV, entre a França, a Áustria e seus aliados (Saxônia, Rússia, Suécia e Espanha), de um lado, e a Inglaterra, a Prússia e Hannover, de outro. Vários fatores desencadearam a guerra: a preocupação das potências europeias com o crescente prestígio e poderio de Frederico II, o Grande, imperador da Prússia; as disputas entre a Áustria e a Prússia pela posse da Silésia, província oriental alemã, que passara ao domínio prussiano em 1742 durante a guerra de sucessão austríaca; e, principalmente, a disputa entre a Grã-Bretanha e a França pelo controle comercial e marítimo das colônias das Índias e da América do Norte.

A guerra caracterizou-se pelas sucessivas derrotas francesas tanto na Europa, quanto no Canadá e na Índia, onde a França perdeu suas colônias.

Disponível em: <http://pt.wikipedia.org/wiki/Guerra_dos_Sete_Anos>. Acesso em: jun. 2012. Texto adaptado.

Em 1764, a Inglaterra impôs a **Lei do Açúcar** (*Sugar Act*), elevando o valor dos tributos sobre o açúcar e derivados da cana que não fossem **oriundos** das Antilhas britânicas. Em 1765, foi aprovada a **Lei de Aquartelamento**, regulamentando a obrigação de abrigar e sustentar tropas inglesas em solo americano (prática que pesava muito sobre as finanças coloniais), além da **Lei do Selo** (*Stamp Act*), determinando que todos os documentos, jornais, livros só podiam circular se fossem selados com o timbre do governo inglês. Os colonos reagiram invadindo casas de fiscais e queimando documentos selados em praça pública. Declararam que a Inglaterra não tinha o direito de impor sanções às colônias, já que elas não tinham representação no Parlamento inglês. O governo inglês eliminou a Lei do Selo, mas, dois anos depois, elevou os impostos de importação sobre o chá, o papel, o vidro e as tintas (*Townshend Acts*), com o objetivo de limitar o comércio das colônias com outras regiões, que não a Inglaterra. Era impossível burlar a lei, diante da criação da Junta Alfandegária Americana, que ainda executaria os odiados Mandados de Busca.

Ilustração da época da revolta da população contra a Lei do Selo, 1765.

Influenciado pela burguesia, o povo reagiu, realizando vários protestos públicos. Em um deles, três manifestantes foram mortos pelas tropas inglesas. Esse episódio é conhecido como o **Massacre de Boston**.

Em 1773, o governo inglês concedeu o monopólio do comércio de chá em todas as colônias norte-americanas à Companhia das Índias Orientais. Essa concessão eliminaria, da condição de intermediários, todos os norte-americanos que comerciavam esse produto. Abria-se, também, um precedente perigoso: quem garantiria que o mesmo não seria feito com outros produtos? Em reação, comerciantes da cidade de Boston, disfar-

çados de índios, assaltaram três navios da companhia e lançaram ao mar todo seu carregamento de chá, no episódio que ficou conhecido como "A Festa do Chá em Boston" (*The Boston Tea Party*).

O governo inglês reagiu. Decretou, em 1774, as **Leis Intoleráveis**, determinando o fechamento do Porto de Boston e o pagamento de uma indenização pelo chá. Houve também o reforço das tropas oficiais nas colônias.

Estava deflagrado o conflito entre os colonos e a Metrópole, que acabou levando à independência das 13 colônias.

Massacre em Boston, gravura de Paul Revere, 1770. Soldados ingleses atiram nos colonos.

A festa do chá em Boston, litografia de Nathaniel Currier, 1846.

1 Releia o texto da página 93, de Leandro Karnal. Dadas as características diferenciadas das colônias, quais delas se ressentiram mais com as medidas da Metrópole e por quê?

_____

_____

_____

2 Comente a seguinte afirmação:

A filosofia iluminista, que defendia os direitos do homem e do cidadão, influenciou a independência das colônias inglesas na América.

_____

_____

_____

Os Congressos Continentais

A partir da decretação das Leis Intoleráveis, as 13 colônias inglesas deixaram de reivindicar apenas mudanças na política econômica da Inglaterra em relação a elas e passaram a tomar outras medidas contra as pressões da Metrópole.

Em 1774, com representantes de quase todas as colônias, realizou-se o **Primeiro Congresso Continental de Filadélfia**, no qual se começou a definir uma aliança entre o Norte e o Sul. Foi votada a **Declaração dos Direitos dos Colonos**, reivindicando:

* igualdade de direitos entre os cidadãos da Metrópole e das Colônias;
* revogação das Leis Intoleráveis.

Nesse congresso, ainda não havia a intenção clara de se proclamar a independência das colônias.

O Parlamento da Inglaterra, sob o reinado de Jorge III, além de não atender às reivindicações dos colonos, ordenou que fosse intensificada a repressão.

Em 1775, novamente a elite colonial, representando as 13 colônias, reuniu-se no **Segundo Congresso Continental de Filadélfia**.

No Segundo Congresso de Filadélfia [...], o movimento de resistência aos abusos ingleses passou a ser, de fato, um movimento voltado para a separação, com a criação do Exército Continental.

No entanto, os colonos, de acordo com seus interesses, dividiam-se quanto à posição a tomar diante da Grã-Bretanha. Se os burgueses progressistas do Norte e do Centro conseguiram a simpatia da população contra os ingleses e a Coroa, os aristocratas sulistas eram fiéis ao Rei, e buscavam a conciliação.

OLIVIERI, Antônio Carlos. _Independência dos Estados Unidos._ São Paulo: Ática, 1997. p. 36. (Coleção Cotidiano da História).

O Segundo Congresso da Filadélfia significou a guinada definitiva rumo à independência, refletindo a forte pressão exercida pelos delegados que representavam as colônias rebeladas.

Marca essa passagem para a ruptura com a Grã-Bretanha, a Convenção de Virgínia, cujo texto obteve a aprovação dos 112 delegados presentes, firmada em 16 de junho de 1776.

Declararam os delegados:

A despeito de todos os esforços das colônias unidas, por intermédio de petições e representações ponderadas ao rei e ao Parlamento da Grã-Bretanha, para que restaurassem a paz e a segurança na América, sob o governo inglês, bem como uma reaproximação para com aquele povo, em bases justas e liberais, em vez de uma reformulação das injustiças que essa administração arbitrária e **vindicativa** produz, vemos crescer o **insulto**, a opressão e uma tentativa vigorosa de levarem a cabo nossa total destruição.

Em consequência, resolvemos unanimemente:

Que os delegados designados para representar esta colônia em congressos gerais sejam instruídos para propor àquela respeitável Casa que declare as colônias unidas Estados livres e independentes [...] e que deem o consentimento desta colônia para tal declaração e para qualquer medida que o Congresso julgar conveniente e necessária para promover alianças externas e uma confederação de colônias, na época e da maneira que melhor lhe aprouver.

APTHEKER, Herbert. *Uma nova história dos Estados Unidos*: a Revolução Americana. Rio de Janeiro: Civilização Brasileira, 1969. p. 104. (Coleção Perspectivas do Homem).

Declaração de Independência (4 de julho de 1776)

Consideramos estas verdades como evidentes por si mesmas, que todos os homens foram criados iguais, foram dotados pelo Criador de certos direitos inalienáveis, que entre estes estão a vida, a liberdade e a busca da felicidade [...].

Nós, portanto, representantes dos Estados Unidos da América, em congresso geral, reunido, pedindo ao Juiz Supremo do mundo que dê testemunho da retidão das nossas intenções, solenemente publicamos e declaramos, em nome do povo destas colônias e pela autoridade que ele nos conferiu, que estas Colônias Unidas são, e por direito devem sê-lo, ESTADOS LIVRES E INDEPENDENTES; que estão liberadas de toda e qualquer lealdade à coroa britânica, e que toda conexão política entre elas e o Estado da Grã-Bretanha é, e deve ser, totalmente dissolvida; e que, como Estados livres e independentes, têm inteiro poder para declarar guerra, concluir paz, contratar alianças, estabelecer comércio e praticar todos os atos e ações a que têm direito os estados independentes. E em apoio desta declaração, plenos de firme confiança na proteção da Divina Providência, empenhamos mutuamente nossas vidas, nossas fortunas e nossa sagrada honra.

Disponível em: <www.embaixada-americana.org.br/ >. Acesso em: jun. 2012.

A versão original da Declaração de Independência, apresentada por Jefferson, foi revista. Segundo Herbert Aptheker (*Op. cit.*, p. 108), uma das principais alterações refere-se ao "corte de um longo trecho — mais de 150 palavras — relacionado com a escravidão e o comércio de escravos".

No mesmo ano, foi declarada a independência das 13 colônias. George Washington assumiu o comando das tropas norte-americanas.

A **Declaração de Independência** foi redigida, entre outros, por Thomas Jefferson, seguidor das ideias iluministas. O documento, que foi aprovado em 4 de julho de 1776, representava a aliança possível para aquele momento.

Em 1777, o Congresso aprovou a redação dos **Artigos da Confederação**, adotados a partir de 15 de novembro, quando as ex-colônias receberam o nome de Estados Unidos da América.

A guerra de independência

O governo inglês reforçou o exército contra os norte-americanos, acirrando ainda mais a guerra pela independência, que se estendeu até 1783. Os primeiros anos da guerra foram difíceis para os colonos, pois o exército colonial estava mal armado.

Somente após a vitória em Saratoga, em 1777, a situação dos colonos melhorou, pois os norte-americanos passaram a receber ajuda militar e financeira da França e da Espanha, que se mostravam interessadas no enfraquecimento do Império Inglês.

Em 1783, a Inglaterra, derrotada, viu-se obrigada a assinar o Tratado de Paris, pelo qual reconhecia oficialmente a Independência dos Estados Unidos.

O espírito de 76, tela de Archibald M. Willard, 1876. A tela ilustra soldados norte-americanos durante a guerra da independência.

A Constituição liberal

Terminada a guerra, os cidadãos norte-americanos trataram de legalizar o novo Estado. Os representantes dos estados reuniram-se na Filadélfia, em 1787, para redigir e aprovar a **Constituição dos Estados Unidos da América**. Em sua maioria, eram representantes dos proprietários de terras e dos comerciantes.

Pela primeira Constituição, instituiu-se:

- a República **Federalista** com regime presidencialista. Os estados autônomos e soberanos ficavam subordinados ao governo federal;
- criação de três poderes: o Executivo, exercido por um presidente eleito pelo Colégio Eleitoral, escolhido pelos habitantes dos estados; o Legislativo, formado pelo Congresso Nacional, composto pelo Senado e pela Câmara dos Representantes; e o Judiciário, constituído por juízes nomeados pelo presidente;
- o sufrágio universal que, na prática, não funcionou, pois a Constituição dos Estados exigia que a pessoa tivesse propriedade ou capital para ter o direito de votar.

A Constituição norte-americana foi marcada pelo liberalismo político e econômico. No entanto, a escravidão foi mantida, as mulheres não tinham o direito de votar, e os indígenas continuaram a ser exterminados.

Após a independência, formaram-se nos Estados Unidos duas correntes políticas:

- **Federalista** – defendia um governo central forte e tarifas alfandegárias elevadas para proteger a indústria;
- **Republicana** – defendia a descentralização do poder político.

Os federalistas saíram vitoriosos nas convenções de 1788 e 1789, graças à vitória da proposta de poder unificado. O primeiro presidente norte-americano foi o federalista George Washington, que governou a nova nação por dois mandatos. Nessa época, as antigas correntes políticas transformaram-se em dois poderosos partidos: o Federalista e o Republicano.

1 Leia os trechos a seguir.

Que todos os homens são, por natureza, igualmente livres e independentes, e têm certos direitos inatos, dos quais, quando entram em estado de sociedade, não podem por qualquer acordo privar ou despojar seus pósteros e que são: o gozo da vida e da liberdade com os meios de adquirir e de possuir a propriedade e de buscar e obter felicidade e segurança.

Declaração de Direitos do Bom Povo de Virgínia – 16 de junho de 1776.

Consideramos estas verdades como evidentes por si mesmas, que todos os homens foram criados iguais, foram dotados pelo Criador de certos direitos inalienáveis, que entre estes estão a vida, a liberdade e a busca da felicidade [...].

Declaração de Independência – 4 de julho de 1776.

a) Destaque dos trechos as partes em que melhor se pode perceber a influência das ideias iluministas.

_____

_____

_____

_____

_____

_____

b) Procure, no capítulo, informações que demonstram as contradições da sociedade norte--americana independente, diante dessas declarações.

_____

_____

_____

_____

_____

_____

_____

_____

Refletindo

2 Descreva, com as suas palavras, como foi o processo de independência das colônias inglesas da América do Norte, desde o 1º Congresso de Filadélfia até a aprovação da Constituição.

_____

_____

_____

_____

3 Reflita: a França ajudou os colonos norte-americanos em função de seu interesse em enfraquecer o Império Inglês. Por que esse interesse?

_____

_____

_____

_____

4 Vimos que, em resposta às Leis Intoleráveis, as colônias reuniram-se na Filadélfia para realizar o Primeiro Congresso Continental. Junto com a declaração de princípios, os delegados representantes decidiram, também, boicotar os produtos britânicos. Mulheres como as da Carolina do Norte apoiaram essa medida, recusando-se a comprar e usar produtos, especialmente o chá.

Analise a imagem ao lado e converse com seus colegas sobre as possíveis intenções do autor ao produzi-la.

Charge política satirizando as mulheres que participaram do Chá de Edenton – Sociedade Patriótica de Mulheres em Edenton – na Carolina do Norte em 1775.

Trabalhando em grupo

5 Reúna-se com seu grupo. Com base nos documentos que vocês estudaram no capítulo, redijam uma "declaração" dos direitos que vocês acham importantes.

100

A REVOLUÇÃO FRANCESA

Cai o absolutismo na França

A **Revolução Francesa** foi a grande revolução que marcou a ascensão da burguesia ao poder político. Vários fatores influíram para que ela ocorresse.

O fim do século XVIII, como vimos no capítulo anterior – a guerra pela independência dos Estados Unidos, por exemplo –, caracterizou-se pela ocorrência de diversas crises que atingiram os velhos regimes da Europa, como os movimentos de libertação das colônias, debilitando suas finanças.

A monarquia francesa, ao envolver-se na guerra pela independência norte-americana, enfraqueceu ainda mais sua economia, não conseguindo enfrentar a grave crise econômica, cujos efeitos negativos recaíam sobre o povo. Temendo uma revolta do povo, o rei nomeou diferentes ministros das Finanças, que elaboraram planos econômicos, mas não conseguiram resolver os problemas do país.

The Bridgeman Art Library, Londres, Inglaterra/Keystone

Gravura do século XVIII, mulheres conduzindo canhão rumo a Versalhes.

Estabeleceu-se um grande confronto entre a vida luxuosa que desfrutava a corte francesa e o povo que passava fome e pagava pesados tributos.

Ao lado, porém, da França feudal, dominada pela aristocracia, desenvolveu-se uma França capitalista, onde a burguesia enriqueceu com a modernização da agricultura e a abertura de fábricas, com uma nova forma de produção de riquezas e exploração do trabalho.

Desde a Idade Média, os franceses dividiam-se em três ordens ou Estados jurídicos, com direitos e deveres diferentes. O **Primeiro Estado**, constituído pelo clero, proprietário de 10% das terras da França, não pagava impostos. O baixo clero, porém, vivia na miséria.

O **Segundo Estado** era formado pela nobreza, proprietária de mais de 20% das terras do país. Gozava de amplos privilégios, inclusive o de não pagar impostos.

Retrato-medalhão do rei Luís XVI. Tela de Joseph Duplessis, 1775.

O **Terceiro Estado** compreendia toda a população que não fosse o clero e a nobreza – burgueses, trabalhadores urbanos e camponeses, estes últimos representando 80% da população. A miséria atingia tanto os trabalhadores urbanos quanto os camponeses. A situação desses últimos era agravada pelas secas, enchentes e más colheitas. A burguesia, que também fazia parte do terceiro estado, estava descontente. Reivindicava a redução das taxas que provocavam o encarecimento de seus produtos e queria a ampliação dos mercados para suas indústrias.

Durante a década de 1780, assistiu-se ao colapso das finanças públicas e a uma grave crise econômica, que levou Callone, o ministro das Finanças de Luís XVI, a reunir uma Assembleia dos "Notáveis" (144 aristocratas, membros da nobreza e do clero), pedindo a aprovação para um plano de mudanças na cobrança de impostos: o imposto sobre os rendimentos da terra, pagos por todos os proprietários rurais, inclusive pelos aristocratas (que pagavam pouquíssimos impostos ou, como os membros do clero, eram totalmente isento deles). Os "notáveis", porém, não abriram mão de seus privilégios e rejeitaram o plano de Callone, que acabou sendo substituído por Brienne. Este também sugeriu aos "notáveis" medidas semelhantes às de seu antecessor e foi igualmente derrotado.

Maria Antonieta, rainha da França. Obra de 1783 de Elisabeth Louise VigeeLeBrun.

Em 1788, a França enfrentou uma longa seca, o que provocou a escassez de alimentos e a elevação dos preços. A burguesia intensificou seus ataques ao governo absolutista de Luís XVI. A crise se aprofundou e, forçado pela gravidade da situação, o rei nomeou Jacques Necker, um banqueiro, como ministro das Finanças.

O novo ministro indicado por Luís XVI, Necker, de comum acordo com a nobreza, convenceu o rei a convocar, em 1789, no Palácio de Versalhes, os Estados Gerais, que não se reuniam desde 1614. O objetivo era que o Terceiro Estado pagasse os impostos que o clero e a nobreza se recusavam a pagar. Para isso, deveriam reunir-se em três assembleias, de representantes de cada ordem, votando em separado. Desse modo, como nobreza e clero tinham os mesmos interesses, somariam dois votos contra um do Terceiro Estado. A burguesia, no entanto, fez uma campanha para a duplicação de seus representantes (isto é, que o Ter-

Caricatura *O Terceiro Estado carregando o Primeiro e o Segundo Estados nas costas.* Autor desconhecido, obra dos anos 1790.

ceiro Estado tivesse um número de deputados igual à soma dos outros dois: clero + nobreza) e pelo voto por cabeça (cada representante tendo direito a um voto). Conseguiram, no primeiro momento, apenas a primeira reivindicação: a duplicação do número de deputados.

No dia 5 de maio de 1789, a Assembleia dos Estados Gerais reuniu-se no Palácio de Versalhes. Enquanto o Primeiro e o Segundo Estados defendiam o voto por ordem social, o Terceiro Estado reivindicava o voto por cabeça, pois, da outra forma, estaria sempre em desvantagem. Os deputados da burguesia conseguiram o apoio de membros do baixo clero e de uma parte da nobreza liberal para o voto por cabeça e se autoproclamaram "Assembleia Nacional", declarando representar 98% dos franceses. Diante disso, o rei tentou dissolver a assembleia, fechando a sala onde se reuniam.

Os representantes do Terceiro Estado, para garantir suas reivindicações, invadiram a sala do **jogo de pela** existente no palácio, em 15 de junho de 1789, onde juraram não se separar até que se redigisse uma Constituição para a França. Esse acontecimento ficou conhecido como Juramento da Sala do Jogo de Pela.

A **Assembleia Nacional** foi transformada em **Assembleia Nacional Constituinte** em 9 de julho de 1789. O objetivo era elaborar uma Constituição para a França.

Pressionado pelo Primeiro e pelo Segundo Estados, Luís XVI convocou o exército para dissolver a assembleia. Em 13 de julho, o povo tomou as ruas de Paris. No dia 14, uma multidão invadiu a Bastilha, prisão do Estado e símbolo do poder absolutista.

No campo, o desemprego e a fome dos camponeses levavam-nos a perambular por estradas, onde pediam esmolas ou roubavam. Ao mesmo tempo, chegavam as notícias do que estava ocor-

A formidável Bastilha de Paris, destruída em 1789, cujo *fac-simile* se encontra em grande número de bibliotecas públicas, fora começada em 1369 por ordem do rei Carlos V. Esta fortaleza compunha-se de habitações em grande altura, dispostas regularmente em roda de um pátio quadrilongo; tinha quatro torres semiesféricas nos ângulos do quadrado e mais duas no centro dos dois maiores lados.

SILVA, Joaquim Possidonio Narciso da. *Noções elementares de archeologia*. Lisboa: Lallemant Frères, 1878. Disponível em: <http://www.gutenberg.org/files/17186/17186-h/17186-h.htm>. Acesso em: jul. 2012. Texto adaptado.

A bastilha, artista desconhecido, obra de 1740.

rendo em Paris. As revoltas camponesas aumentaram rapidamente.

Por outro lado, os proprietários de terra, mesmo os pequenos, tinham medo de que os revolucionários de Paris invadissem suas propriedades, tal e qual fizeram com a Bastilha. Nesse ambiente de revoltas, boatos e tensões, espalhou-se entre a aristocracia, de julho a agosto de 1789, o "grande medo". Muitos nobres abandonaram a França, solicitando asilo em outras cortes da Europa.

Tomada da Bastilha – Prise de la Bastille – de Jean-Pierre Louis Laurent Houel, 1789.

Quando, em 14 de julho de 1789, o "povo simples" de Paris invadiu a Bastilha, milenar fortaleza-prisão do Estado francês, as notícias sobre esse fato percorreram rapidamente a Europa. Espalharam-se de boca em boca, em jornais, panfletos, cartazes. O símbolo do Antigo Regime (denominação dada pelos revolucionários de 1789 à sociedade francesa da Idade Moderna) caíra! Todos que tomaram conhecimento do fato, mesmo que aterrorizados, pressentiram o início de novos tempos para a humanidade.

OSTERMANN, Nilse; KUMZE, Iole. *Às armas, cidadãos!* A França revolucionária (1789-1799). São Paulo: Atual, 1995. p. 3.

ATIVIDADES

1 Jules Michelet, nascido em 1798, foi criado em Paris em um bairro de artesãos e pequenos comerciantes que, como seu pai, participaram das jornadas revolucionárias. Escreveu *A História da Revolução* em 1848, baseado no que ouviu na infância e no que pesquisou. Leia sua descrição da chegada dos representantes dos Estados Gerais em Versalhes, em 4 de maio de 1789.

À frente da procissão, aparecia em primeiro lugar uma massa de homens vestidos de preto, o forte e profundo batalhão dos quinhentos e cinquenta deputados do Terceiro [Estado]; nesse número, mais de trezentos **juristas**, advogados ou **magistrados** representavam com força o **advento** da lei. Modestos nos trajes, firmes no andar e no olhar, iam ainda sem distinção de partidos, todos felizes com esse grande dia que haviam feito e que era sua vitória.

O brilhante pequeno grupo dos deputados da nobreza vinha em seguida com seus chapéus de plumas, suas rendas, seus **paramentos** de ouro. Os aplausos que haviam acolhido o Terceiro cessaram de súbito. Entre esses nobres, entretanto, cerca de quarenta pareciam calorosos amigos do povo, tanto quanto os homens do Terceiro. Mesmo silêncio para o clero. Nessa ordem, viam-se muito distintamente duas ordens: uma nobreza, um Terceiro Estado –, uns trinta **prelados** de **sobrepeliz** e **sotaina** violeta; à parte e separados deles por um coro de músicos, o humilde grupo dos duzentos padres em suas negras batinas.

MICHELET, Jules. *História da Revolução Francesa.* São Paulo: Companhia das Letras, 1989. p. 102.

a) Procure na introdução do capítulo e nas imagens as informações que apoiam a descrição, feita por Michelet, do Primeiro, Segundo e Terceiro Estados e converse com os colegas sobre esse tema.

b) Qual a reação do povo que assistia ao desfile dos deputados, segundo a descrição de Michelet, e como você explica essa reação?

_____

_____

_____

_____

_____

c) Desenhe o desfile descrito por Michelet. Além do texto, inspire-se nas imagens das páginas anteriores. Você pode desenvolver esse desenho com a ajuda dos seus colegas.

2 Imagine-se no lugar de um jornalista que tivesse de escrever um artigo para um jornal contando a Tomada da Bastilha. Crie a manchete e escreva o artigo. Depois, leia-o para os colegas de classe.

3 A notícia da queda da Bastilha e da Revolução Francesa chegaram ao Brasil, então colônia de Portugal. Você se lembra de alguma rebelião colonial influenciada por esse fato?

_____

_____

_____

_____

105

A primeira fase da revolução

No dia 14 de julho de 1789, a invasão da Bastilha não foi um feito militar de grande importância, já que bastaram apenas cinco horas para dominá-la e, naquele momento, abrigava apenas sete prisioneiros. No entanto, sua ocupação teve um significado simbólico: foi a primeira vitória popular e foi comemorada como a queda do absolutismo. A fortaleza foi totalmente destruída em 1790.

A primeira fase da Revolução Francesa é conhecida como a fase da **Assembleia Nacional Constituinte** e durou de 1789 a 1791.

Diante da pressão popular, Luís XVI cedeu e reconheceu a Assembleia, com participação de representantes dos três Estados e o voto por indivíduo.

Leia alguns artigos da Declaração dos Direitos do Homem e do Cidadão, de 26 de agosto de 1789.

- *Os homens nascem e permanecem livres e iguais em direitos [...].*
- *A finalidade de toda associação política é a conservação dos direitos naturais e **imprescritíveis** do homem. Esses direitos são: a liberdade, a propriedade, a segurança e a resistência à opressão.*
- *A liberdade consiste em poder fazer tudo aquilo que não prejudique a outrem [...].*
- *A lei só tem direito de proibir as ações prejudiciais à sociedade [...].*
- *Ninguém deve ser molestado pelas suas opiniões, mesmo religiosas, desde que sua manifestação não perturbe a ordem pública [...].*
- *A livre comunicação dos pensamentos e das opiniões é um dos mais preciosos direitos do homem [...].*
- *A sociedade tem o direito de pedir a todo agente público contas de sua administração.*

SILVA, Rogério Forastieri da. *A conquista da cidadania:* a Revolução Francesa. São Paulo: Núcleo, 1992.

A detenção de Luís XVI em Varennes. Gravura de Prieur, século XVIII.

A Assembleia Nacional decretou novas leis e aprovou a **Declaração dos Direitos do Homem e do Cidadão**, proclamando que os homens nascem livres e iguais em direitos.

Entretanto, Luís XVI não queria que seu poder fosse reduzido e, por isso, não aceitou as medidas estabelecidas pela Assembleia, recusando-se a manifestar sua concordância. Revoltados com a atitude do rei, o povo de Paris – em especial as mulheres –, em outubro, invadiu o Palácio de Versalhes, obrigando o monarca a voltar para Paris e **ratificar** os decretos da Assembleia. Esse acontecimento ficou conhecido como Jornadas de Outubro.

Representação da Declaração dos Direitos do Homem e do Cidadão, obra de Jean-Jacques-François Le Barbier, 1789.

Na noite de 20 para 21 de junho de 1791, numa trama arquitetada por Axel de Fersen, um aristocrata estrangeiro muito próximo à rainha Maria Antonieta, o rei Luís XVI tentou escapar da França, acompanhado pela esposa e seus quatro filhos e um grupo reduzido de cortesãos. Sua Majestade escapuliu do Palácio das Tulherias secretamente numa carruagem rumo à Bélgica. Preparada às pressas a tentativa malogrou em Varennes, na fronteira da Bélgica. Justo ali, depois de parar numa taverna, Luís XVI foi reconhecido, detido pela milícia local e recambiado para Paris.

Em seu retorno à capital, escoltado, o rei e sua família foi acolhido por uma imensa multidão que, aqui e ali, o injuriava como traidor. De certa forma aquele desfile tétrico pelas ruas de Paris, a maior parte dele envolto num silêncio sepulcral, foi a antecipação do percurso que Luís XVI e sua mulher tiveram que cumprir uns meses depois rumo ao **cadafalso** da Praça da Guilhotina (ironicamente situada na Praça da Concórdia!). Politicamente, o rei morreu naquele dia.

SCHILING, Voltaire. *A Revolução Francesa de 1789*. Parte II. Disponível em:<http://educaterra.terra.com.br/voltaire/mundo/rev_francesa_dois.htm>. Acesso em jun. 2012.

Em 1790, a Assembleia votou a Constituição Civil do Clero. Ficou estabelecido o confisco dos bens da Igreja católica e a transformação de seus membros em funcionários do Estado. Tais medidas dividiram o clero, sendo que alguns se perfilaram aos ideais da Revolução, em desobediência ao papa, que manifestou sua oposição.

Por fim, em 1791, foi promulgada a Constituição que estabelecia como forma de governo a monarquia constitucional e liberal. Em relação à estrutura do poder, a característica principal era a separação dos poderes, adotando as teses de Montesquieu sobre a independência do Poder Legislativo, do Executivo e do Judiciário. Ficou decidida a divisão de poderes: o Executivo, exercido pelo rei; o Legislativo, pela Assembleia; e o Judiciário, por juízes eleitos.

A Constituição francesa de 1791, feita pouco depois da Declaração de Direitos de 1789, manteve a monarquia, o que já significava um privilégio para uma família. Além disso, contrariando a afirmação de igualdade de todos, estabeleceu que somente os cidadãos ativos poderiam ser eleitos para a Assembleia Nacional. Ficou sendo também um privilégio dos cidadãos ativos o direito de votar para escolher os membros da Assembleia. E para ser cidadão ativo era preciso ser francês, do sexo masculino, ser proprietário de bens imóveis e ter um renda mínima anual elevada.

As mulheres, os trabalhadores, as camadas mais pobres da sociedade, todos esses grupos sociais foram excluídos da cidadania ativa e tiveram que iniciar uma nova luta, desde o começo de século dezenove, para obterem os direitos da cidadania. Foram, até agora, duzentos anos de lutas, que já proporcionaram muitas vitórias, mas ainda falta caminhar bastante para que a cidadania seja, realmente, expressão dos direitos de todos e não privilégio dos setores mais favorecidos da sociedade.

DALLARI, Dalmo. A cidadania e sua história. Disponível em: <http://www.cefetsp.br/edu/eso/cidadania/cidadaniahistoriadallari.html.> Acesso jul. 2012. Texto adaptado.

Cai a monarquia, é proclamada a república

No mês de setembro de 1791, Luís XVI jurou respeitar a Constituição, que estabelecia a monarquia constitucional. No mês seguinte, foi eleita nova Assembleia Legislativa, com predomínio da burguesia. O voto era censitário, isto é, de acordo com a renda do cidadão.

Enquanto a Assembleia Legislativa discutia o futuro da França, o povo, faminto, havia saqueado muitos castelos e casas de nobres em todo o país, forçando seus proprietários a fugir para o exterior, junto com centenas de padres e oficiais do exército real que eram contrários à Revolução. A maioria fugiu para os países vizinhos (Áustria e Prússia), cujos governos também se opunham ao regime francês. Ali, nobres, militares e religiosos conspiravam contra a Assembleia Legislativa.

O exército francês ficou desmantelado com a Revolução. Mesmo assim o governo decretou guerra à Áustria e à Prússia, para impedir esses dois países de continuar ajudando os conspiradores exilados.

HILLS, Ken. *Op. cit.* p. 15

Os membros republicanos da Assembleia acusaram o rei Luís XVI de estar ligado à Áustria. Forçado pelos deputados, o monarca declarou guerra a esse país.

Liderado por Danton, Marat e Robespierre, o povo invadiu o Palácio das Tulherias, destruindo-o. A família real foi presa.

No mesmo dia, os deputados suspenderam o rei e decidiram, inspirados nos revolucionários americanos, eleger uma Convenção Nacional com amplos poderes. Era o fim da monarquia. Não demorou para que entre os próprios revolucionários duas tendências se afirmassem, a dos jacobinos e a dos girondinos. Se na época da Assembleia Nacional as expressões *gauche* – "esquerda" – é aplicada aos pró-republicanos e aos democratas radicais, e *droite* – "direita" – aos defensores da monarquia, na Convenção Nacional elas servem para designar os jacobinos e os girondinos.

SCHILING, Voltaire. *Op. cit.*

Instaurou-se a Comuna Revolucionária, que dividiu o poder com a Assembleia e convocou o povo a defender a França ante a invasão austro-prussiana. Em 20 de setembro, o exército inimigo foi abatido na Batalha de Walmy. A Assembleia depôs o rei e elegeu a **Convenção Nacional**, assembleia eleita por voto universal masculino. No dia 22 de setembro de 1792, foi proclamada a república, iniciando-se novo período da história da França.

Museu de Arte Moderna Ville de Paris, França/Roger–Viollet/TopFoto/Keystone

Cartaz da república francesa: "Unidade indivisível da República. Liberdade, Igualdade, Fraternidade ou a Morte". Gravura colorida editada por Paul Andre Basset, 1796.

Herança do século das Luzes, o lema "Liberdade, Igualdade, Fraternidade" é invocado pela primeira vez durante a Revolução Francesa e fez parte dos inúmeros lemas invocados no período.

No discurso sobre a organização das guardas nacionais, Robespierre preconiza, em dezembro de 1790, que as palavras "O Povo Francês" e "Liberdade, Igualdade, Fraternidade" sejam inscritos nos uniformes e nas bandeiras, porém seu projeto não é adotado.

A partir de 1793, os parisienses, rapidamente imitados pelos habitantes das outras cidades, pintam nas fachadas de suas casas as seguintes palavras: "unidade, indivisibilidade da República; liberdade, igualdade ou a morte".

Texto adaptado *France Diplomatique*. Ministério das Relações Exteriores, França.
Disponível em: <http://ambafrance-br.org/Liberdade-Igualdade-Fraternidade>. Acesso em: jul. 2012. Texto adaptado.

A Convenção Nacional

Após a proclamação da república, a Convenção criou um novo calendário, marcando o início de uma nova era. Propôs, também, a elaboração de uma nova Constituição, que ficou pronta em 1793. O primeiro ano da república, 1793, foi chamado Ano I, no novo calendário.

A nova Constituição era a mais democrática que a França conhecera até então. O seu artigo 33, por exemplo, reconhecia até o direito dos homens de se revoltarem contra o governo: "Quando o governo viola os direitos do povo, a insurreição é, para o povo e para cada porção do povo, o mais sagrado e o mais indispensável dos deveres".

Durante a monarquia, os republicanos franceses permaneceram unidos, mas após a proclamação da República dividiram-se em:

- **Girondinos** – grupo representante da alta burguesia, defensor de posições moderadas, procurando conter os excessos e avanços revolucionários. Ocupava o lado direito da Assembleia;

- **Jacobinos** ou **montanheses** – grupo radical liderado por Robespierre, Danton e Marat, representantes da média e pequena burguesia, que defendia um governo centralizado para salvar a República. Sentava-se à esquerda na sala de reuniões.

- **Planície** ou **pântano** – grupo assim chamado por ocupar os lugares mais baixos do plenário, burgueses que definiram sua postura de acordo com os acontecimentos.

Os girondinos dominaram a Convenção durante um ano. Os jacobinos contaram com o apoio dos *sans-culottes* (trabalhadores assim chamados por se recusarem a vestir calções rendados conhecidos como *culottes*, como os nobres) que organizaram as jornadas de 31 de maio a 2 de junho de 1793: cerca de 80 mil pessoas cercaram a Convenção, depuseram os girondinos e colocaram os jacobinos no poder.

Gravura *A execução de Luís XVI*, em 21 de janeiro de 1793.

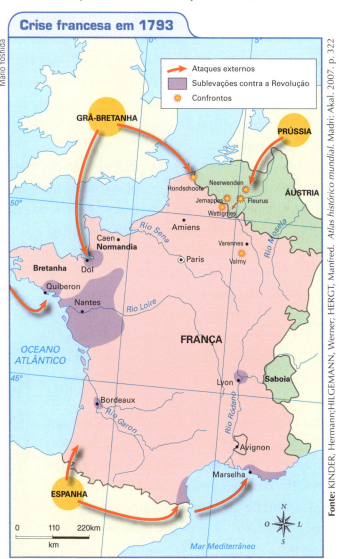

Observe no mapa as ofensivas externas e internas contra a República Francesa.

A república francesa enfrentou uma série de crises. Revoltas de padres e nobres estouraram em vários pontos da França. Além disso, a Inglaterra liderou uma coligação contra o país, aliando-se a Holanda, Prússia, Espanha, Sardenha, Nápoles e Rússia. A Inglaterra tinha, na verdade, razões econômicas: ocupando a Bélgica, os franceses fecharam sua rota comercial com a Europa.

Nesse ambiente de crise interna e externa, a Convenção governou de forma ditatorial. Criou o Comitê de Salvação Pública porque a revolução corria o risco de ser derrotada. Criou o Tribunal Revolucionário, cujo objetivo era buscar os antirrevolucionários e julgá-los, liderado por Marat, que mandou guilhotinar vários girondinos. Charlotte Corday, uma girondina, conseguiu assassiná-lo em 13 de julho de 1793. O Tribunal Revolucionário prendeu mais de 300 mil pessoas e condenou à morte 17 mil. Muitos morreram nas prisões esperando julgamento.

A Constituição democrática foi guardada, esperando a solução da crise. O decreto de 10 de outubro de 1793 declara ser o governo "revolucionário até a paz". É a esse governo revolucionário, mas sem base constitucional, que se dá o nome de "Terror".

Robespierre, membro do Comitê de Salvação Pública assumiu a liderança da Convenção Nacional. Foi chamado de "O Incorruptível", por sua honestidade e seriedade.

Para combater a crise, o governo colocou em prática medidas de "salvação pública":
- o alistamento em massa, para combater os exércitos inimigos;
- nacionalização das grandes metalúrgicas e fábricas de armamentos para aceleração da produção;
- confisco dos bens dos nobres emigrados: suas terras foram disponibilizadas para os camponeses;
- pensão anual e assistência médica gratuita para crianças e velhos;
- tabelamento dos preços dos gêneros de primeira necessidade e fixação dos salários, com o objetivo de garantir ao trabalhador, ao agricultor, ao comerciante, "adquirir as coisas necessárias e indispensáveis à subsistência, e ainda tudo quanto possa contribuir para o bem-estar";
- a adoção do sistema decimal de pesos e medidas;
- a abolição da escravidão nas colônias;
- a reforma educacional (criação do ensino público e gratuito).

O governo criou também a "Lei dos suspeitos" e organizou a repressão. Os interrogatórios e a defesa nos julgamentos foram suprimidos.

Mas a radicalização do "Terror" não agradou a burguesia, que temia o confisco de suas propriedades. Por outro lado, mesmo entre os jacobinos havia os que discordavam das execuções e faziam campanha pela **anistia** geral (como Danton e seu grupo), enquanto os radicais queriam um governo ainda mais implacável e criticavam o fracasso de Robespierre na solução da crise econômica.

O Comitê de Salvação Pública condenou à morte os opositores (Danton, seus partidários e os radicais).

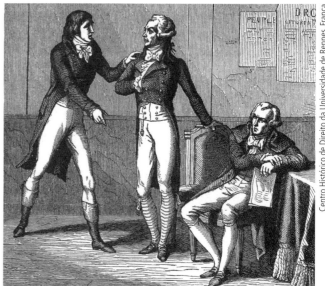

Gravura do livro *Les guerres de la Révolution* de Camille Pelletan. Robespierre, Saint-Just e Couthon pouco antes do 9 Termidor.

Referências bibliográficas

ANDERSON, P. *LINHAGENS DO ESTADO ABSOLUTISTA*. PORTO: AFRONTAMENTO, 1984.

ANDERSON, PERRY. *PASSAGENS DA ANTIGUIDADE AO FEUDALISMO*. PORTO: AFRONTAMENTO, 1982.

AUSTIN, M.; VIDAL-NAQUET, P. *ECONOMIA E SOCIEDADE NA GRÉCIA ANTIGA*. LISBOA: EDIÇÕES 70, 1986.

BALANDIER, GEORGES. *O PODER EM CENA*. BRASÍLIA: EDITORA DA UNIVERSIDADE DE BRASÍLIA, 1982.

BANNIARD, MICHEL. *A ALTA IDADE MÉDIA*. LISBOA: EUROPA-AMÉRICA, S.D.

BAUMER, F. *O PENSAMENTO EUROPEU MODERNO*. LISBOA: EDIÇÕES 70, 1990. V. 1.

BLOCH, MARC. *A SOCIEDADE FEUDAL*. LISBOA: EDIÇÕES 70, 1982.

CARDOSO, CIRO FLAMARION S. *ANTIGUIDADE E RELIGIÃO*. OS POVOS DO ORIENTE PRÓXIMO. SÃO PAULO: CONTEXTO, 1990.

DUBY, G. *GUERREIROS E CAMPONESES*. OS PRIMÓRDIOS DO CRESCIMENTO ECONÔMICO EUROPEU. SÉC. VII-XII. LISBOA: ESTAMPA, 1980.

_____. *A IDADE MÉDIA NA FRANÇA*. RIO DE JANEIRO: JORGE ZAHAR, 1992.

_____. *O ANO MIL*. LISBOA: EDIÇÕES 70, 1980.

_____. *O TEMPO DAS CATEDRAIS*. A ARTE E A SOCIEDADE (980-1420). LISBOA: ESTAMPA, 1979.

_____. *SÃO BERNARDO E A ARTE CISTERCIENSE*. SÃO PAULO: MARTINS FONTES, 1990.

ELIADE, MIRCEA. *FERREIROS E ALQUIMISTAS*. RIO DE JANEIRO: ZAHAR, 1979.

ESPINOSA, FERNANDA. *ANTOLOGIA DE TEXTOS HISTÓRICOS MEDIEVAIS*. LISBOA: LIVRARIA SÁ DA COSTA, 1976.

FINLEY, M. I. *ECONOMIA E SOCIEDADE NA GRÉCIA ANTIGA*. SÃO PAULO: MARTINS FONTES, 1989.

FLORENZANO, M. B. B. *O MUNDO ANTIGO*: ECONOMIA E SOCIEDADE. SÃO PAULO: BRASILIENSE, 1982.

FRANCO JÚNIOR, HILÁRIO. *A IDADE MÉDIA E O NASCIMENTO DO OCIDENTE*. SÃO PAULO: BRASILIENSE, 1999.

_____. *PEREGRINOS, MONGES E GUERREIROS*: FEUDO-CLERICALISMO E RELIGIOSIDADE EM CAS-TELA MEDIEVAL. SÃO PAULO: HUCITEC, 1990.

FUNARI, PEDRO PAULO. *A VIDA QUOTIDIANA NA ROMA ANTIGA*. SÃO PAULO: ANNABLUME, 2003.

_____. *GRÉCIA E ROMA*. SÃO PAULO: CONTEXTO, 2002.

(Alberto começou a falar:)

— A Revolução Francesa de 1789 declarou uma série de direitos que deveriam valer para todos os cidadãos. Só que cidadãos eram basicamente os homens. Apesar disso, é exatamente durante a Revolução Francesa que surge o primeiro exemplo de um movimento de mulheres.

— Já não era sem tempo!

— Já em 1787, o filósofo iluminista Condorcet publica um artigo sobre os direitos da mulher. Nele, o filósofo garante às mulheres os mesmos direitos naturais dos homens. Durante a Revolução Francesa de 1789, muitas mulheres participaram ativamente da luta contra a aristocracia. Por exemplo, foram elas que lideraram as passeatas que acabaram levando o rei a abandonar o seu castelo em Versalhes. Em Paris, formaram-se diferentes grupos de mulheres. Paralelamente à igualdade de direitos políticos em relação aos homens, elas reivindicavam também mudanças na legislação conjugal e melhores condições de vida.

— E elas conseguiram esses direitos?

— Não. Conforme aconteceu outras vezes mais tarde, a questão dos direitos da mulher foi colocada no bojo de uma revolução. Contudo, logo que as coisas se acalmaram numa nova ordem, a antiga predominância dos homens foi restabelecida.

— Típico…

GAARDER, Jostein. *O mundo de Sofia*. São Paulo: Companhia das Letras, 1998. p. 336-342. Texto adaptado.

Procure analisar o texto, seguindo o roteiro a seguir.

a) Contextualizar: • a época   • o autor   • a obra

b) Classificar: • a forma   • o conteúdo

c) Dar um título ao texto.

2 Vamos explorar o conteúdo do texto, respondendo as questões que se seguem.

a) Leia novamente o texto e procure o significado das palavras e expressões que você não conhece.

b) O que diz o texto a respeito dos direitos das mulheres na época do Iluminismo?

3 Na sua opinião, a participação das mulheres na revolução foi politicamente importante? Justifique sua resposta.

_____

_____

_____

_____

_____

Refletindo

4 Releia o item A Convenção Nacional. Faça um quadro-resumo dos principais acontecimentos do período do Terror citados no texto. Depois, responda às questões seguintes.

a) Quais desses acontecimentos foram positivos para o povo? E por quê?

_____

_____

_____

_____

b) Quais foram negativos? E por quê?

_____

_____

_____

_____

5 Escolha o item da Declaração de Direitos do Homem e do Cidadão que você considere o mais importante e justifique por que você o selecionou.

6 Observe com atenção as imagens e leia o texto que se segue:

Museu do Palácio de Versalhes, Versalhes, França

Invasão às Tulherias em 10 de agosto de 1792 pelos *sans-culottes* parisienses e revolucionários vindos de toda a França. Pintura de Jean-Duplessi-Bertaux, 1793.

Estes cidadãos são extremamente úteis. É importante apoiá-los e dar-lhes trabalho. Mas, ao mesmo tempo, é necessário submetê-los a padrões de probidade [...]. Porque a plebe é, por natureza, ruim, licenciosa e inclinada para os motins e a pilhagem. Só mantendo-os submetidos [...] é possível conseguir que cumpram seus deveres. Nem mesmo vem mandar seus filhos à escola, pois é repugnante que os filhos da plebe, que não têm educação nem sentimentos, misturem-se com os filhos de boas famílias, dando maus exemplos e constituindo uma fonte contagiosa de mau comportamento.

Burguês anônimo. In: DARNTON, Roberty. *Boemia literária e revolução:* o submundo das letras no Antigo Regime. São Paulo: Companhia das Letras, 1987. p. 185.

a) Quem eram os *sans-culottes* e qual sua participação na Revolução Francesa?

_____

_____

_____

_____

_____

_____

b) Qual é a visão que o burguês tem dos *sans-culottes*?

_____

_____

_____

_____

_____

c) Compare imagem e texto sobre os *sans-culottes* com a imagem e o texto a seguir.

Mais de 70 PMs usaram bombas de efeito moral e *sprays* de gás-pimenta para dispersar moradores da favela Real Parque que interditaram a via expressa da marginal Pinheiros em protesto contra a derrubada de seus barracos. A maioria dos 50 manifestantes era mulher e criança.

"Não jogamos *spray* em crianças. As pessoas usaram crianças como escudo. Não dava para dispersar o grupo sem usar o gás-pimenta. Foi melhor do que bater", afirmou o capitão da PM Ezequiel Morato.

Os manifestantes ocuparam a via expressa às 10h, o que agravou o trânsito. A PM tentou negociar a retirada, mas não houve acordo. Então os expulsou após 15 min. Os manifestantes atiraram paus e pedras. Também teve conflito na favela. Ninguém foi preso, mas moradores citaram quatro feridos por balas de borracha. A PM nega. Os moradores souberam às 6h, por um oficial de Justiça, que havia uma liminar concedida à Emae (Empresa Metropolitana de Água e Energia), ligada à Secretaria de Estado de Saneamento, para a reintegração.

Tiveram duas horas para retirar seus pertences antes da derrubada dos barracos.

Folha de S.Paulo, 12/12/2007.

Moradores da favela Real Parque em São Paulo tentam se proteger de bombas de efeito moral lançadas pela PM durante reintegração de posse em dezembro de 2007.

Em sua opinião, há alguma similaridade entre a situação dos *sans-culottes* na época da Revolução Francesa e a população que foi desalojada? Justifique sua resposta.

_____

_____

_____

_____

_____

Trabalhando em grupo

7 Releia com o seu grupo os artigos da Declaração de Direitos do Homem e do Cidadão da página 106 e troque ideias sobre se esses princípios são respeitados no Brasil atualmente.

8 Elaborem um painel com cartazes, fotos e textos produzidos por vocês sobre os Direitos Humanos no Brasil. Além de mostrar se há ou não respeito aos cidadãos, proponham ações positivas que as pessoas podem ter.

115

O IMPÉRIO NAPOLEÔNICO E O CONGRESSO DE VIENA

De cônsul a imperador

Napoleão Bonaparte nasceu em 1769, na Ilha de Córsega, localizada no Mar Mediterrâneo, um ano após o território ter sido vendido pelo governo genovês para a França.

Com a ida de Carlos Bonaparte, seu pai, para a França, como deputado representando a Córsega, Napoleão ingressa na Escola Militar de Brienne e cinco anos depois na Academia Militar de Paris, sendo que aos 16 anos conquistou o posto de subtenente de artilharia.

Os conflitos da Revolução e as guerras em que a França se envolveu deram oportunidade de promoção para Napoleão, uma vez que muitos oficiais nomeados pelo Antigo Regime haviam fugido do país.

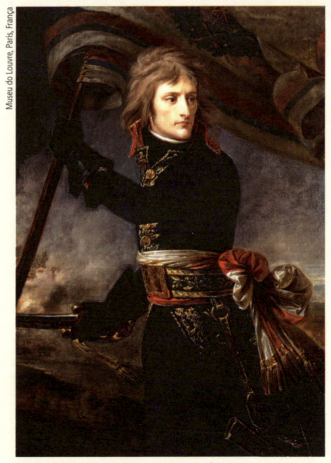

Museu do Louvre, Paris, França

Retrato de Napoleão aos 23 anos em Arcola, feito por Antoine-Jean Gros em 1796.

Com a promulgação de nova Constituição, em 1795, e a instalação do novo governo, o Diretório, Napoleão, com 26 anos de idade, conquista a patente de general, ocasião em que foi convocado para reprimir as forças de oposição monarquistas.

Conhece Josefina de Beauharnais, com quem se casa em 9 de março de 1796, seguindo após para a guerra, como comandante supremo do exército francês, liderando soldados que se encontravam famintos, mal municiados, descalços e esfarrapados.

Em razão das sucessivas vitórias, Napoleão volta como herói para a França.

A burguesia girondina percebeu que o general Bonaparte era o homem certo para consolidar o novo regime e propôs que ele utilizasse a força do exército para assumir o governo. De modo eficaz, Napoleão fechou a Assembleia do Diretório. Foi o golpe que ocorreu no dia 18 do mês de Brumário de 1799 (9 de novembro no nosso calendário). Durante essa época, a burguesia consolidaria seu poder econômico.

Com o **Golpe do 18 Brumário**, foi elaborada nova Constituição instaurando o consulado como forma de governo. Napoleão tornou-se primeiro-cônsul e passou a deter amplos poderes. Nomeava ministros, oficiais, altos funcionários, o comando das Forças Armadas e decidia sobre a paz ou a guerra.

O Golpe do 18 Brumário inaugurou um novo período para a França: a era napoleônica.

Ao governar a França, Napoleão deu início à consolidação das conquistas da burguesia no país. Além disso, empreendeu campanhas militares que provocaram a desorganização das monarquias absolutistas da Europa, favorecendo os movimentos liberais.

A chamada era napoleônica envolveu dois períodos:

- **Consulado** (1799-1804) – caracterizado pela recuperação econômica da França e também pela estabilização do poder político.
- **Império** (1804-1815) – Napoleão Bonaparte desenvolveu sua corrida imperialista e dominou grande parte da Europa.

A *Sagração* de Jacques-Louis David, 1807. Napoleão coroando sua esposa Josefina na Catedral de Notre-Dame de Paris, em 2 de dezembro de 1804. Napoleão é representado com uma coroa de louros, tal qual os antigos imperadores romanos.

Museu do Louvre, Paris, França

Como cônsul, Napoleão governou de novembro de 1799 até maio de 1804, quando, por plebiscito, tornou-se imperador da França. Para aumentar seu prestígio, quis a presença do papa em sua coroação. Na cerimônia, porém, Napoleão retirou a coroa das mãos do papa Pio VII e se coroou, indicando assim que não toleraria autoridade alguma superior à dele. Logo depois também coroou sua esposa, a imperatriz Josefina.

Detalhe da obra *A Sagração* de Jacques-Louis David, 1807. Josefina, ajoelhada, espera ser coroada por Napoleão.

Detalhe da obra *A Sagração* de Jacques-Louis David, 1807. O papa Pio VII assiste à coroação de Napoleão e Josefina.

ATIVIDADES

1. Quais os motivos que levaram a burguesia girondina a "convidar" Napoleão Bonaparte para assumir o governo da França em 1799?

_____

_____

_____

_____

2. Com base no que você já conhece, converse com os colegas sobre o quadro da página 117 que mostra Napoleão coroando sua esposa Josefina (local da cena, objetos, personagens, roupas etc.) e explique o que esse ato representou.

_____

_____

_____

_____

O consulado (1799 a 1804)

O novo regime instituído por Napoleão, após o Golpe de Estado do 18 Brumário, foi denominado de "Consulado".

O Poder Executivo era exercido por três cônsules. Napoleão, como Primeiro Cônsul, concentrava em suas mãos amplos poderes, para propor leis, nomear ministros e altos funcionários civis e militares, controlar o exército e conduzir as relações exteriores, decidindo sobre a paz ou a guerra.

Nessa época, a França atravessava uma difícil situação econômica, motivada principalmente pelas guerras em que o país havia se envolvido contra coligações de alguns países europeus. Muitas áreas de agricultura haviam sido arrasadas, faltava matéria-prima, o comércio estava comprometido, havia carestia e a inflação era alta. Para resolver essa situação, Napoleão tomou várias medidas:

- reorganizou o sistema de arrecadação de tributos, com o objetivo de obter mais dinheiro para a execução de obras públicas essenciais, como pontes e estradas;
- fundou o Banco da França, que controlava a emissão da moeda;
- taxou os produtos importados para proteger a indústria nacional.

Napoleão promoveu a reforma do Direito, elaborando o Código Civil Napoleônico, consolidando as conquistas da burguesia ocorridas durante a Revolução, como a **laicização** do Estado, a igualdade entre os iguais perante a lei, a propriedade privada, a liberdade econômica, a proibição das greves e da organização sindical e o restabelecimento da escravidão nas colônias.

Foi reorganizado o ensino francês, cujo objetivo era a formação de cidadãos aptos a servir ao Estado. O modelo napoleônico de educação visava amoldar o comportamento político do cidadão, pois a escola era o veículo para a criança aprender a amar e obedecer ao governo francês. Napoleão fundou a Escola Normal de Paris para a formação de professores.

Outro fato significativo do Consulado foi a assinatura com o papa da **Concordata de 1801**. A Igreja católica reconheceu a nacionalização de seus bens, feita pelo governo, e aceitou o direito de Napoleão de nomear os bispos franceses. Por sua vez, o governo da França comprometia-se a não intervir no culto católico e reconhecia a liderança espiritual do papa.

Contando com o apoio da burguesia, em 1802, Napoleão obteve o consentimento do povo, por plebiscito, para tornar vitalício o seu cargo de Primeiro Cônsul, cuja duração a Constituição de 1800 limitava a 10 anos.

O Império (1804 a 1815)

Em 1804, Napoleão fez realizar novo plebiscito, no qual 60% dos votantes confirmaram a instituição do regime político monárquico, e ele tornou-se o imperador da França, coroando a si mesmo, mas sob a bênção do papa Pio VII, o que foi um modo de conseguir o apoio da Igreja católica para suas pretensões políticas.

Assumiu o título de Napoleão I, Imperador dos Franceses.

Nesse período, as reformas continuaram, com medidas que centralizavam ainda mais o poder nas mãos do imperador.

No plano interno, ocorreu o incentivo à agricultura e à indústria, com a drenagem de pântanos, alargamentos de portos, construção de pontes, estradas e canais.

Museu do Exército, Paris, França

Napoleão em seu trono imperial, obra de Jean Auguste Dominique Ingres, 1806.

A reforma educacional foi concluída, todavia, Napoleão nunca destinou verbas suficientes para a implantação de escolas.

Em 1810, auxiliado por juristas, completou o Código de Napoleão, revendo e codificando a legislação civil e penal.

Exercitando de forma severa o poder, foi instaurada a política de repressão contra os possíveis inimigos do governo. Foi um período tenso, em que ocorreram centenas de prisões, censura aos jornais e livros.

No plano externo, Napoleão disputou com a Inglaterra a hegemonia política e econômica da Europa. Em 1805, enfrentou a terceira coligação contra a França, formada pela Inglaterra, Áustria e Rússia. Nesse mesmo ano, a Marinha francesa, com a ajuda da Espanha, atravessou o canal da Mancha, tentando invadir a Inglaterra. Contudo, foi derrotada pelo almirante Nelson na Batalha de Trafalgar.

Napoleão recuperou-se desse revés e, no mesmo ano, venceu a Áustria na Batalha de Austerlitz. Após essa batalha, o Sacro Império Romano-Germânico foi extinto, criando-se a Confederação do Reno, que ficou sob a tutela da França.

Charge inglesa da época que diz "Napoleão queria conquistar o mundo".

Para derrotar a Inglaterra, em 1806, Napoleão promulgou o Decreto de Berlim, fechando todos os portos europeus aos navios e mercadorias ingleses, ato conhecido como **Bloqueio Continental**.

No biênio 1806-1807, o exército francês venceu os exércitos da Prússia e da Rússia. Pela Paz de Tilsit, o czar russo Alexandre I aderiu ao bloqueio.

Os países que não aderiram ao bloqueio sofreram intervenção de Bonaparte. O rei Fernando VII, da Espanha, foi deposto. Foi substituído no poder pelo irmão de Napoleão, José Bonaparte.

Portugal, ligado aos ingleses por interesses comerciais, também não fechou seus portos à Inglaterra. Para manter o bloqueio, Napoleão resolveu invadir esse país. Assinou com a Espanha o Tratado de Fontainebleau (1807), dando-lhe o direito de atravessar terras espanholas para invadir Portugal.

Em contrapartida, Napoleão garantia a manutenção da soberania da Espanha. Nesse mesmo ano, tropas francesas chefiadas pelo general Junot invadiram Portugal. O príncipe regente desse país, D. João, com o apoio inglês, transferiu a sede da Corte portuguesa para o Brasil.

Em 1807, o imperador francês era o senhor absoluto da Europa. Seus exércitos haviam colocado de joelhos todos os reis e rainhas do continente, numa sucessão de vitórias surpreendentes e brilhantes. Só não haviam conseguido subjugar a Inglaterra. Protegidos pelo Canal da Mancha, os ingleses tinham evitado o confronto direto em terra com as forças de Napoleão. Ao mesmo tempo, haviam se consolidado como os senhores dos mares na batalha de Trafalgar, em 1805, quando sua Marinha de guerra, sob o comando de Lorde Nelson, destruiu, na entrada do Mediterrâneo, as esquadras combinadas da França e da Espanha. Napoleão reagiu decretando o bloqueio continental, medida que previa fechamento dos portos europeus ao comércio de produtos britânicos. Suas ordens foram imediatamente obedecidas por todos os países, com uma única exceção: o pequeno e desprotegido Portugal. Pressionado pela Inglaterra, sua tradicional aliada, D. João ainda relutava em ceder às exigências do imperador. Por essa razão, em novembro de 1807 tropas francesas marchavam em direção à fronteira de Portugal, prontas para invadir o país e destronar seu príncipe regente.

Encurralado entre as duas maiores potências econômicas e militares de sua época, D. João tinha pela frente duas alternativas amargas e excludentes. A primeira era ceder às pressões de Napoleão e aderir ao bloqueio continental. A segunda, aceitar a oferta dos aliados ingleses e embarcar para o Brasil levando junto a família real.

GOMES, Laurentino. *1808*. São Paulo: Planeta do Brasil, 2007. p. 33-34.

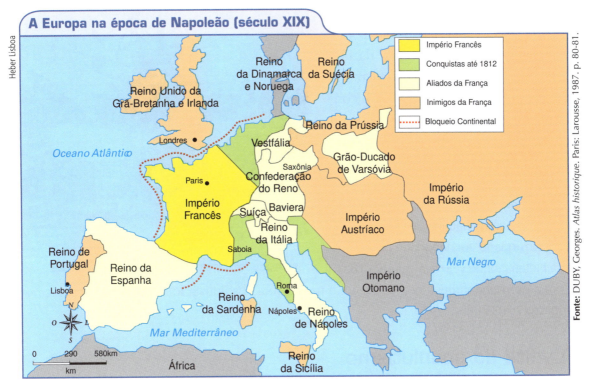

Heber Lisboa

A Europa na época de Napoleão (século XIX)

Império Francês
Conquistas até 1812
Aliados da França
Inimigos da França
Bloqueio Continental

Reino da Dinamarca e Noruega
Reino da Suécia
Reino Unido da Grã-Bretanha e Irlanda
Oceano Atlântico
Londres
Reino da Prússia
Vestfália
Saxônia
Confederação do Reno
Grão-Ducado de Varsóvia
Paris
Império Francês
Baviera
Suíça
Reino da Itália
Saboia
Império da Rússia
Império Austríaco
Reino de Portugal
Reino da Espanha
Lisboa
Mar Negro
Roma
Reino da Sardenha
Nápoles
Reino de Nápoles
Império Otomano
Mar Mediterrâneo
África
Reino da Sicília

0 290 580km
km

Fonte: DUBY, Georges. *Atlas historique*. Paris: Larousse, 1987. p. 80-81.

Observe as dimensões das conquistas napoleônicas. Napoleão dominava praticamente toda a Europa, com exceção da Inglaterra. Tornou-se senhor absoluto da política europeia.

O fim do império

A política napoleônica começou a ser contestada, inclusive pela burguesia. Enquanto a Inglaterra intensificou seu comércio com as colônias da América Latina, dos Estados Unidos e do Oriente, o Bloqueio Continental prejudicou a economia francesa e dos países aliados, em virtude da falta de produtos manufaturados e da paralisação dos portos. Em 1812, a Rússia rompeu o bloqueio.

Como reação, em 1812, Napoleão empreendeu a **Campanha da Rússia**, mobilizando um exército de quase 600 mil homens para invadir esse país. Quando o Exército francês chegou a Moscou, nada encontrou, pois o czar havia retirado toda a população da capital e ateado fogo na cidade. Com o exército sem abrigo e sem alimento, Napoleão resolveu retornar à França. Na viagem, contudo, defrontou-se com seu pior inimigo: o inverno. Diante do frio extremo, da fome, das doenças e dos ataques dos russos, Napoleão perdeu quase todo seu exército. Este,

Museu de Belas Artes, Rouen, França

Episódio da Retirada de Napoleão da Rússia, em 1812, aquarela de Théodore Géricault, c. 1818.

que partira para o ataque com 600 mil homens, voltou com metade de seus integrantes, 300 mil homens.

A desastrosa Campanha da Rússia estimulou os países europeus a se rebelarem contra a dominação francesa. Formou-se uma nova coligação contra a França, composta pela Áustria, Prússia, Rússia e Inglaterra. Em 1813, em Leipzig, Napoleão foi derrotado. Assinou o Tratado de Fontainebleau, abdi-

121

cando do trono francês. Luís XVIII, da dinastia Bourbon, foi convidado a retomar o poder.

Napoleão recebeu a soberania da Ilha de Elba, no Mediterrâneo, mas não foi muito longo seu exílio. Em fevereiro de 1815, conseguiu fugir da ilha, foi para Paris e retomou o poder, sendo novamente aclamado imperador. O rei, Luís XVIII, fugiu para a Bélgica.

Napoleão realizou o **Governo dos Cem Dias**. Foi definitivamente derrotado pelo duque de Wellington na Batalha de Waterloo, na Bélgica. Aprisionado, foi deportado para a Ilha de Santa Helena, onde veio a falecer em 1821.

Esta charge inglesa é uma sátira à derrota de Napoleão. Papa, políticos e reis europeus "brincam" com o destino do imperador francês.

Com a derrota definitiva de Napoleão, a monarquia absolutista foi restaurada na França, sob o governo de Luís XVIII.

A volta do absolutismo

Logo depois da primeira derrota de Napoleão, em 1814, organizou-se na Europa um movimento conservador. Novamente as forças tradicionais absolutistas organizaram-se e retomaram o antigo modelo de governo. Monarcas e ministros reuniram-se no **Congresso de Viena** (1814-1815), com a finalidade de restabelecer o antigo equilíbrio político europeu, anterior à Revolução Francesa, e reorganizar o mapa político da Europa, que havia sido bastante alterado com as conquistas napoleônicas.

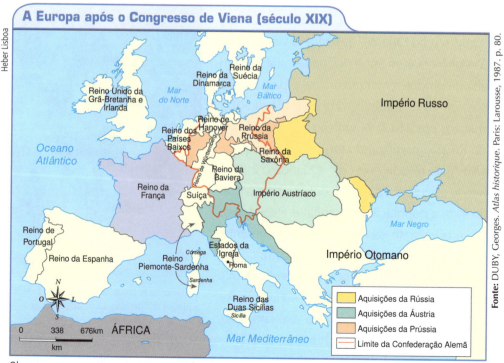

Observe o mapa e compare-o com o mapa da página 121. A Europa na época de Napoleão. Veja que, de um modo geral, as fronteiras dos países europeus não voltaram a ser as mesmas. A França retornou aos seus limites territoriais. A Áustria, a Rússia e a Prússia aumentaram seus territórios, em prejuízo dos Estados mais fracos.

Os principais participantes do Congresso foram: Alexandre I, da Rússia; Frederico Guilherme, da Prússia; Wellington, da Inglaterra; Talleyrand, da França; e o príncipe Metternich, da Áustria. Três princípios nortearam o Congresso: restauração, legitimidade e solidariedade.

Talleyrand defendeu o **Princípio da Legitimidade**, segundo o qual:

- as nações europeias voltariam aos limites geográficos anteriores à Revolução Francesa;
- as dinastias derrubadas retornariam ao poder.

A Santa Aliança

Por proposta do czar Alexandre I, a Rússia, a Áustria e a Prússia formaram a **Santa Aliança**. O objetivo era defender as monarquias absolutistas, em nome dos princípios cristãos. Metternich introduziu na Santa Aliança o direito de intervenção. Segundo ele, a Santa Aliança teria o direito de intervir nos países onde houvesse revoluções liberais e tentativas de emancipação política.

A Inglaterra, entretanto, defendeu o Princípio de Não Intervenção. Apoiava os movimentos de independência da América Latina, com vistas a conquistar novos mercados para a sua indústria.

Na década de 1830, irromperam revoluções liberais e nacionalistas dentro e fora do continente europeu, o que provocou o enfraquecimento da Santa Aliança.

ATIVIDADES

1 Responda às questões.

a) No período do Consulado houve uma reforma no ensino na França. Qual era o objetivo do ensino?

_____

_____

_____

b) Em sua opinião, qual a função do ensino no Brasil atual?

_____

_____

_____

2 Como você interpreta o fato de Napoleão ter se tornado imperador a partir de um plebiscito?

_____

_____

_____

Refletindo

3 De que forma o Bloqueio Continental, decretado por Napoleão em 1806, teve influência na História do Brasil?

_____

_____

_____

_____

_____

4 Explique a seguinte afirmação:
"O período napoleônico significou para a França a consolidação das conquistas alcançadas pela burguesia durante a Revolução Francesa".

_____

_____

_____

_____

5 Relacione o Congresso de Viena com a charge da página 122.

_____

_____

_____

_____

6 Quais eram os principais tópicos do Princípio da Legalidade?

_____

_____

_____

Trabalhando em grupo

7 Reúna-se com um grupo para elaborar possíveis argumentos a favor e contra as proposta divergentes de alguns monarcas de formar a Santa Aliança e de uma política de não intervenção defendida pela Inglaterra. A turma será dividida depois em dois grandes grupos, cada um sendo responsável por defender uma dessas propostas.

A AMÉRICA DO SÉCULO XIX

Na América, grandes transformações

No século XIX, ocorreram inúmeras transformações no continente americano.

As colônias espanholas conseguiram libertar-se por meio de vários movimentos militares. Essa libertação armada favoreceu sua **fragmentação** em vários países. Também o Brasil, colônia de Portugal na época, tornou-se livre, porém por um processo diferente do que ocorreu nas demais colônias da América.

A luta das colônias hispano-americanas foi liderada pelos filhos dos espanhóis nascidos na América, os criollos. Formavam uma camada dominante, proprietária de terras, gado e minas. Estavam descontentes com o monopólio comercial da metrópole, os altos impostos e os privilégios dos espanhóis.

Pioneiros do Oeste norte-americano. Foto de 1874.

Biblioteca do Congresso, Washington, EUA/Ablestock

Na marcha para o Oeste, os norte-americanos entraram em choque com os indígenas. Milhares deles foram dizimados e os sobreviventes, subjugados. Ilustração do século XIX.

Batalha de Gettysburg, ilustração do século XIX.

Na segunda metade do século XIX, eclodiu nos Estados Unidos um violento conflito interno entre o Norte e o Sul, conhecido como **Guerra de Secessão**.

ATIVIDADES

1 Leia com atenção o texto.

No início do século XIX, a sociedade na América espanhola estava dividida em várias classes sociais. Os brancos constituíam cerca de 3 milhões e 300 mil e classificavam-se em *chapetones* (ou ibéricos) e criollos. Os *chapetones*, perto de 300 mil, eram os espanhóis natos que, monopolizando o poder político, dominavam os altos cargos da administração colonial. Os *criollos*, cerca de 3 milhões, eram descendentes de espanhóis nascidos na América e formavam a elite econômica e intelectual da colônia, à qual pertenciam os latifundiários, comerciantes, profissionais liberais e membros do baixo clero.

A contradição entre a estrutura econômica, dominada pelos *criollos* (partidários do livre comércio), e a estrutura política, controlada pelos *chapetones* (defensores do monopólio metropolitano), foi também um dos fatores importantes do processo de independência.

Os mestiços, descendentes de espanhóis e índios, eram cerca de 5 milhões e dedicavam-se ao pequeno comércio e ao artesanato, enquanto os índios, mais de 10 milhões, constituíam a mão de obra explorada na mineração e na agricultura. Os negros, perto de oitocentos mil, concentravam-se principalmente nas Antilhas e formavam a mão de obra escrava utilizada nas *plantations* tropicais.

Embora sendo esmagadora minoria, eram os *criollos* e os *chapetones* que dominavam e determinavam a condução das relações econômicas e políticas das colônias hispano-americanas e era a eles que interessava a ligação com a metrópole (*chapetones*) ou o rompimento de laços com ela (*criollos*).

A Espanha exercia o monopólio comercial entre suas colônias e a Europa, o que afetava os interesses econômicos da elite colonial, obrigada a vender, a baixos preços, seus produtos à metrópole e dela comprar, a altos preços, as manufaturas importadas. O mesmo acontecia com os comerciantes e industriais ingleses, forçados a aceitar a intermediação da Espanha e impedidos de vender diretamente as suas mercadorias à América.

Assim, a guerra de independência caracterizou-se por ser uma luta entre os *criollos*, apoiados pela Inglaterra, e os *chapetones*, apoiados pela Espanha, pelo domínio do aparelho político-administrativo.

Disponível em: <http://www.portalsaofrancisco.com.br/alfa/independencia-da-america-espanhola/independencia-da-america-espanhola1.php>. Acesso em: jul. 2012. Texto adaptado.

a) De acordo com o texto, como vivia a maior parte dessa população?

b) Explique a contradição, apontada no texto, entre a estrutura política e a estrutura econômica na América espanhola.

c) Por que a independência interessava à elite *criolla?*

d) Como o texto caracteriza a luta pela independência da América? Explique-a. Como se posicionavam os ingleses nessa situação?

_____

_____

_____

_____

_____

Refletindo

 Releia o trecho do discurso proferido por Touro Sentado, na página 126, e analise em conjunto as imagens que aparecem em seguida. Utilize sua imaginação e os dados históricos que você já adquiriu para escrever um texto buscando responder às perguntas do líder indígena da América do Norte.

Independência da América espanhola

Com exceção do Uruguai, de Cuba e Porto Rico, as colônias espanholas da América proclamaram sua independência entre 1804 e 1825. A liderança da luta pela emancipação coube à elite colonial *criolla*, que desejava garantir os seus interesses econômicos e a sua posição social. Foi também influenciada pelas ideias iluministas trazidas pelos seus filhos que estudavam na Europa.

No final do século XVIII, a Espanha aumentou os impostos e a fiscalização sobre suas colônias americanas. Tentava impedir o contrabando e a concorrência se nelas ocorresse o desenvolvimento de atividades econômicas.

No início do século XIX, em 1808, Napoleão Bonaparte invadiu a Espanha e depôs o rei, colocando seu irmão, José Bonaparte, no poder. Teve início uma dominação que durou até 1813. Na América, as colônias aproveitaram a situação da Espanha para intensificar os movimentos e se separar definitivamente.

Os primeiros movimentos

Os primeiros movimentos de libertação da América espanhola começaram no século XVIII. Entre eles, destacam-se:

- a **revolta dos indígenas no Peru** (1780), liderada por José Gabriel Condorcanqui, que adotou o nome de Tupac Amaru II (era tido como descendente de Tupac Amaru I, o último inca de Vilcabamba, que foi executado em Cuzco em 1572 por ordem do vice-rei Toledo). Em novembro de 1780, Tupac Amaru II liderou uma insurreição popular no Vale de Tinta, que se propagou rapidamente. No início, o movimento aceitava a autoridade da Coroa espanhola. Suas exigências eram: acabar com os tributos excessivos, com a mita e com os abusos das autoridades espanholas. No entanto, mais adiante, converteu-se em um movimento de independência e em uma das maiores revoluções da história do Vice-Reino do Peru. A revolta foi reprimida de forma violenta pelos espanhóis. Morreram cerca de 80 mil revoltosos. Tupac Amaru II foi morto e esquartejado;

A morte de Tupac Amaru

No meio da praça o verdugo cortou-lhe a língua e, despojando-o das correntes e algemas, colocaram-no no chão. Ataram-lhe as mãos e pés com quatro cordas que foram amarradas, cada uma, ao estribo de um cavalo. Os quatro cavalos eram puxados por quatro mestiços, para quatro lados distintos: espetáculo que jamais se havia visto! Não sei se porque os cavalos não eram muito fortes, ou porque o índio na realidade fosse de ferro, não puderam dividi-lo. Para que não padecesse mais, foi dada uma ordem para que lhe cortassem a cabeça, e assim foi feito. Depois, seu corpo foi levado para perto da forca, onde lhe cortaram os braços e os pés.

GALVÉZ, Lucía. *Las mil y una historias de América.* Buenos Aires: Norma, 1995.

Ilustração do século XVIII, de autor desconhecido, representando a morte de Tupac Amaru II.

- A **revolta dos escravos**, a partir de 1791, em São Domingos, iniciou o processo emancipatório da ilha que era a colônia francesa mais produtiva. Sob a liderança do liberto François-Dominique Toussaint Louverture, pessoas escravizadas ou libertas, que compunham mais de 80% da população da ilha, derrotaram as tropas da Metrópole. Com a vitória popular, foi decretada a abolição da escravatura e o estabelecimento de um governo constitucional. No entanto, em 1802, as tropas de Napoleão Bonaparte invadiram a ilha e o líder da independência foi preso e enviado à França onde foi executado. As lutas contra os franceses prosseguiram sob a liderança do também ex-escravo general Jean-Jacques Dessalines. Em 1º de Janeiro de 1804, Dessalines proclamou a independência da antiga colônia de São Domingos, que desde então passou a se chamar Haiti. Primeiro país a conquistar sua independência na América latina, o Haiti foi o primeiro a abolir a escravidão e o único estado independente das Américas surgido de uma revolução vitoriosa de escravos, servindo de inspiração para outras ações escravas nas Américas e de temor por parte de elites e autoridades das áreas onde a população cativa era muito elevada.

Toussaint Louverture em 1794, quando aderiu à luta. Ele já contava com 45 anos, idade avançada para a época. Era de baixa estatura, forte e excepcionalmente habilidoso na arte de cavalgar.

A luta continua

No **Vice-Reinado da Nova Espanha**, em 1810, os padres Hidalgo e Morellos lideraram um movimento pela libertação do México. Ambos foram executados. A independência definitiva só veio a ocorrer em 1821, declarada pelo general Itúrbide.

A desintegração do **Vice-Reinado do Prata** (que corresponde às regiões atuais do Paraguai, Argentina e Uruguai) teve início com José Rodrigues de Francia, que libertou o Paraguai, em 1811, e instalou uma ditadura de cunho isolacionista.

A queda de Napoleão e José Bonaparte, em 1815, levou o rei Fernando VII ao trono espanhol. A restauração absolutista na Espanha correspondeu à tentativa de recolonização da América espanhola. Todavia, os *criollos* argentinos rebeldes não desistiram. Lutaram contra as tropas espanholas. Nessa luta, destacou-se a figura de José de San Martín. Em 1816, os argentinos formalizaram a independência definitiva no Congresso de Tucumán e criaram a República Argentina. Aos poucos, o antigo Vice-Reinado do Prata foi se diluindo em Estados nacionais soberanos.

O processo de independência do Uruguai foi diferente dos outros países da América espanhola. O Uruguai foi incorporado ao Brasil por D. João VI, em 1821, com o nome de **Província Cisplatina**. Anos depois, com o Brasil já independente, dois nacionalistas uruguaios, Lavalleja e Rivera, iniciaram uma guerra de libertação. D. Pedro I, imperador do Brasil, reconheceu a independência do Uruguai em 1828.

O **Vice-Reinado do Peru** também

Observe, no mapa, os países independentes da América espanhola, o ano em que ocorreu a independência e seus líderes.

fragmentou-se em nações livres: a Colômbia, em 1819; o Equador, em 1822; o Peru, em 1821; e a Bolívia, em 1825.

As **Capitanias-Gerais da Venezuela e do Chile** também se emanciparam, respectivamente, em 1811 e 1818.

Quem são os "Libertadores da América", homenageados com um campeonato de futebol?

O torneio, criado em 1958 pela Confederação Sul-Americana de Futebol para reunir os times campeões de cada país do continente, recebeu esse nome para prestar uma homenagem aos grandes heróis que lutaram pela independência das nações americanas. Entre eles estão Simon Bolívar (1783-1830), cujas vitórias sobre os espanhóis garantiram a independência da Bolívia, Panamá, Equador, Peru e Venezuela, e San Martín (1775-1850), militar argentino que também ajudou o Peru, o Chile e, ao lado de Manuel Belgrano, a própria Argentina a se tornarem independentes. O venezuelano Antonio José de Sucre aos 22 anos foi nomeado coronel por Simon Bolívar. Venceu a batalha de Pichincha, assegurando a libertação do Equador. Depois participou da independência da Bolívia e foi seu primeiro presidente com apenas 30 anos. Bernardo O'Higgins foi o primeiro chefe de Estado do Chile independente. Outros revolucionários que fizeram história foram Francisco Miranda, Tupac Amaru e Gaspar Francia, que encabeçaram rebeliões na Venezuela, Peru e Paraguai, respectivamente, contra a opressão da metrópole espanhola.

Disponível em: <www.guiadoscuriosos.com.br/perguntas/176/1/futebol.html>. Acesso em: jul. 2012.

O processo de independência da Venezuela começou em 1809, quando ocorreu a primeira insurreição independentista encabeçada pelo general Francisco de Miranda. A independência foi proclamada em 5 de Julho de 1811, mas Miranda foi preso e a libertação definitiva da nação só se concretizou dez anos depois, com a Batalha de Carabobo (1821). A Venezuela integrou então a República da Grande Colômbia, junto com a Colômbia, Equador e Panamá. Após a morte de Simón Bolívar, o grande herói da independência, a Venezuela retirou-se da Grande Colômbia.

O monarca espanhol Fernando VII chegou a solicitar a ajuda da Santa Aliança para deter os processos emancipacionistas. Entretanto, a Inglaterra e os Estados Unidos opuseram-se à intervenção e reconheceram os novos Estados latino-americanos. A Inglaterra via nas novas nações um mercado promissor para os seus produtos.

A situação política e econômica da América Latina pouco mudou. Os *criollos* permaneceram como camada dominante, enquanto a grande maioria da população continuou sendo explorada.

Cuba e Porto Rico

Últimas possessões do império espanhol na América e livres em 1898 da dominação metropolitana, os territórios de Porto Rico e Cuba foram os primeiros a ter contato com os europeus. Ambos foram descobertos por Cristóvão Colombo: a ilha de Cuba em 1492, no decorrer de sua primeira viagem ao Novo Mundo, e a de Porto Rico um ano depois, durante a segunda expedição do navegador.

Situadas no Caribe, com uma economia historicamente baseada na produção dos mesmos cultivos de exportação – cana-de-açúcar, café e tabaco –, foram, junto com o Brasil, os últimos territórios americanos a erradicar o sistema escravista. Também foram os primeiros países latino-americanos a experimentar a ocupação militar direta pelos Estados Unidos e a incorporar-se, de maneira abrangente, à margem de seu poder econômico, político e cultural.

Na verdade, ao longo de mais de 450 anos, as duas ilhas compartilharam numerosos processos históricos.

Em 1868, as primeiras insurreições importantes contra o colonialismo espanhol organizaram-se, coordenadamente, entre os separatistas de Cuba e Porto Rico. O Grito de Yara iniciou em Cuba uma guerra que durou dez anos, enquanto o Grito de Lares em Porto Rico foi sufocado em apenas um dia. A partir de então, em Porto Rico predominaram as lutas reformistas por meio de negociações políticas com a Espanha, enquanto em Cuba crescia o movimento armado em guerra contra a metrópole. Assim, em 1897, por meio de **conluios** com forças políticas da metrópole, Porto Rico conseguiu aprovar uma Carta Autonomista e o sufrágio universal masculino, enquanto Cuba se encontrava imersa em sua segunda Guerra de Independência.

José Martí (1853-1895), personalidade que mais se sobressaiu na história da independência cubana, conseguiu reunir as diversas motivações e conspirações emancipacionistas no Partido Revolucionário Cubano, que preparou uma nova guerra com o objetivo de criar uma república independente e democrática. A insurreição iniciou-se em 1895. Os insurretos invadiram todo o país, os dois líderes da guerra – Martí e Antonio Maceo – caíram em combate e quase 20% da população pereceu. Mas, apesar disso e de seu gigantesco esforço de guerra, a causa da Espanha estava perdida quando os Estados Unidos lhe declararam guerra, em abril de 1898, e invadiram a ilha. As mobilizações populares contra a ocupação estadunidense completaram o ciclo revolucionário. Em 1902 foi criado o Estado Nacional, a República de Cuba. No entanto, a intervenção militar e a dependência econômica propiciaram uma subordinação do novo país aos Estados Unidos. Um exemplo disso é a **Emenda Platt**, imposta à Constituição cubana, que legalizava o direito dos norte-americanos de intervirem em Cuba se considerassem necessário.

Porto Rico, como parte da Guerra Hispano-cubana-americana, foi ocupada pelas tropas norte-americanas em 1898, pondo fim ao colonialismo espanhol e à experiência autonomista. O país passou a ser dominado pelos Estados Unidos. Em 1952, com a aprovação do Congresso norte-americano, Porto Rico passou a ser um "Estado Livre Associado", estatuto jurídico vigente até os dias atuais.

SADER, Emir et al. (Coord.). *Latinoamericana*. Enciclopédia Contemporânea da América Latina e do Caribe. Rio de Janeiro:LPP, UERJ; São Paulo: Boitempo Editorial, 2006. Texto adaptado.

Estados Unidos no século XIX

No século XIX ocorreu uma série de transformações econômicas, políticas e sociais nos Estados Unidos. A agricultura passou a ser diversificada e realizada com novo padrão técnico. As indústrias floresceram e atingiram elevado índice de exportações. Em decorrência, novas camadas sociais surgiram e aumentou ainda mais a imigração. Por fim, a burguesia industrial e financeira norte--americana expandiu-se no mercado latino-americano.

A Doutrina Monroe

Após a Santa Aliança, em 1815, o governo norte-americano manifestou-se contrariamente à prática intervencionista dos países europeus, ratificando o isolacionismo em relação à Europa. O presidente James Monroe, então, formulou a **Doutrina Monroe**, negando o direito de intervenção da Santa Aliança nas nações latino-americanas. Seus principais pontos eram:

- os países do continente americano, em virtude da condição de livres e independentes que assumiram e que mantinham, não podiam ser considerados territórios sujeitos a futuras co-lonizações por nenhuma potência europeia;
- o sistema político das potências europeias aliadas era diferente do americano. Qualquer tentativa das potências aliadas de impor seu sistema, em qualquer parte do hemisfério, devia ser considerada um perigo à paz e à segurança nacional;
- nas guerras das potências europeias, por questões que diziam respeito exclusivamente a elas, os americanos não deviam tomar parte.

Essa doutrina, sintetizada na frase "a América para os americanos", pode ser considerada a gênese do pan-americanismo. Ela reforçou também a política isolacionista dos Estados Unidos e contribuiu para fortalecer a sua posição na América Latina.

Duas visões pan-americanas: Bolivarismo X Monroísmo

O projeto de solidariedade do continente americano desenvolveu-se sob duas modalidades distintas: o Bolivarismo e o Monroísmo.

O Bolivarismo

O Bolivarismo representa a visão pan-americana concebida por Simon Bolívar (1783-1830), venezuelano que dirigiu a luta pela independência da Venezuela, Colômbia, Peru, Bolívia e Equador.

Em vários escritos (cartas e proclamações) defendeu a necessidade de união em face da possível contra-ofensiva da Espanha, apoiada pela Santa Aliança.

A sua exposição prática já é perceptível em um artigo que Bolívar escreveu para o *Morning Chronicle*, de Londres (5 de setembro de 1810), dizendo que se os venezuelanos fossem obrigados a declarar guerra à Espanha convidariam todos os povos da América a eles se unirem em uma confederação. O plano surge novamente no Manifesto de Cartagena, escrito por Bolívar em 1812, e mais claramente em 1814, quando, como libertador da Venezuela, enviou a circular que condicionou a liberdade dos novos Estados ao que ele chamou de "união de toda a América do Sul em um único corpo político".

Bolívar insistiu na luta pela fraternidade pan-americana e, em dezembro de 1824, enviou nota-circular aos governos americanos convidando-os a se reunir para organizar uma confederação.

Quase dois anos depois reuniu-se o Congresso do Panamá, com sessões entre 22 de junho e 15 de julho de 1826, considerado por diversos historiadores como a primeira grande manifestação do pan-americanismo. No entanto, ao Congresso compareceram apenas os representantes da Grã-Colômbia, Peru, México e Províncias Unidas de Centro-América. Os Estados Unidos também enviaram observadores. O Congresso do Panamá, manifestação concreta de solidariedade continental, contudo, acabou sendo um fracasso, para isso contribuindo: a resistência dos Estados Unidos que pretendiam expandir-se pelas Antilhas e a oposição do Brasil, cuja Monarquia era contrária a regimes republicanos e temia a propagação das ideias antiescravistas.

Na prática, Bolívar criou a Grã-Colômbia (1819), de duração efêmera; em 1830, no mesmo ano após a morte do criador, terminou a Grã-Colômbia, fragmentada em três Estados; Venezuela, Equador e Colômbia, à qual se integrava o Panamá. Seus esforços no sentido de unir o Peru e a Bolívia foram infrutíferos diante da resistência oposta pelo prufundo regionalismo daquelas sociedades sul-americanas.

Os ideais do pan-americanismo bolivarista, porém, continuaram vivos, e novos congressos foram reunidos para discutir assuntos diversos dentro do espírito de solidariedade continental.

O Monroísmo

O termo "pan-americanismo" surgiu nos Estados Unidos no final do século XIX, intimamente associado, de um lado, à Doutrina Monroe – ao incorporar o velho argumento da "América para os americanos" a fim de afastar a Europa das relações comerciais com a América Latina e, consequentemente, garantir a exclusividade dos mercados latino-americanos para os produtos da indústria estadunidense – e, de outro, à ideologia do Destino Manifesto – ao pressupor o "direito natural" dos Estados Unidos de exercer, de forma hegemônica, o domínio econômico e político sobre o continente.

A expressão alcançou a mais ampla repercussão durante a realização da Conferência Internacional Americana de Washington, entre 1889 e 1890, quando os meios de imprensa dos Estados Unidos deflagraram uma verdadeira campanha de opinião pública a favor dos ideais "pan-americanistas".

A convite do governo estadunidense, delegados e representantes de praticamente todos os países americanos foram convidados a participar do evento, cujo objetivo oficial era promover uma integração das Américas a partir da celebração de determinados acordos comerciais. Na verdade, a iniciativa do convite partia de um país ávido de mercados para os seus produtos industriais e determinado a estender seu poder e influência sobre as demais nações da América mediante os tratados comerciais propostos. Embora – é óbvio – tais objetivos não fossem declarados oficialmente, a própria imprensa norte-americana da época se encarregava, inescrupulosamente, de torná-los públicos.

Durante os debates da Conferência, um episódio despertou a atenção e o temor da maioria dos participantes. Quando um grupo de delegados latino-americanos sugeriu que a conquista fosse eliminada para sempre do direito público do continente americano, que as **cessões** territoriais fossem nulas se feitas sob a ameaça da guerra ou pressão armada, os representantes dos Estados Unidos, numa atitude isolada, se negaram a assinar tal projeto.

O receio dos Estados Unidos não estava apenas em limitar suas possíveis ações anexacionistas futuras, mas que tal fato pudesse também colocar em cheque o direito desse país sobre os territórios já conquistados, principalmente o México.

Tal episódio acabou por colocar frente a frente, em posições antagônicas, os Estados Unidos e as demais nações do continente americano, selando a diferença entre seus propósitos. Desmascarou os objetivos verdadeiros da Conferência: um conjunto de recomendações que pudessem justificar o direito que os Estados Unidos se **arrogavam** sobre toda a América.

AQUINO; JESUS; OSCAR. *História das sociedades americanas*. Rio de Janeiro: Ao Livro Técnico, 1981, e CARVALHO, Eugênio Rezende de. *O Pan-americanismo*. Disponível em: <www.vermelho.org.br>. Acesso em: jul. 2012. Textos adaptados.

A expansão territorial

No início do século XIX, os norte-americanos começaram a expandir seus territórios em direção ao Oeste, conquistando terras dos povos indígenas e estendendo suas fronteiras do Atlântico ao Pacífico.

Essa expansão tinha como propósito a busca de terras férteis para a agricultura, pastagens para a criação de animais, matérias-primas para as indústrias do Norte e riquezas minerais.

Os conquistadores viajavam em família. Os ricos levavam consigo seus escravos. Decorreu dessa prática a coexistência do trabalho livre e do escravo na região conquistada. O pioneiro enfrentava doenças, a resistência dos índios, que defendiam suas terras, e a reação dos países que dominavam as regiões onde os norte-americanos se estabeleciam.

Progresso Americano, de John Gast, 1872. Essa obra expressa a ideologia do "Destino Manifesto".

Com a expansão territorial, houve o crescimento rápido da população, que ocorreu também devido ao aumento da imigração europeia, estimulada pelo governo norte-americano.

Para as populações indígenas, a conquista do Oeste representou a perda de suas terras e a dizimação. Milhares de indígenas foram mortos e os sobreviventes, derrotados, foram **confinados** em reservas.

As regiões ocupadas pelos pioneiros deram origem a novos estados, que foram anexados à União por compra ou conquista. Observe, no mapa, a localização das antigas 13 colônias. Em 1803, o governo norte-americano comprou da França o território da Louisiana; em 1819, comprou da Espanha a Flórida; o território do Oregon foi comprado da Inglaterra; o Texas, a Califórnia e o Novo México, conquistados do México. Em 1867, para afastar os europeus da América, os Estados Unidos compraram da Rússia o Alasca.

A resistência indígena

O processo de expansão territorial dos Estados Unidos, sobretudo a conquista do Oeste, representou um período de incrível violência contra os povos indígenas, que não admitiam o estabelecimento de núcleos de povoamento em suas terras.

À medida que os pioneiros avançavam para o interior do continente, os povos indígenas iam sendo obrigados, pela força das armas, a abandonar seus territórios e se instalar em outras regiões.

A ocupação e o povoamento do Oeste ganharam um forte estímulo em 1862, com a promulgação da Lei de Cessão de Terras (**Homestead Act**), que concedia 160 acres de terra arável na região a qualquer indivíduo que a cultivasse por um período de cinco anos.

Essa lei atraiu para o Oeste, além dos colonos, milhares de imigrantes que, em virtude da desfavorável situação econômica na Europa, como a crise na agricultura e o desemprego, esperavam progredir na América.

Consequentemente, para efetivar a ocupação e o povoamento na área tornava-se necessário expulsar os povos indígenas de seus territórios. Os conflitos mais marcantes ocorreram com as nações Cheyenne, Nez-Percé, Sioux, Navajo e Apache.

Dos inúmeros ataques efetuados pelas forças militares norte-americanas contra os cheyennes, o massacre de Sand Creek entrou para a história como um dos mais covardes, criminosos e violentos atos de barbárie cometidos contra um povo indígena.

Após alguns conflitos contra colonos e soldados, os cheyennes do sul, atendendo à solicitação de um oficial norte-americano para iniciarem um diálogo no Forte Lyon, deixaram seu território e acamparam junto ao Sand Creek, um afluente do Rio Arkansas.

No entanto, o novo comandante do forte, o major Scott J. Anthony, sem qualquer justificativa, solicitou reforços para atacar os índios acampados em Sand Creek.

Como reforço, foram enviados seiscentos homens dos regimentos do Colorado, sob o comando do coronel Chivington, o qual pretendia "nadar em sangue" e "colecionar escalpos" de índios.

No acampamento indígena havia seiscentas pessoas; dessas, quatrocentas eram mulheres e crianças. A maioria dos homens, na noite do ataque, estava fora, caçando. Apesar de os índios terem içado a bandeira branca e a dos Estados Unidos, os soldados iniciaram o ataque. E com o consentimento do coronel Chivington, os soldados cometeram as mais cruéis atrocidades no acampamento indígena, independentemente do sexo ou da idade: assassinaram friamente mulheres e crianças e arrancaram o escalpo de todas as suas vítimas.

Com a descoberta do ouro na Califórnia em 1848, centenas de aventureiros, exploradores e colonos começaram a cruzar o território dos sioux rumo às costas do Pacífico. Apavorados com a invasão de suas terras, os sioux começaram a atacar as caravanas e a escalpar os intrusos, o que levou o governo norte-americano a intervir na região.

Foram firmados tratados com os sioux em 1851 e 1869, os quais, apesar de reduzir os limites de suas reservas e de proibir a caça fora desses limites, garantiam-lhes a posse da região sagrada das Black Hills, onde os guerreiros entravam em contato direto com o Grande Espírito.

Retrato de Tatanka Yotanka, também chamado de Touro Sentado, 1865.

No entanto, em 1875, descobriu-se ouro nessa região. Os sioux passaram a investir violentamente contra mineiros e aventureiros que, violando os tratados, penetravam em suas fronteiras. O governo dos Estados Unidos, tendo em vista a grande riqueza existente na região, decidiu forçar os índios a vender parte de suas terras. O resultado: novas batalhas, das quais a mais famosa foi a de Little Big Horn. Em junho de 1876, no vale formado pelo rio Little Big Horn, os guerreiros, chefiados por Touro Sentado e Cavalo Doido, atraíram, cercaram e aniquilaram o 7º. Regimento de Cavalaria do Exército dos Estados Unidos, comandado pelo lendário general Custer.

Apesar dessa importante vitória, novos reforços foram enviados e os chefes sioux foram **subjugados**, confinados em reservas e obrigados a aceitar um novo tratado, pelo qual cediam o território das Black Hills.

Retrato (provável) de Cavalo Louco, 1877.

SOLA, José Antônio. *Os índios norte-americanos*. Cinco séculos de luta e opressão. São Paulo: Moderna, 1995. (Coleção Polêmica). Texto adaptado.

Museu Smithsonian Support Center, Washington, EUA

Museu Custer Battlefield, Garryowen, EUA

A Guerra de Secessão

A Guerra de **Secessão** agitou os Estados Unidos de 1861 a 1865. As diferenças econômicas e políticas dos Estados do Norte e do Sul foram decisivas para a eclosão do conflito.

- O **Norte** possuía economia sustentada na indústria e no comércio; defendia tarifas alfandegárias protecionistas; apoiava a abolição dos escravos; era favorável a um governo central forte.

- O **Sul** possuía economia agrária; era exportador de produtos agrícolas e importador de manufaturados; defendia tarifas alfandegárias baixas; lutava pela manutenção do escravismo; era favorável a um governo central fraco.

Um dos pontos mais importantes da divergência entre o Norte e o Sul era o problema do escravismo. Os abolicionistas cada vez mais intensificavam sua campanha. O romance de Harriet Stowe, *A cabana do Pai Tomás*, sensibilizava a opinião pública. Muitas vezes, os escravos eram estimulados a fugir.

Nas eleições de 1860, venceu o republicano Abraham Lincoln, favorável à abolição da escravatura e ao protecionismo. Afirmava que não pretendia interferir no escravismo no Sul, mas defendia a sua exclusão nos territórios do Oeste.

Descontente com o resultado das eleições, no dia 20 de dezembro do mesmo ano, antes mesmo de o presidente assumir o cargo, o estado de Carolina do Sul proclamou-se independente da União, seguido por mais seis estados sulistas: Alabama, Mississípi, Flórida, Geórgia, Louisiana e Texas. Formaram os **Estados Confederados da América**, tendo como capital Richmond, no estado da Virgínia. Escolheram Jefferson Davis para presidente, adotaram nova bandeira e elaboraram uma Constituição.

Quando, em 1861, Lincoln assumiu a presidência, tentou acabar com o movimento pacificamente, mas não conseguiu. Novos estados aderiram à Confederação. O governo central não aceitou a separação e assim começou o conflito, a Guerra de Secessão. As primeiras iniciativas foram dos estados sulistas, apesar de serem belicamente inferiores. Mas a partir de 1863 a ofensiva passou a ser do Norte.

A superioridade do Norte sobre o Sul era grande, pois possuía indústrias de armas e de munições. Também usa-

Foto tirada após a Batalha de Antietam em 17 de setembro de 1862. Ao centro, o presidente Abraham Lincoln em visita aos comandantes da União no campo de batalha. Essa foi uma das batalhas mais sangrentas da guerra civil, com vítimas de ambos os lados, somando cerca de 23 mil mortes. No final, porém, o Exército da União saiu vitorioso.

Instituto de História Militar do Exército, EUA

Confederados mortos em trincheiras, na Virgínia, após a Batalha de Chancellorsville. Foto de 1863 tirada pelo Capitão Andrew J. Russell.

Arquivo Nacional, Washington, EUA

ram novas estratégias e tecnologias iné-
ditas, como as trincheiras, o telégrafo,
as estradas de ferro e os navios.

Após quatro anos de luta, em abril
de 1865, caiu o último reduto separatista
em Appomatox. O comandante do Sul,
general Lee, rendeu-se ao general Grant,
do Norte. Convém salientar que, nesse
mesmo ano, no dia 14 de abril, Lincoln
foi alvejado por James Booth e morreu.

Após a Guerra de Secessão, acele-
rou-se o desenvolvimento industrial do
Norte. A industrialização tornou-se o
principal fator da economia nacional.

Reunião da Klu Klux Klan nos arredores da cidade de Lincoln, Nebraska,
realizada em 16 de julho de 1923.

No Sul, a guerra e a abolição dos escravos transformaram a economia. Algumas das grandes fazendas foram divididas. O algodão deixou de ter supremacia e intensificou-se o cultivo de outros
produtos.

No entanto, foi difícil a integração do negro na sociedade. Surgiram sociedades secretas
terroristas, que agiam contra os negros e os brancos abolicionistas, como a Klu Klux Klan. Esta
organização foi fundada por volta de 1865, no estado do Tennesse, por soldados que haviam lutado
pela Confederação, com o objetivo de impedir a integração dos negros na sociedade norte-americana (já que, com a vitória do Norte, a escravidão foi abolida nos Estados Unidos) e para defender
a ideologia sulista e o cristianismo protestante. O nome, cujo registro mais antigo é de 1867, parece
derivar da palavra grega *kyklos*, que significa "círculo, anel", e da palavra inglesa *clan* (clã) escrita
com k. Devido aos métodos violentos da KKK, há a **hipótese** de o nome ter-se inspirado no som
feito quando se coloca um rifle pronto para atirar. Presente em vários estados, tinha ex-generais
sulistas entre os líderes e contava com financiamento de agricultores prejudicados pela **alforria**.
A violência contra os negros atingia também, em menor escala, os brancos que com eles se simpa-
tizavam, além de judeus, católicos, hispânicos e qualquer forasteiro que se posicionasse de forma
contrária aos interesses da aristocracia sulista. A prática de terror abrangia desde desfiles seguidos
por paradas com manifestações racistas, até linchamentos, espancamentos e assassinatos, passando
ainda por incêndios de imóveis e destruição de colheita. Proibida pelo governo norte-americano em
1872, a KKK foi reativada em 1915, com base em teorias racistas. Hoje ela conta com cerca de 3 mil
membros que se dedicam a distribuir panfletos racistas e é apenas um entre os mais de 700 grupos
empenhados em defender a "supremacia branca" em atividade nos Estados Unidos.

Os Estados Unidos no final do século XIX

No final do século XIX, os capitalistas norte-americanos perceberam que, associando-se, poderiam competir melhor no mercado internacional e dominar ainda mais o mercado latino-americano.
Evitavam assim a concorrência entre eles, reduzindo os custos de produção e controlando os preços.

Essa situação levou à formação de trustes, associações de vários estabelecimentos sob a direção de uma única empresa. Esses trustes impunham preços aos produtos, determinavam sua qualidade e fixavam os salários.

1 Conversem sobre a seguinte questão: A imagem a seguir é um painel do pintor mexicano Diego Rivera, com o título *Unidade Pan-Americana*. Observe-a: a unidade da América é representada com elementos do passado e do presente, em três partes. Na parte superior do painel, domina a figura de Helen Crlenkovich, campeã estadunidense de mergulho, cujo voo acrobático para mergulhar na Baía de San Francisco representa a mudança do tempo e do espaço. Homens, mulheres, crianças, de todas as etnias, admiram-na. Na parte intermediária, um artista esculpe a cabeça de Quetzalcoatl, o deus-serpente que representa a continuidade com as tradições antigas da América. Na parte inferior, os libertadores da América – Washington, Jefferson, Hidalgo, Morelos, Bolívar, Lincoln – estão junto a homens e mulheres que, com o trabalho de suas mãos, constroem a América. O artista retratou também a si próprio, de costas, pintando.

Analisando a imagem, você diria que ela representa o Pan-Americanismo de Bolívar ou de Monroe? (Consulte o boxe das páginas 132, 133).

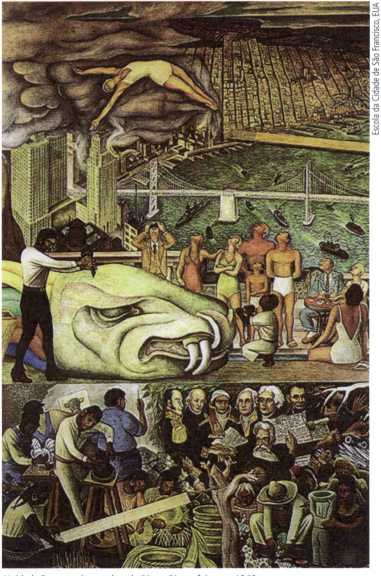

Escola da Cidade de São Francisco, EUA

Unidade Pan-americana, obra de Diego Rivera feita em 1940.

Leia com atenção os dois trechos a seguir.

O fato de a chamada elite *criolla* ter sido a promotora da independência determinou simultaneamente, as finalidades e os limites desta. Constituindo-se em classe dominante, não tinha, é claro, nenhum interesse em alterar a ordem social vigente. A estrutura interna latino-americana estava montada em função da articulação com os mercados europeus, para onde iam as matérias-primas e de onde vinham as manufaturas. O monopólio exercido por Espanha e Portugal, tornando insuportável o pacto colonial, motivou, a partir de certo momento, a rebelião de independência. Por trás de um discurso de liberdade, o que houve foi a oposição aos seculares privilégios gerados no mercantilismo: a cobrança de impostos, a proibição de produzir e negociar livremente e a obrigação de os navios, que vinham ou saíam do Novo Mundo, de passarem, obrigatoriamente, por portos ibéricos.

LOPEZ, Luiz Roberto. *História da América Latina*. Porto Alegre: Mercado Aberto, 1986. p. 70-71.

Para aqueles que não dispunham de recursos, quer econômicos, quer culturais, os novos tempos não trouxeram benesses ou regalias. Reformas sociais de peso, terra, salários dignos, participação política, educação popular, cidadania, respeito cultural às diferenças, tudo isso iria ter de esperar. As ações de governos autoritários cobririam e deixariam suas marcas registradas na América Latina durante a maior parte do século XIX. Os de baixo teriam de se organizar, lutar, sofrer e morrer para alcançar seus objetivos. Não foram as lutas de independência que mudaram sua vida.

PRADO, Maria Lígia Coelho. Sonhos e desilusões nas independências hispano-americanas. In: *América latina no século XIX*: tramas, telas e textos. São Paulo: Edusp, 1999. p. 73.

a) De acordo com o segundo texto, quais os resultados das independências para a maior parte do povo?

_____

_____

_____

_____

b) Com base no primeiro texto, explique por que as independências não levaram a mudanças sociais.

_____

_____

_____

_____

_____

_____

139

3 Uruguai, Porto Rico e Cuba tiveram processos de independência diferente dos demais países da América espanhola. Explique-os.

_____
_____
_____
_____
_____
_____

4 Elabore um quadro demonstrando as diferenças entre os estados do Norte e do Sul dos Estados Unidos que levaram à Guerra de Secessão.

ESTADOS DO NORTE	ESTADOS DO SUL

Refletindo

5 Pesquise com seu grupo como foi a relação entre brancos e índios no Brasil desde a colonização. Comparem-na com a situação dos indígenas norte-americanos no século XIX (releia o boxe da página 135). Façam um cartaz demonstrando suas conclusões.

Trabalhando em grupo

6 Leia o trecho da Constituição norte-americana, elaborada após a independência.

Nós, o Povo dos Estados Unidos, a fim de formar uma união mais perfeita, estabelecer a Justiça, assegurar a tranquilidade interna, prover a defesa comum, promover o bem-estar geral, e garantir para nós e para os nossos descendentes os benefícios da Liberdade, promulgamos e estabelecemos esta Constituição para os Estados Unidos da América.

Reúna-se em grupo para comparar esse trecho da Constituição e a situação do país após a Guerra de Secessão. Na opinião do grupo, os objetivos estipulados na Carta Magna norte-americana foram seguidos? Elaborem uma argumentação sobre essa questão e apresentem-na aos colegas.

140

A EUROPA DO SÉCULO XIX

A burguesia no poder

Durante o século XIX, a burguesia, que já era uma classe social economicamente forte, vê o seu poder político consolidar-se. A industrialização, além da Inglaterra, atingiu outros países europeus, mas o operário continuou enfrentando a pobreza e a falta de leis que garantissem os seus direitos.

As nações industrializadas começaram a disputar novos mercados coloniais. O alvo das conquistas eram os continentes africano e asiático.

Fábrica Harkortsche na cidade de Wetter, tela de Alfred Rethel, 1834.

Museu de Diusburg, Alemanha/Coleção particular

Na França, ocorreram revoluções liberais, ainda para limitar o poder dos reis. Foram movimentos contra governos que desrespeitaram as conquistas políticas e sociais: na França, a Revolução de 1830, que derrubou o rei Carlos X, e a Revolução de 1848, que proclamou a Segunda República.

O ideal nacionalista do século XIX expressava o crescimento da burguesia. Na Itália e na Alemanha, o sentimento nacionalista levou o povo dessas regiões à guerra pela formação de Estados soberanos e livres.

Pintura retratando a coroação da rainha Vitória em 1837. No século XIX, a Inglaterra assumiu definitivamente a posição de primeira potência mundial. De 1837 a 1901, o trono inglês foi ocupado pela rainha Vitória, daí a denominação de era vitoriana para esse período.

ATIVIDADES

1 Observe a imagem abaixo, de uma manufatura. Recorte, de jornal ou revista, uma foto que mostre operários trabalhando em uma indústria hoje. Compare as duas imagens: organização do espaço de trabalho, máquinas, forma de trabalho, forma de se vestir dos operários. Façam uma discussão em classe sobre o que concluíram.

Gravura do final do século XVIII, publicada na *Enciclopédia* de Diderot e d'Alembert, retrata a manufatura de joias na França do período.

2 Faça uma pesquisa em grupo sobre os termos "nacionalismo" e "patriotismo". Escreva as conclusões do grupo abaixo.

_____

_____

_____

Na Inglaterra, a Era Vitoriana

É chamado de Era Vitoriana o período de governo da rainha Vitória, que se estendeu de 1837 até 1901. Durante esse período, a política inglesa foi liberal, dirigida no sentido de atender aos interesses da burguesia.

Apesar de ser a maior potência industrial do mundo, a desigualdade social na Inglaterra era muito grande. Ao mesmo tempo que os industriais e proprietários de terra acumulavam grandes fortunas, os operários viviam miseravelmente, sem leis que os protegessem. Essa situação levou a classe trabalhadora a fazer greves, cujos resultados foram **frustrados**. As primeiras tentativas de organização sindical também não obtiveram sucesso.

As associações operárias conseguiram um movimento **coeso** de reivindicações com o chamado **cartismo** ou **movimento cartista**, nome derivado do fato de terem apresentado uma Carta do Povo ao Parlamento Britânico, em 1837. Nesse documento, a classe operária exigia a abolição do **voto censitário** (por renda) e a adoção do sufrágio universal masculino e secreto.

O movimento acabou se desmembrando entre radicais, defensores da greve geral e moderados, operários das grandes indústrias que recebiam salários razoáveis e temiam perder o emprego. Porém, o cartismo teve como resultado a regulamentação das associações políticas, do trabalho infantil e feminino, e a fixação da jornada de trabalho em dez horas diárias.

Na década de 1880, a situação começou a sofrer sensível alteração, pois os sindicatos conquistaram a regulamentação do horário de trabalho e o direito de greve.

Os partidos políticos da Inglaterra, _Whig_ (liberal) e _Tory_ (conservador), representavam a camada dominante. O primeiro-ministro pertencia sempre ao partido que tivesse maioria na Câmara dos Comuns, a câmara eleita. Vários ministros governaram a Inglaterra. Dentre eles, destacaram-se:

* Disraeli, líder do Partido _Tory_, foi responsável pela compra da maior parte das ações do Canal de Suez, o que permitiu que a Inglaterra estendesse os seus domínios sobre o Egito. Na política interna, fez aprovar no Parlamento britânico a reforma eleitoral de 1867, a qual estendia o direito de voto aos trabalhadores urbanos;

Coleção particular

Gravura do livro _True Stories of the Reign of Queen Victoria_, de Cornelius Brown, 1886.

143

- Gladstone, líder do Partido *Whig*. No plano externo, foi contrário à política colonialista de Disraeli, mas internamente também colaborou no processo de democratização da vida política, aumentando a participação eleitoral inicialmente dos operários e, posteriormente, dos camponeses.

O 1º de Maio

O Dia Mundial do Trabalho foi criado em 1889, por um Congresso Socialista realizado em Paris. A data foi escolhida em homenagem à greve geral, que aconteceu em 1o de maio de 1886, em Chicago, o principal centro industrial dos Estados Unidos naquela época. Milhares de trabalhadores foram às ruas para protestar contra as condições de trabalho desumanas a que eram submetidos e exigir a redução da jornada de trabalho de 13 para 8 horas diárias. Naquele dia, manifestações, passeatas, piquetes e discursos movimentaram a cidade. Mas a repressão ao movimento foi dura: houve prisões, feridos e até mesmo mortos nos confrontos entre os operários e a polícia.

Em memória aos mártires de Chicago, das reivindicações operárias que nesta cidade se desenvolveram em 1886 e por tudo o que esse dia significou na luta dos trabalhadores pelos seus direitos, servindo de exemplo para o mundo todo, o dia 1o de maio foi instituído como o Dia Mundial do Trabalho.

No Brasil, a data é comemorada desde 1895 e virou feriado nacional em setembro de 1924 por um decreto do presidente Artur Bernardes.

Disponível em: <http://www.ibge.gov.br/ibgeteen/datas/index.html>. Acesso em: jul. 2012. Texto adaptado.

A questão da Irlanda

A Irlanda, região dominada pela Inglaterra, era predominantemente católica, com exceção do Nordeste, que era protestante. Os irlandeses não estavam satisfeitos com o domínio protestante dos ingleses. Os católicos desse país, apesar de terem o direito de votar, não podiam ser eleitos para cargos públicos.

Durante o governo da rainha Vitória, foram votadas leis em favor da Irlanda, como a que concedia liberdade religiosa.

A manifestação dos segmentos excluídos das Cartas de Direito do século XIX

Biblioteca Pública de Nova York, EUA

Mary Wollstonecraft. Óleo sobre tela de James Heath, 1804.

Mary Wollstonecraft (1759-1797), inglesa, entre outros livros, publicou, em 1790, *A reivindicação dos direitos da mulher*, em que afirmava que a emancipação das mulheres não poderia passar pela negação de sua identidade.

Em 1833, no Brasil, Nísia Floresta Brasileiras Augusta (1810-1885), nascida no Rio Grande do Norte, fez uma tradução livre desse livro, com o título *Direitos das mulheres e injustiça dos homens*. Ela é considerada umas das pioneiras na luta pelos direitos da mulher. Também se opôs contra a escravidão.

Biblioteca Nacional, Rio de Janeiro, RJ

Retrato de Nísia Floresta Brasileiras Augusta.

Na França, as revoluções liberais

Após a queda de Napoleão, em 1815, voltou ao poder francês a dinastia Bourbon, com o rei Luís XVIII (1815-1824). Esse monarca admitiu o sistema de governo parlamentar, governando com duas câmaras. Com a Restauração, as grandes potências decidiram retirar suas tropas militares do país e também aceitaram que a França participasse da Santa Aliança.

O reinado de Luís XVIII foi marcado por diversas agitações políticas. Formaram-se três grupos políticos:

- os ultrarrealistas, defensores do absolutismo;
- os bonapartistas, desejosos da volta de Napoleão;
- os liberais radicais, que discordavam do retorno dos Bourbons.

Em 1824, com a morte do rei, o trono foi ocupado por seu irmão, Carlos X. Este rei restaurou a ordem absolutista: garantiu os privilégios da nobreza e do clero, restringiu as liberdades individuais, suprimiu a liberdade de imprensa. A burguesia e o povo foram marginalizados do poder político.

A Revolução de 1830

Descontentes, os liberais iniciaram uma revolução contra Carlos X. Contaram com o apoio do povo, que construiu **barricadas** nas ruas de Paris e tomou o Palácio das Tulherias. Esse episódio é conhecido como as Jornadas Gloriosas (de 27 a 29 de junho de 1830). Carlos X fugiu para a Inglaterra e o líder dos liberais, o duque Luís Felipe de Orleans, assumiu o poder, apoiado pela alta burguesia. O novo rei, liberal, foi cognominado de o "rei burguês".

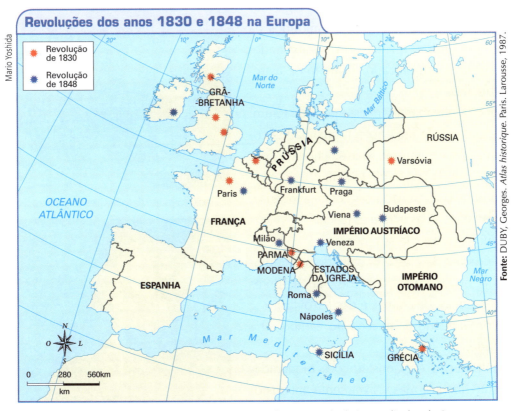

Observe no mapa as regiões que foram contra a restauração dos regimes absolutistas realizada pelo Congresso de Viena.

É preciso lembrar que, já em 1820, haviam ocorrido vários movimentos na Europa, contra a restauração dos regimes absolutistas realizada pelo Congresso de Viena. Assim, o movimento francês de 1830 repercutiu em outras regiões da Europa.

O mundo europeu na primeira metade do século XIX

Cinquenta anos após a Revolução Francesa de 1789, podia-se dizer que o mundo não havia evoluído tanto quanto aquele período: a área do mundo conhecido era maior, mapeada e com um intercâmbio que até então não havia existido; os meios de comunicação eram mais rápidos; a população do mundo aumentara como nunca; as cidades de grande porte se multiplicavam; a produção industrial atingia cifras astronômicas. Nesse período, observava-se, também, o crescimento do conhecimento científico, propiciando, por exemplo, a expansão das fábricas de gás, que enviavam seu produto por túneis subterrâneos, iluminando as fábricas e, depois, as cidades. Todo o progresso obtido, porém, era insuficiente para esconder a miséria que rondava a Europa.

> Sem dúvida todos estes triunfos tinham o seu lado obscuro, embora este não figurasse nos quadros estatísticos. Como se poderia encontrar uma expressão quantitativa para o fato, que hoje em dia poucos poderiam negar, de que a Revolução Industrial criou o mundo mais feio no qual o homem jamais vivera como testemunhavam as lúgubres, fétidas e enevoadas vielas dos bairros baixos de Manchester?
>
> HOBSBAWM, Eric J. *A Era das revoluções:* 1789-1848. Rio de Janeiro: Paz e Terra, 1977. p. 322.

Nesse período, os camponeses constituíam-se, como antes, na maioria dos habitantes da Terra. No entanto, embora a servidão e o vínculo legal dos camponeses à gleba já tivessem sido abolidos na maior parte da Europa, a situação do trabalhador rural não havia se modificado, levando-os a frequentes rebeldias.

Ilustração do cortiço de Saint-Giles em Londres, século XIX.

Os aspectos que marcaram esse período foram:
- a expansão de uma nova modalidade econômica, o capitalismo, que se chocava com resquícios da economia feudal;
- as insurreições camponesas contra a miséria e a persistência das estruturas feudais;
- o aumento das classes médias;
- o aumento da classe trabalhadora, incluindo o novo proletariado de trabalhadores das fábricas, das minas e das ferrovias;
- a continuidade da miséria no campo e na cidade;
- a introdução de Constituições moderadamente liberais, mas visivelmente antiaristocráticas, nos principais Estados da Europa ocidental;

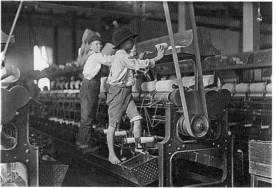

Crianças trabalhando na indústria têxtil dos Estados Unidos da América. Foto tirada entre os anos 1908 e 1912.

- o crescimento do pensamento socialista, como crítica ao capitalismo;
- a vulnerabilidade da economia agrícola, sujeita às intempéries, elevando o preço dos gêneros alimentícios e causando fome.

A revolução que eclodiu nos primeiros meses de 1848 não foi uma revolução social simplesmente no sentido de que envolveu e mobilizou todas as classes. Foi, no sentido literal, o insurgimento dos trabalhadores pobres nas cidades – especialmente nas capitais – da Europa Ocidental e Central. Foi unicamente a sua força que fez cair os antigos regimes desde Palermo até as fronteiras da Rússia. Quando a poeira se assentou sobre suas ruínas, os trabalhadores – na França, de fato, trabalhadores socialistas – eram vistos de pé sobre elas, exigindo não só pão e emprego, mas também uma sociedade e um novo Estado.

HOBSBAWM, Eric J. *Op. cit.* p. 329.

"Não só a França, mas toda a Europa treme diante do terremoto de junho." (Karl Marx)

Rom , Paris, França

Barricada da Rue Soufflot, pintura de Horace Vernet, 1848. Em 1848, movimentos que entraram para a história como a "Primavera dos Povos" varreram a Europa de ponta a ponta. Foi nessa época que o proletariado fez seu batismo de fogo na luta política e, pela primeira vez, formulou bandeiras de luta próprias entrelaçando a luta nacional à luta democrática e à luta social. A ordem instaurada pela Santa Aliança dava sinais de exaustão e o capitalismo nascente já se revelava incapaz de cumprir o desejo de liberdade, igualdade e fraternidade.

O governo de Luís Felipe e a revolução liberal de 1848

O reinado de Luís Felipe (1830-1848) foi caracterizado pela monarquia constitucional. A atuação do ministro Soult-Guizot foi acentuadamente conservadora. Os banqueiros e os grandes proprietários, a alta burguesia, tiveram seus interesses atendidos. O rei ignorava sistematicamente os apelos da maioria da população. Esse período coincide com a expansão colonial francesa na África.

A crise econômica de 1845, ocasionada pelas más colheitas, a falta de alimentos e o aumento dos preços, agravou a situação do povo. A burguesia industrial também estava descontente com os altos juros cobrados pelos banqueiros. A oposição ao rei aumentava cada vez mais.

Em fevereiro de 1848, estourou nova revolução contra o governo. O rei Luís Felipe fugiu para a Inglaterra e foi instalado um governo provisório, que proclamou a **Segunda República**. Elegeu-se uma Assembleia Constituinte que promulgou uma nova Constituição, estabelecendo a república, o voto universal masculino e a abolição da pena de morte.

Vejamos como Karl Marx, pensador do século XIX, descreveu esses momentos.

O **primeiro período**, de 24 de fevereiro – data da queda de Luís Filipe – até 4 de maio de 1848 – data da instalação da Assembleia Constituinte ou seja, o **período de fevereiro** propriamente dito, pode ser chamado o **prólogo** da revolução. Seu caráter foi oficialmente expressado pelo fato de que o governo por ele improvisado apresentou-se como um governo **provisório** [...]. Todos os elementos que haviam preparado ou feito a revolução – a oposição à aristocracia, a burguesia republicana, a pequena burguesia democrática e os trabalhadores social-democratas – encontraram provisoriamente seu lugar no governo de fevereiro.

Não poderia ser de outra maneira. O objetivo inicial das jornadas de fevereiro era uma reforma eleitoral [...]. Quando estourou o conflito de verdade, quando o povo levantou as barricadas, a Guarda Nacional manteve uma atitude passiva, o exército não ofereceu nenhuma resistência séria e a monarquia fugiu, a república pareceu ser a sequência lógica. Mas cada partido interpretava-a a seu modo. Tendo-a conquistado de armas na mão, [...] o proletariado de Paris **deleitava-se** ainda ante a visão das amplas perspectivas que se abriam diante de si, enquanto as velhas forças da sociedade já se haviam agrupado, reunido, **concertado** e encontrado o apoio dos camponeses e da pequena burguesia [...].

O **segundo período** iniciou-se com a Assembleia Nacional [Constituinte] que se reunira a 4 de maio de 1848. É o período da constituição, da **fundação da república burguesa**. À monarquia burguesa de Luís Filipe só podia suceder uma república burguesa. O proletariado de Paris, que compreendeu imediatamente o caráter dessa Assembleia, tentou em vão, em 15 de maio, dissolvê-la pela força. Não teve, porém, outro resultado senão o de afastar os dirigentes do partido proletário da cena pública. Antes um setor limitado da burguesia governava em nome do rei; agora, toda a burguesia governará em nome do povo. As reivindicações do proletariado de Paris são **devaneios utópicos**, a que se deve pôr um fim. A essa declaração da Assembleia Nacional Constituinte, o proletariado de Paris respondeu com a **Insurreição de Junho**, o acontecimento de maior envergadura na História das guerras civis da Europa. A república burguesa triunfou. A seu lado, alinhavam-se a aristocracia financeira, a burguesia industrial, a classe média, a pequena burguesia, o exército, os intelectuais de prestígio, o clero e a população rural. Do lado do proletariado de Paris, não havia senão ele próprio. Mais de três mil **insurretos** foram massacrados depois da vitória burguesa e 15 mil foram deportados sem julgamento.

Cavaignac, o general do partido republicano burguês, responsável pelo massacre de junho, passou a governar, com poderes quase ditatoriais. Enquanto os republicanos burgueses, na Assembleia, criavam, discutiam e votavam a nova Constituição, fora da Assembleia, Cavaignac mantinha o **estado de sítio** em Paris. O estado de sítio foi a parteira da Assembleia Constituinte em seus trabalhos de criação republicana. A Constituição nasceu protegida por baionetas que se voltaram contra o povo.

MARX, Karl. *O 18 Brumário e Cartas a Kugelmann*. 2. ed. Rio de Janeiro: Paz e Terra, 1974. p. 23-34. Texto adaptado.

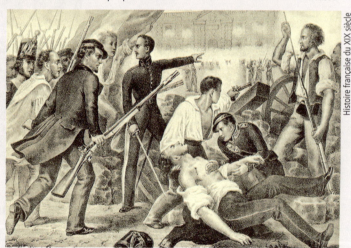

Histoire française du XIX siècle

Jornadas Revolucionárias, 1848. Ilustração do livro *Histoire française du XIXe siècle*, de Armand Dayot.

No início de 1848, o eminente pensador político francês Alexis de Tocqueville tomou a tribuna da Câmara dos Deputados para expressar sentimentos que muitos europeus partilhavam: *"Nós dormimos sobre um vulcão... Os senhores não perceberam que a terra treme mais uma vez? Sopra o vento das revoluções, a tempestade está no horizonte"*. 1848 foi a primeira revolução potencialmente global [...] foi a única a afetar tanto as partes desenvolvidas quanto as atrasadas do continente. Foi ao mesmo tempo a mais ampla e a menos bem-sucedida desse tipo de revolução.

HOBSBAWM, Eric J. *A Era do Capital*: 1848-1875. Rio de Janeiro: Paz e Terra, 1988.

Em 10 de dezembro do mesmo ano, aconteceu a primeira e única eleição da Segunda República francesa. Com 80% dos votos, foi eleito Luís Bonaparte, sobrinho de Napoleão, para um mandato de quatro anos. O presidente conseguiu o apoio dos católicos, ao tornar a Igreja responsável pelo ensino na França. Além disso, favoreceu a burguesia, incentivando, por intermédio de leis, o comércio exterior; os trabalhadores também foram beneficiados, com pensões na velhice.

Em seu último ano de governo, em 1851, interessado em continuar no poder, apoiado pelo exército e pelo povo, Luís Bonaparte deu um golpe no mesmo dia em que Napoleão Bonaparte havia dado o Golpe do 18 Brumário. Por isso, esse ato de Luís Bonaparte foi chamado, por Karl Marx, de **O 18 Brumário de Luís Bonaparte**. Por um plebiscito, tornou-se imperador dos franceses com o título de Napoleão III, iniciando o **Segundo Império Francês**, que durou até 1870.

Napoleão III desenvolveu uma política nacionalista, procurando projetar a França na Europa. Concluiu a conquista da Argélia, estendeu o domínio sobre a Indochina e iniciou a construção do Canal de Suez. Na questão social,

Retrato de Napoleão III, feito por Franz Xaver Winterhalter em 1852.

proibiu as greves e a organização sindical dos trabalhadores. Envolveu a França em várias guerras, entre elas contra a Prússia, a fim de impedir a Unificação da Alemanha, pois temia sua concorrência.

Após sua derrota na guerra franco-prussiana, Napoleão III foi deposto pelos republicanos, que proclamaram a **Terceira República** francesa (1870).

A esse respeito, disse Marx:

Hegel observa em uma de suas obras que todos os fatos e personagens de grande importância na história do mundo ocorrem, por assim, dizer, duas vezes. E esqueceu-se de acrescentar: a primeira vez como tragédia, a segunda como farsa. [...] E a mesma caricatura ocorre nas circunstâncias que acompanham a segunda edição do Dezoito Brumário!

Os homens fazem sua própria história, mas não a fazem como querem; não a fazem sob circunstâncias de sua escolha e sim sob aquelas com que se defrontam diretamente, **legadas** e transmitidas pelo passado. [...] E justamente quando parecem empenhados em revolucionar-se a si e às coisas, em criar algo que jamais existiu, precisamente nesses períodos de crise revolucionária, os homens **conjuram** ansiosamente em seu auxílio os espíritos do passado, tomando-lhes emprestado os nomes, os gritos de guerra e as roupagens [...].

De 1848 a 1851 o fantasma da velha revolução anda em todos os cantos: [...] o aventureiro de aspecto vulgar e repulsivo se oculta sob a férrea máscara mortuária de Napoleão. Todo um povo que pensava ter comunicado a si próprio um forte impulso para diante, por meio da revolução se encontra de repente **trasladado** a uma época morta [...]. Não só fizeram a **caricatura** do velho Napoleão, como geraram o próprio velho Napoleão caricaturado.

MARX, Karl. *Op. cit.* p.17-21.

Novamente, a república

Em 1870, com a declaração de guerra contra a Prússia e a derrota logo depois de um mês, a população ocupou a Câmara Municipal, exigindo o fim do regime. A república foi proclamada em setembro do mesmo ano. A Assembleia Nacional elegeu, então, Adolphe Thiers como chefe do Poder Executivo. Apesar da evidente disposição do povo parisiense em resistir, a Assembleia de Versalhes acabou assinando a paz com os alemães. Num episódio humilhante, Guilherme I, o soberano alemão, foi coroado imperador do Segundo Reich na sala dos espelhos do Palácio de Versalhes.

Foto da barricada na Rua do Faubourg Saint-Antoine. Paris, 18 de março de 1871.

Podemos afirmar que o contexto de Paris, em 1871, apresentava, em síntese, os seguintes elementos que estimulavam a reação contra o governo: a) os sofrimentos decorrentes da guerra com a Prússia; b) a indignação com a capitulação diante da Prússia, considerada humilhante; c) a indignação popular com as autoridades que davam provas de sua incompetência; d) o desemprego dos trabalhadores e a falência dos pequenos comerciantes e artesãos; e) o descontentamento dos operários e a ansiedade por um novo regime; f) a composição reacionária da Assembleia Nacional.

Diante da revolta popular, Thiers transferiu o governo francês de Paris para Versalhes e exigiu o desarmamento da Guarda Nacional, sob o argumento de que ela pertencia ao Estado.

O desarmamento da Guarda Nacional foi o primeiro passo para a organização da derrubada da república. Por isso, o povo de Paris uniu-se à Guarda Nacional, organizada em forma de Comitê Central, que decidiu não entregar as armas ao governo, já que sua fabricação havia sido paga pela população. Diante disso, no dia 18 de março, Thiers resolveu invadir a cidade de Paris. Mas o povo resistiu e venceu a batalha, com o governo fugindo de volta a Versalhes.

Estabeleceu-se, então, uma administração autônoma na cidade de Paris (a **Comuna de Paris**) com representantes de diferentes posições políticas, mas que desejavam reformas sociais imediatas.

A experiência da Comuna, todavia, duraria pouco tempo (72 dias). Enquanto isso, o governo republicano continuava representando os interesses da alta burguesia, preocupada em reprimir o governo paralelo da Comuna. Em maio de 1871, Paris foi ocupada pelo Exército francês. Sob as ordens de Adolphe Thiers, as tropas militares entraram em Paris e sufocaram a Comuna com violência (a "Semana Sangrenta"). Era, portanto, o fim da Comuna. Quase 40 mil pessoas foram executadas e outras tantas foram degredadas para a Guiana Francesa, na América, e para a Argélia, na África.

Herdeira das tradições revolucionárias francesas, a **Comuna de Paris** foi um governo popular organizado pelas massas parisienses em 18 de março de 1871, sendo fortemente marcado por diversas tendências ideológicas, populares e operárias. Tornou-se posteriormente uma referência na história dos movimentos populares e revolucionários.

De acordo com o escritor Prosper-Olivier Lissagaray, um *communard* (participante da Comuna) que se tornou historiador, esta teria sido "uma revolução feita por homens comuns e que deu aos trabalhadores a consciência de sua força, sem que esses pudessem, entretanto, desenvolver suas ideias". Em suma, visavam melhorar as condições de vida dos indivíduos que compunham aquela sociedade, tão marcada por conflitos políticos, econômicos e sociais.

Embora a Comuna não deva ser pensada como uma revolução socialista, é importante frisarmos que suas propostas traziam em si preocupações de caráter social. A Comuna suprimiu o serviço militar obrigatório e o exército permanente, substituindo-o pelo povo armado. Isentou os pagamentos de aluguel de moradias durante o período da guerra; suspendeu a venda de objetos empenhados nos estabelecimentos de empréstimos (mais tarde ordenou a **supressão** das casas de penhor, pois estas eram uma forma de exploração dos operários); decretou a separação da Igreja do Estado; estabeleceu um teto salarial para os funcionários públicos que não deveria exceder ao dos operários; ordenou a ocupação das fábricas fechadas pelos patrões e organizou o reinício de suas atividades pelos operários organizados em cooperativas; declarou extinto o trabalho noturno dos padeiros. Preencheu todos os cargos administrativos, judiciais e do magistério por meio de eleições, mediante o sufrágio universal, conferindo aos eleitores o direito de revogar a qualquer momento o mandato concedido.

Foram muitas medidas justas como essas que tornaram a experiência da Comuna tão significativa para as lutas posteriores dos trabalhadores. E tudo isto em tão pouco tempo, numa cidade sitiada por exército estrangeiro, e submetida à guerra civil internamente.

Cartaz do século XIX homenageando os *communards*.

SOUSA, Simone da Costa B.; RIBEIRO, José Rogério Costa; ANDRADE, Flávia Maria Trajano. *A Comuna de Paris.* Disponível em: <www.historia.uff.br/nec/>. Acesso em: jun. 2012. Texto adaptado.

A unificação italiana

Na primeira metade do século XIX, ocorreram vários movimentos nacionalistas que tentaram a unificação política e a formação do Estado Nacional italiano. Todos acabaram dominados.

Influenciados pela Revolução de 1848, na França, os liberais italianos de Milão e Veneza e Vítor Emanuel II, rei de Piemonte-Sardenha, iniciaram as lutas pela soberania política contra o domínio austríaco. Em janeiro de 1849, os liberais do reino das Duas Sicílias também se revoltaram e obrigaram o rei Fernando II a aceitar uma Constituição que limitava os seus poderes.

Esses movimentos liberais e nacionalistas fracassaram, mas o ideal de unificação continuou bastante forte e foi posto em prática pelo primeiro-ministro do reino de Piemonte, conde Camilo Cavour, a partir de 1852. Esse reino era o mais desenvolvido da região. Sua burguesia industrial começava a crescer e queria expandir-se, o que seria facilitado com a unificação. Cavour, com o apoio da burguesia, organizou o exército, iniciando as lutas.

No começo de 1859, Cavour e Napoleão III, da França, firmaram um acordo de ajuda mútua e, graças a ele, a Áustria foi derrotada. O reino de Piemonte-Sardenha anexou a região da Lombardia e os ducados de Parma, Modena e Toscana. Porém, Napoleão III rompeu a aliança e firmou um acordo com a Áustria, que manteve sob seu domínio a região de Veneza.

Pintura do século XIX representando a chegada de Garibaldi à Sicília em 1860.

151

Giuseppe Garibaldi, líder revolucionário, republicano convicto e bastante popular, reuniu e chefiou um exército de voluntários, os camisas vermelhas. Marchou sobre o reino das Duas Sicílias, conquistando-o (1860). Nesse mesmo ano, Vítor Emanuel II chegou ao sul da Itália, sendo aclamado rei do país por Garibaldi.

Em 1866, a Itália aliou-se à Prússia numa guerra contra a Áustria. Com a vitória dos prussianos e italianos, a Áustria foi obrigada a entregar Veneza aos italianos.

Para que a Itália fosse unificada, restavam apenas os Estados Pontifícios, sob o domínio do papa.

Em 1870, estourou a guerra franco-prussiana, e Napoleão III retirou seus exércitos dos Estados Pontifícios. Aproveitando-se disso, os nacionalistas italianos invadiram e dominaram a região central da península, completando o processo de unificação.

Duas regiões, Trieste e Trento, chamadas **irredentas**, continuaram em poder dos austríacos. Só foram anexadas à Itália após a Primeira Guerra Mundial.

A unicação da Itália (final do século XIX)

Fonte: KINDER, Hermann; HILGEMANN, Werner; HERGT, Manfred. *Atlas histórico mundial*. Madri: Akal, 2007. p. 378.

Observe no mapa os territórios pertencentes à Itália e seu limite político após a unificação. O Congresso de Viena, em suas decisões territoriais, havia dividido a Itália em vários Estados:
- o reino de Piemonte-Sardenha, governado pela dinastia italiana de Savoia;
- o reino Lombardo-Veneziano e os ducados de Parma, Modema e Toscana, sob o domínio da Áustria;
- os Estados Pontifícios, ao centro, sob o domínio do papa;
- o reino das Duas Sicílias, governado pela dinastia dos Bourbons da Espanha.

O papa Pio IX, em reação à perda de seus territórios, declarou-se prisioneiro voluntário do governo italiano, dando origem à Questão Romana.

Essa questão somente foi resolvida em 1929, quando Mussolini, ditador da Itália, e o papa Pio XI assinaram o Tratado de Latrão, criando o Estado do Vaticano, sob o domínio da Igreja.

Biblioteca Nacional, Paris, França

Charge do século XIX que mostra Garibaldi oferecendo ao papa o "chapéu da liberdade" como remédio para a "dor de cabeça" papal.

A unificação alemã

A Prússia disputava com a Áustria a hegemonia sobre os Estados alemães. Em 1834, os prussianos deram o primeiro passo para a unificação. Criaram o *Zollverein*, um acordo que abolia as tarifas alfandegárias nos Estados alemães. Essa medida favoreceu o desenvolvimento econômico da Prússia, levando-a a liderar o processo de unificação.

Em 1861, com a posse de um novo rei prussiano, Guilherme I, o ideal nacionalista fortaleceu-se graças ao seu primeiro-ministro, o **Otto von Bismarck**. Ele organizou militarmente o reino da Prússia, transformando seu exército no principal meio da unificação. O exército viu-se envolvido nas seguintes guerras:

- **Guerra dos Ducados contra a Dinamarca** – em 1864, a Prússia, aliada da Áustria, declarou guerra à Dinamarca e anexou os ducados de Schleswig e Holstein à Confederação;
- **Guerra Austro-Prussiana** – logo após a anexação dos ducados, a Áustria e a Prússia passaram a reivindicar a administração sobre eles. Em 1866, estourou a Guerra das Sete Semanas entre esses países. Como a Itália também estava em guerra contra a Áustria, aliou-se à Prússia, o que ocasionou a derrota dos austríacos. No ano 1867, a Prússia conseguiu unificar todo o norte da Confederação Germânica;

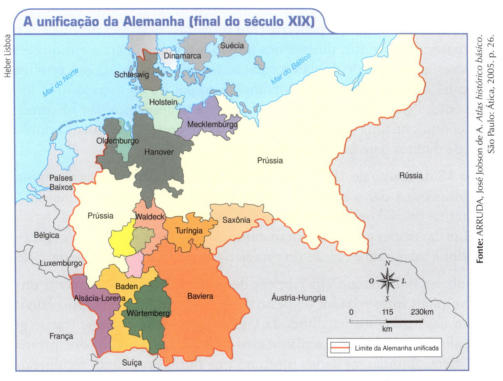

Heber Lisboa

Fonte: ARRUDA, José Jobson de A. *Atlas histórico básico*. São Paulo: Ática, 2005. p. 26.

Pelo Congresso de Viena, a Alemanha ficou dividida em vários Estados, formando a Confederação Germânica. A Presidência dessa Confederação ficou com a Áustria e a Vice-Presidência, com a Prússia, o Estado mais desenvolvido.

- **Guerra Franco-Prussiana** – em 1870, uma revolução derrubou o rei espanhol. O trono foi oferecido a Leopoldo de Hohenzollern, parente do rei da Prússia, Guilherme I. Napoleão III não aceitou essa indicação e exigiu de Guilherme I a promessa de que nenhum outro alemão ocuparia o trono espanhol. Bismarck aproveitou-se do acontecimento para enviar um telegrama ofensivo ao povo francês, o que levou à guerra franco-prussiana. Logo que a guerra começou, os Estados do sul da Alemanha aliaram-se à Prússia, fazendo com que o Exército francês fosse derrotado. Finalmente, em 1871, Guilherme I recebeu o título de imperador da Alemanha, instalando a monarquia constitucional. Bismarck foi escolhido primeiro-ministro. A França foi obrigada a entregar aos alemães as regiões de Alsácia e Lorena, dois importantes territórios para sua economia. A Alemanha entrou num processo de grande industrialização. Disputou mercados consumidores anteriormente dominados pela Inglaterra e pela França. No final do século XIX, a Alemanha já era uma grande potência industrial.

A unificação alemã em 1871, liderada pelo antiliberal e pró-monárquico Otto von Bismarck (1815-1898), marcou o início da fase do "nacionalismo autoritário". Esse nacionalismo, caracterizado como **imperialista**, conservador e autoritário, generalizou-se em todo o continente europeu. Com o crescente interesse das nações europeias em alcançar a hegemonia na Europa e se defender, os Estados nacionais exigiram a lealdade exclusiva dos cidadãos e incentivaram a **hostilidade** para com outras nações.

ATIVIDADES

1 Leia com atenção o texto.

Em 1871, os trabalhadores padeciam em precárias condições de vida e as trabalhadoras, apesar da participação das mulheres nas jornadas revolucionárias em quase um século de luta de classes, padeciam de dupla exploração e discriminação, como mulheres e trabalhadoras: pela lei estavam submetidas totalmente ao pai ou ao marido, não tendo, também, direito ao voto. Para muitas mulheres, a Comuna se apresenta não só como uma possibilidade de conquistar uma República social, mas de conquistar uma República social com igualdade de direitos para homens e mulheres.

No dia 18 de março de 1871, considerado o dia do deflagrar da Comuna, as mulheres foram as primeiras a dar o alarme e revelar a intenção das tropas a mando do governo de Thiers de retirar os canhões das colinas de Montmartre e desarmar Paris. As mulheres se puseram diante das tropas governamentais e impediram, com seus corpos, que os canhões fossem retirados e incitaram a reação do proletariado e da Guarda Nacional à defesa de Paris.

As mulheres trabalharam em fábricas de armas e munições, fizeram uniformes e dotaram os hospitais improvisados de pessoal, além de ajudar a construir barricadas. Muitas delas foram destinadas aos batalhões da Guarda Nacional, onde se encarregavam de proporcionar alimentos e bebidas aos soldados das barricadas, além dos primeiros socorros. Por outra parte, abundantes dados mostram que muitas mulheres recolheram as armas de homens mortos ou feridos e lutaram com grande determinação e valentia. Também houve um batalhão composto por 120 mulheres que lutou com valentia nas barricadas durante a última semana da Comuna.

Algumas fontes fazem referência às incendiárias, as pétroleuses, que atearam fogo aos edifícios públicos durante a Semana Sangrenta, a semana final da Comuna. Não há provas, porém, que essas ações ocorreram realmente. Apesar disso, as tropas governamentais executaram de maneira sumária centenas de mulheres, inclusive batendo-lhes até a morte, porque eram suspeitas de ser incendiárias.

Disponível em: <http://www.revistasina.com.br/portal/direitos-humanos/item/4890-8-de-mar%C3%A7o-mulheres-revolucion%C3%A1rias>. Acesso em: jul. 2012. Texto adaptado.

a) Quais as informações que o texto acrescenta ao que você estudou no capítulo sobre a Comuna de Paris?

_____

_____

_____

_____

_____

_____

Refletindo

2 Sobre a "Era Vitoriana" na Inglaterra, responda.

a) Por que foi assim denominada?

_____

_____

_____

_____

_____

_____

b) Quais as características do governo nesse período?

_____

_____

_____

_____

_____

_____

_____

_____

c) Qual era a situação social nesse período?

_____

_____

_____

_____

d) O que foi o "cartismo" e qual o seu resultado?

_____

_____

_____

_____

_____

3 O que acontecia na Europa, na primeira metade do século XIX, que pode ser considerado como causa das Revoluções de 1830 e 1848?

_____

_____

_____

_____

_____

_____

4 Como foi a Revolução de 1830 na França?

_____

_____

_____

_____

_____

_____

5 Observe o mapa da página 145 e as imagens das páginas 146 e 147. Em quais regiões aconteceram revoluções em 1848 e por que foram chamadas de "Primavera dos Povos"?

_____

_____

_____

_____

_____

6 O que foi o "18 Brumário de Luís Bonaparte"? E como Marx caracterizou esse fato e esse personagem? Você concorda? Justifique.

_____

_____

_____

_____

_____

7 Elabore um quadro comparativo das unificações da Itália e da Alemanha, levando em conta os seguintes aspectos: a situação das duas regiões após o Congresso de Viena, os Estados que lideraram as Unificações, os líderes das Unificações, as etapas da Unificação até sua realização e as consequências.

Refletindo

8 Você já estudou em História do Brasil a Revolução Farroupilha, ocorrida no Rio Grande do Sul. Retome esses seus estudos e pesquise (em enciclopédias, livros, Internet etc.) sobre a participação de Giuseppe Garibaldi e da brasileira Anita Garibaldi nessa Revolução e o porquê da volta de Garibaldi à Itália.
Anote as informações que achou mais interessantes para compartilhar com seus colegas.

_____

_____

_____

_____

_____

O NOVO COLONIALISMO

A Europa se expande

No século XIX, ocorreu significativa expansão dos Estados capitalistas europeus, particularmente da Inglaterra e da França. Os governos, aliados às grandes empresas de seus países, partiram para a conquista de colônias, disputando territórios e poder. Os alvos principais foram a África e a Ásia.

O que pretendiam essas nações europeias?

Em primeiro lugar, queriam áreas para investimentos e novos mercados consumidores para os seus produtos industrializados. Também precisavam de matéria-prima industrial (ferro, carvão, manganês etc.) e mão de obra suficiente e barata. Além disso, o aumento populacional estimulou a emigração, que contou com o incentivo dos governos.

Biblioteca Nacional, Paris, França

O francês Pierre Savorgnan de Brazza explorou a região da atual República do Congo. Em 1880, fundou a cidade de Brazzville, atual capital e maior cidade da República, que foi colônia francesa de 1891 a 1960. *Le Petit Journal*, 19 de março de 1905.

Esse processo de exploração econômica e dominação política estabelecido pelas potências capitalistas em diversos territórios é o que se chamou de **imperialismo** ou **neocolonialismo**. A disputa envolveu Reino Unido, França e Bélgica, primeiras potências industrializadas; Alemanha e Estados Unidos, que conheceram o apogeu industrial e econômico a partir de 1870; e Itália, Rússia e Japão, que ingressavam na via da industrialização.

Os países "escolhidos" foram colonizados e seus povos, desrespeitados. Um exemplo desse desrespeito foi o ponto culminante da dominação neocolonialista, quando países europeus dividiram entre si os territórios africano e asiático, colocando povos rivais num mesmo território e separando povos aliados, a fim de dominá-los mais facilmente.

O imperialismo disseminou a ideologia da superioridade do europeu e da superioridade racial do branco, em relação ao africano. Leia o que afirmou o ministro francês da educação Jules Ferry, em 1880:

> É preciso dizer abertamente que as raças superiores têm direitos sobre as raças inferiores [...] porque têm um dever para com elas – o dever de civilizá-las.
>
> FERRY, Jules François Camille. "Speech Before the Frech Chamber of Deputies, March 28, 1884".
> In: *Discours et Opinions* de Jules Ferry. Paris: Armand Colin & Cie., 1897.

A Igreja católica colaborou bastante para consolidar a dominação europeia na África e na Ásia, afirmando que as conquistas tinham a missão de salvar as almas dos infiéis convertendo-os para o cristianismo.

Os europeus, fascinados com os avanços técnicos e científicos que haviam alcançado, consideravam-se superiores em relação aos demais povos.

Sob o pretexto de uma suposta missão de levar o desenvolvimento para as populações pobres, conquistaram povos por meio de grande violência.

Richard Knötel

Tropas germânicas investem contra os *herero*. Pintura de Richard Knötel (1857-1914), feita por volta de 1904 e publicada em livro em 1936. As contínuas ocupações das terras mais produtivas pelos europeus criaram um crescente ressentimento entre os africanos. Em 1904, um líder do povo *herero* (uma das etnias da nação *bantu*), de nome Maderero, iniciou uma revolta contra os alemães, que haviam dominado a "África do Sudoeste" (atual Namíbia). Os *hereros* foram derrotados e os sobreviventes, expulsos dos territórios coloniais alemães.

A Segunda Revolução Industrial

Entre 1840 e 1880, uma vigorosa corrida rumo à industrialização tomou conta da Europa e se estendeu também aos Estados Unidos e ao Japão. Por esse tempo, juntamente com a chegada de vários países à condição de sociedade industrializada, estava ocorrendo uma importante transformação do capitalismo, conhecida como Segunda Revolução Industrial.

A Primeira Revolução Industrial ocorreu na Inglaterra e foi simbolizada pelo ferro, pelo carvão e pela energia a vapor. Já a Segunda teve como símbolos o aço e as novas fontes de energia – a eletricidade e o petróleo.

Um aspecto relevante da nova revolução industrial foi a crescente participação da ciência no aperfeiçoamento de máquinas e produtos.

Início do século 20: cada peça

Foto de uma linha de montagem da fábrica Ford, no início do século XX.

Outro aspecto igualmente significativo foi a introdução de uma nova técnica de produção, a linha de montagem, adotada por Henry Ford com grande sucesso na fabricação de automóveis. [...]

Com a emergência de novas potências industrialmente mais bem equipadas, a concorrência foi acirrada e acabou resultando em concentrações e centralizações do capital, o que gerou empresas de grande porte, com poder suficiente para monopolizar segmentos inteiros do mercado.

Assim, com a Segunda Revolução Industrial, o capitalismo concorrencial do século XIX [...] foi sendo substituído pelo capitalismo monopolista.

KOSHIBA, Luiz. *História*: origens, estruturas e processos. São Paulo: Atual, 2000. p. 382.

ATIVIDADES

1 Em 1859, o inglês Charles Darwin publicou sua obra fundamental, *A origem das espécies*, na qual afirmava que as numerosas espécies de vegetais e animais encontradas na natureza não foram criadas exatamente como são, mas evoluíram de outras espécies, por um processo que ele chamou de **seleção natural**: os indivíduos mais capacitados a adaptar-se ao meio em que vivem são aqueles que conseguem sobreviver e transmitir aos descendentes suas características biológicas. Nesse processo contínuo de adaptação e transmissão, as características biológicas dos indivíduos se modificam e dão origem a novas espécies de seres vivos.
Alguns pensadores sociais aplicaram as conclusões darwinianas à ordem social, produzindo teorias que transferiram essas ideias à explicação dos problemas sociais. As expressões "luta pela existência" e "sobrevivência do mais capaz" foram tomadas de Darwin para apoiar a defesa que faziam do individualismo econômico. Os darwinistas sociais, dividindo a humanidade em raças superiores e inferiores, insistiam em que as nações e as raças estavam empenhadas numa luta pela sobrevivência, em que apenas o mais forte sobrevive e, na realidade, apenas o mais forte merece sobreviver.
Releia a afirmação do ministro francês, na página 159. Segundo sua opinião, ele era um "darwinista social"? O que você acha dessa afirmação? Façam uma discussão em classe sobre isso.

O imperialismo no século XIX

O colonialismo dos séculos XVI e XVII estava ligado ao desenvolvimento comercial da Europa. Nessa época, os países europeus estavam interessados em metais preciosos e produtos tropicais, e o alvo principal foi o continente americano.

Já o colonialismo ou imperialismo do século XIX refletiu a expansão do capitalismo industrial e financeiro e impôs o domínio econômico das nações mais ricas sobre as mais pobres.

No século XIX, na África e na Ásia, foram criadas várias áreas de domínio:

- **colônias** – nelas as metrópoles mantinham o domínio territorial e militar, além de cuidar da administração;
- **protetorados** – os chefes locais eram mantidos, mas o país estrangeiro imperialista controlava a economia e a política;
- **áreas de influência** – regiões em que as potências europeias obtinham vantagens comerciais.

A partilha da África

A África, sobre a qual se voltou o interesse das potências europeias nessa época, era um continente com riquezas ainda inexploradas. A ocupação iniciou-se pelo litoral e, a partir daí, expandiu-se para o interior. Ocorreram inúmeras disputas entre os países industrializados. A Inglaterra e a França formaram os principais impérios coloniais no espaço africano.

A divisão arbitrária da África nasceu da distribuição de territórios determinada na **Conferência de Berlim**, realizada entre novembro de 1884 e fevereiro de 1885, quando as grandes potências colonizadoras europeias partilharam terras do continente, sem quaisquer preocupações com a divisão original do território. Várias nações e formações sociais antigas africanas, sociedades amigas e inimigas, foram reunidas dentro dos mesmos limites, enquanto outras foram separadas por eles. Isso explica algumas das guerras internas que ainda ocorrem em vários países africanos.

Organizada pela Alemanha do kaiser Guilherme II e do primeiro-ministro Bismarck, contou com a participação dos principais países europeus – Áustria-Hungria, Bélgica, Dinamarca, Grã-Bretanha, Holanda, Itália, Noruega, Portugal, Rússia, Espanha e Suécia –, além dos Estados Unidos da América e da Turquia. Em contrapartida, nenhum país africano independente foi convocado.

Punch, Londres, Inglaterra

O magnata inglês Cecil Rhodes, ironizado nesta charge do século XIX, pretendia ver os domínios britânicos estendidos por todo o continente africano.

Os Estados Unidos não possuíam colônias na África, eram, contudo, uma potência em ascensão. A Turquia, nessa época, ainda era o centro do extenso Império Otomano e tinha interesses no norte da África. Diversos assuntos foram tratados nessa ocasião, mas o principal objetivo foi regulamentar a expansão das potências coloniais na África a partir dos pontos que ocupavam no litoral.

A Grã-Bretanha e a França foram as que obtiveram mais territórios, seguidas de Portugal, Bélgica e Espanha. Territórios menores foram ocupados pela Alemanha e pela Itália. Estes haviam entrado recentemente na corrida colonial em razão de tardios processos de unificação nacional.

Para ter direitos sobre os territórios, os países colonizadores teriam de demonstrar sua presença no terreno por meio do testemunho de comerciantes (que penetravam no continente para descobrir e adquirir matérias-primas e comercializar os artigos que levavam), de militares (que asseguravam a segurança de postos avançados estabelecidos em locais remotos), ou de missionários (cuja missão era espalhar a fé cristã).

Conferência de Berlim sobre África, *La question du Congo*. Gravura, E. A. Tilly in *L'Illustration*, Paris, 1884.

Fonte: SOUZA, Marina de Melllo e. *África e Brasil africano*. São Paulo: Ática, 2006.

Observe, no mapa, que a maior parte da África estava controlada pelos europeus:

• domínios ingleses: Nigéria, Egito, Sudão, Uganda, Rodésia e União Sul-africana;
• domínios franceses: Argélia, Marrocos, Tunísia, África equatorial, Somália e Madagascar;
• domínios portugueses: Angola, Moçambique e Guiné;
• domínios italianos: Líbia e Somália;
• domínios espanhóis: Marrocos, Saara e Guiné;
• domínio belga: Congo;
• domínios alemães: África oriental, Sudoeste africano, Camarões e Togo.

Observe que 60% desta divisão é constituído de retas ou arcos de circunferência.

Nos gabinetes da capital alemã, foram traçadas as fronteiras dos domínios coloniais, que acabaram, com raras exceções, desenhadas à régua e esquadro, tendo como base linhas de paralelos e meridianos, sem qualquer preocupação com aspectos físicos e culturais da paisagem. O traçado das fronteiras resultante da Conferência de Berlim vigorou até ao fim da Primeira Guerra Mundial, em 1918.

Na Conferência, foram tomadas, ainda, as seguintes decisões:

- a manutenção das boas relações entre as potências europeias;
- a definição de normas a serem seguidas pelas potências colonialistas na ocupação de novos territórios;
- a livre circulação e comércio nas bacias do Rio Congo e do Rio Níger, que eram considerados as vias de acesso mais importantes ao interior do continente.

A Guerra dos Bôeres

A Inglaterra mantinha a **supremacia** da ocupação africana. Um dos principais conflitos resultantes do avanço inglês na África foi a **Guerra dos Bôeres**, entre 1899 e 1902.

Os bôeres eram descendentes de holandeses, que dominavam a região aurífera de Transvaal e Orange. A Inglaterra, com a finalidade de explorar o ouro do sul da África, invadiu a região e impôs, após três anos de guerra, sua dominação sobre os bôeres. Apesar disso, a guerra continuava. Os bôeres conseguiram algumas vitórias e se

Cena da Guerra dos Bôeres, 1899-1902.

beneficiaram com a ascensão de Gladstone (primeiro-ministro da Inglaterra) ao poder, em 1881, porque a Inglaterra reconheceu oficialmente as repúblicas de Orange e do Transvaal.

Nos anos que se seguiram, aconteceu a corrida do ouro na África do Sul, e grandes companhias mineradoras ali se instalaram. Ocorreram novos conflitos, estimulados pela Inglaterra. A British South Africa Company, fundada por Cecil Rhodes, em 1899, teve papel fundamental nas rebeliões. A guerra começou no final de 1899 e durou três anos. Em 1902, foi estabelecida a paz. As repúblicas de Orange e Transvaal perdiam sua independência, dando origem, no ano de 1903, à República Sul-Africana.

O colonialismo europeu foi responsável pela destruição das estruturas tradicionais das sociedades africanas. Em meio século, as famílias, aldeias e tribos foram incorporadas pelos colonizadores.

Os europeus estabeleceram a empresa colonial capitalista, reorganizando a economia desses povos. As indústrias, o comércio, as estradas de ferro e a rede portuária estabelecidas nas regiões ocupadas serviam para atender aos interesses do capitalismo financeiro e monopolista em sua fase imperialista.

A partilha da Ásia

Também a Ásia foi afetada pelo novo colonialismo europeu. Nesse continente, a nação que mais se destacou na formação de um império colonial foi a Inglaterra.

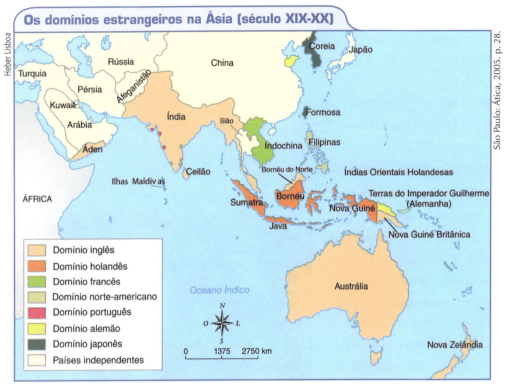

Observe os domínios estrangeiros no continente asiático. A Inglaterra dominou a Índia, a Birmânia, o Ceilão, a Austrália e a Nova Zelândia. A principal colônia francesa foi a Indochina.

Os ingleses dominam a Índia

Em 1763, ao findar a Guerra dos Sete Anos, a Inglaterra recebeu dos franceses a Índia e encarregou a Companhia das Índias Orientais de explorá-la. A Índia era um país agrário, tendo o seu comércio restrito apenas ao litoral. Até o final do século XVIII, a companhia inglesa, por meio do monopólio do comércio indiano, havia ocupado praticamente toda a Índia. Em meados do século XIX, a dominação econômica inglesa já estava consolidada.

Na década de 1850, os cipaios (indianos que serviam no exército colonial) reagiram contra os ingleses, estourando a **Guerra dos Cipaios**. Os revoltosos foram reprimidos, e a Índia foi colocada sob a tutela do governo inglês, que reorganizou a administração, suprimindo a Companhia das Índias Orientais e criando a autoridade suprema do vice-rei, nomeado pelo Parlamento inglês.

Oficiais britânicos com seus soldados cipaios, Índia, década de 1850.

Após esse episódio, a burguesia inglesa começou a investir capitais na região. Além disso, o vice-rei triplicou o exército colonial, o que facilitou a conquista de outras regiões, como a Birmânia, o Ceilão, o Tibete e o Paquistão. O Império Britânico consolidava-se. A rainha Vitória foi proclamada, em 1877, imperatriz da Índia.

A expansão europeia na China

No começo do século XIX, os ingleses compravam chá chinês e vendiam ópio, cultivado na Índia e na Birmânia. Todavia, o governo chinês, desde 1730, havia proibido a utilização e a venda do ópio e empreendeu intensa repressão ao comércio desse produto, mandando, em 1839, destruir o carregamento inglês de 20 mil caixas, ainda no porto de Cantão. Os ingleses reagiram e foi declarada guerra à China, a Guerra do Ópio (1840-1842), que só terminou quando os chineses viram-se obrigados a assinar o Tratado de Nanquim, em 1842. Por esse tratado, os ingleses conseguiram a abertura de alguns portos chineses aos produtos ingleses, entre eles Xangai e Nanquim. Além disso, a Ilha de Hong Kong passou a ser colônia inglesa.

Charge ironizando o "cerco" de outros países ao imperialismo na China. Século XIX.

Após a Guerra do Ópio, a China foi invadida pela França e pelo Japão, que também obtiveram a concessão de comercializar nos portos do país, estendida mais tarde à Rússia, à Itália, à Alemanha e aos Estados Unidos. Os impostos chineses aumentaram, a riqueza acumulou-se nas mãos de poucos, a corrupção da classe dominante cresceu, as terras de cultivo foram abandonadas, e os camponeses migraram para as cidades, onde ficaram marginalizados.

Boxer chinês. Foto de 1900.

Enquanto os estrangeiros dominavam o país, os nacionalistas chineses começaram a reagir. Em 1900, os **boxers** – membros da sociedade secreta nacionalista Punhos Harmoniosos e Justiceiros (*Righteous and Harmonious Fists*) – começaram a provocar atentados contra os estrangeiros. O movimento começou na província de Shandong e tinha suas raízes na pobreza rural e no desemprego, cuja responsabilidade era atribuída à influência estrangeira. No auge da revolta, em agosto de 1900, tinham sido mortos mais de 230 estrangeiros e milhares de chineses cristãos. Para sufocar a rebelião, as nações europeias organizaram uma ação conjunta: uma tropa composta de 20 mil soldados russos, americanos, ingleses, franceses, japoneses e alemães. Desse confronto, em 1901, originou-se a **Guerra dos Boxers**, chamada também de **Movimento Yijetuan**, na qual eles foram massacrados, e a China teve de reconhecer as concessões já feitas, além de pagar indenização aos inimigos.

165

Além da Europa

O caso do Japão

No início do século XIX, o Japão era um país feudal, com o poder fragmentado, fechado às relações internacionais. Em 1853, os Estados Unidos forçaram o Japão a abrir seus portos para o comércio internacional. Pouco tempo depois, a Rússia, a Inglaterra e a Holanda também tiveram acesso ao mercado japonês.

Durante a segunda metade do século XIX, a monarquia japonesa impôs a autoridade do imperador sobre os senhores feudais.

Esse novo governo imperial investiu maciçamente no desenvolvimento do país: ampliação do ensino primário, novas técnicas ocidentais, como as estradas de ferro e o telégrafo, mod-

Revolução Meiji: o Japão moderniza-se. Pintura retratando o porto e a estrada de ferro, de Tawanaka, final do século XIX.

ernização da indústria e das Forças Armadas. No final do século, o Japão contava com uma marinha de guerra moderna, segundo o modelo inglês, e equipou seus exércitos com armas eficazes. Esse processo de mudança política e modernização econômica do Japão ficou conhecido como **Revolução Meiji**.

A partir de então, o Japão assumiu uma política imperialista, tendo a China como principal alvo. Os dois países queriam dominar a Coreia e também disputavam a posse da Ilha de Formosa, perto da costa chinesa.

Os motivos que levaram o Japão a adotar uma política imperialista foram os mesmos que levaram as potências europeias à corrida colonial: excesso de população e necessidade de matérias-primas e mercados para os produtos de suas indústrias.

Em 1895, após uma guerra com a China, o Japão ocupou a Coreia e a Ilha de Formosa.

Após a guerra contra a China, japoneses e russos tornaram-se rivais na Coreia e na Manchúria. Em 1904, a guerra entre a Rússia e o Japão eclodiu. Os japoneses arrasaram os exércitos e as frotas russas.

A expansão norte-americana

Os Estados Unidos aparecem como uma grande potência mundial após o término da Guerra de Secessão, expandindo seu território em 1867, com a aquisição do Alasca, comprado da Rússia. Nesse período, também, empresas e forças mercenárias norte-americanas ocuparam a Nicarágua, sob a alegação de que o novo país tinha necessidade de se proteger dos governos europeus. Em 1898, o Havaí foi anexado pelos Estados Unidos. No mesmo ano, com a vitória sobre a Espanha na Guerra Hispano-Americana, dominaram Cuba e Porto Rico. As Filipinas – então colônia espanhola – foram conquistadas em 1903.

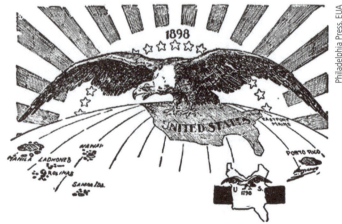

A charge (de 1898) diz "Dez mil milhas de ponta a ponta", que significa a extensão do domínio dos Estados Unidos (simbolizados pela águia), de Porto Rico às Filipinas, extrapolando o mapa do país.

Estas novas colônias foram pontos estratégicos para a expansão do comércio internacional norte-americano com a China e a América Latina. O imperialismo norte-americano foi marcado pela reafirmação da Doutrina Monroe ("A América para os Americanos"), formalizada pelo **Corolário** Roosevelt (elaborado pelo presidente Theodore Roosevelt, em 1904, afirmava o direito norte-americano de intervir nos negócios dos países latino-americanos).

Ainda em 1903 o governo norte-americano estimulou a independência do Panamá, que fazia parte da Colômbia. O objetivo era adquirir o controle da região para construir um canal que ligasse o Oceano Atlântico ao Pacífico. A obra era importante para facilitar a ligação marítima entre o Leste e o Oeste dos Estados Unidos, bem como as ligações comerciais com o Oriente. Os EUA construíram o canal e tiveram a sua posse até 1999.

Localização do Canal do Panamá

Mario Yoshida

Fonte: ARRUDA, José Jobson de A. *Atlas histórico básico*. São Paulo: Ática, 2005. p.22

Efeitos do imperialismo

O avanço capitalista prejudicou a economia dos povos colonizados. Para os colonizadores, as colônias deveriam suprir a metrópole de matérias-primas necessárias à industrialização. No Sudeste asiático, por exemplo, foram criadas fazendas produtoras de borracha para exportação, em antigas zonas de cultivo de arroz.

A colônia devia absorver grande parte do capital excedente da metrópole. Para que os investimentos se tornassem lucrativos, era preciso criar uma infraestrutura de exportação: estradas de ferro, pontes, portos. Portanto, a economia dos países colonizados devia ser reorientada em função das novas necessidades criadas pelos investimentos nas atividades de exportação.

As nações capitalistas subordinaram essas economias aos seus interesses, impedindo um desenvolvimento voltado para o benefício dos países dominados.

A corrida colonialista gerou um clima de tensão entre as potências capitalistas. Era um clima carregado de rivalidades, que por qualquer motivo poderiam gerar um confronto.

No começo do século XX, a guerra entre as potências imperialistas e colonialistas era inevitável, e acabou se concretizando com a Primeira Guerra, que se tornou mundial.

1 Que outras consequências do Imperialismo podemos perceber pelos textos a seguir? Convese com os colegas sobre o que concluir.

Texto 1

O negro selvagem e bárbaro é capaz de toda estupidez e, desgraçadamente, só Deus sabe o porquê, parece estar condenado para sempre, em seu país de origem, à selvageria e à barbárie. Com três semanas de trabalho produz o suficiente para sua provisão de arroz, milho etc. Se trabalhasse seis meses, faria de sua pátria um paraíso. Mas nenhuma ideia de progresso e de moral lhe permite dar-se conta do valor incalculável, do infinito poder do trabalho e suas leis são suas paixões brutais, seus apetites ferozes, os caprichos de sua imaginação perturbada. O indígena vive o dia a dia, aventureiramente, indiferente ao amanhã. Seu gosto pouco delicado lhe permite adaptar-se ao que a sorte lhe oferece.

DUBARRY, A. *Voyage au Dahomey*, Paris. Maurice Dreyfous, 1879.
Disponível em: <http://gallica.bnf.fr/ark:/12148/bpt6k103732z>. Acesso em: jul. 2012. Texto adaptado.

Texto 2

Criança, eu era vítima do **pitoresco**: tinha tudo feito para tornar os chineses apavorantes. Falavam-me de ovos podres – eles os adoravam –, de homens fechados entre duas pranchas, de música dissonante. No mundo que me envolvia havia coisas e animais que chamavam, dentre todos, chineses: eles eram frágeis e terríveis, atacavam por trás, explodiam-se repentinamente em alaridos ridículos, [...]. Os negros não me inquietavam; ensinaram-me que eram bons cães; com eles, permanecia-se entre mamíferos. Mas o asiático causava-me medo: como estes caranguejos de arrozais [...], como gafanhotos que devastam tudo.

SARTRE, Jean-Paul. De uma China a Outra. In: *Colonialismo e Neo-Colonialismo*. Rio de Janeiro: Tempo Brasileiro, 1968. p. 7-8.

Texto 3

As expedições científicas do século XIX não brilhavam pela natureza de suas finalidades. Por certo, ia-se ao encontro do "outro", para conhecê-lo melhor; mas, sobretudo, para poder engoli-lo com mais segurança. Pedia-se, dessa maneira, que viajantes voltassem de ultramar com "amostras" preciosas: desenhos, moldagens e fotografias. Parece, todavia, que no final do século esses índices não eram suficientemente eloquentes. Queria-se mais. Precisava-se aproximar o selvagem do civilizado: vê-lo, enfim, a olho nu, de carne e osso, e oferecê-lo em espetáculo público. No princípio do século XIX, a sul-africana Saartjie Baartman, uma mulher do povo hotentote, foi levada para Europa por um inglês, que a tinha feito acreditar que ganharia uma grande fortuna, caso viesse a se oferecer à curiosidade dos europeus. Tinha volumosas nádegas e andou por Londres e Paris como animal de circo. Ficou conhecida como Vênus Hotentote. Mas, depois, foi deixada com um mostrador de animais de Paris, na casa do qual ela morreu, alcoólatra, de varíola, aos 26 anos. Em um livro publicado, oito anos depois (1824), pelo anatomista Geoffroy de Saint-Hilaire e pelo médico Cuvier, intitulado História natural dos mamíferos, com figuras originais, coloridas a partir de animais vivos, publicado sob a autoridade da administração do Muséum d'Histoire Naturelle, Saartje Baartman, num desenho duplo (de frente e de perfil) aparecia como **uma das 120 espécies de mamíferos**.

O esqueleto de Saartjie esteve no Museu do Homem, em Paris, e regressou à sua terra natal, em 2002, por exigência de Nelson Mandela (então presidente da África do Sul). Ao longo do século XIX, nas Exposições Universais, outros africanos, bem como nativos das ilhas Fuji e índios canadenses foram assim exibidos pela Europa afora.

Esta semana, no Congo, aconteceu o Festival de Música Pan-Africana. Os músicos foram alojados num hotel de Brazzaville. Todos? Não. 19 pigmeus da etnia baka, do nordeste do país, ficaram no jardim zoológico da cidade. Sob uma tenda, com barreira para os proteger do povo que os queria fotografar.

SAMAIN, Étienne. Quando a fotografia (já) fazia os antropólogos sonharem: *O jornal La Lumière* (1851-1860). *Revista de Antropologia*, São Paulo, USP, v. 44, n. 2, 2001.
FERNANDES, Ferreira. O homem esse espectador. *Diário de Notícias*, Lisboa, 17 jul. 2007.

Refletindo

2 Explique as diferentes áreas de domínio criadas na Ásia e na África.

_____

_____

_____

_____

_____

3 Qual a relação entre a Segunda Revolução Industrial e o Imperialismo?

_____

_____

_____

_____

_____

4 Quais as consequências do domínio imperialista para os países colonizados?

_____

_____

_____

_____

5 A ação imperialista exercida pelas potências europeias sofreu resistência dos povos dominados. Dê exemplos dessa resistência.

_____

_____

_____

_____

_____

_____

7 Troque ideias com a classe: um país tem o direito de invadir outro país e impor-lhe o seu modo de vida, o seu sistema econômico e político? Você conhece algum episódio como esse na atualidade? Qual? Descreva-o abaixo.

_____

_____

_____

_____

_____

8 Leia o texto abaixo, da historiadora Leila Hernandez.

Tratar da partilha europeia e da conquista da África significa repor o protagonismo europeu no momento em que são traçadas as modernas fronteiras do continente na Conferência de Berlim (1884-85), desencadeando-se um processo cujas consequências se fazem sentir até os dias atuais. Nesse sentido, a conferência é o grande marco da expansão do processo de "roedura" do continente.

Leila Leite Hernandez. _A África na sala de aula_: visita à história contemporânea. SP: Selo Negro, 2005, p. 45. Texto adaptado.

a) A historiadora afirma que as consequências da partilha do continente africano entre as nações europeias persistem até hoje. Você concorda com isso?

_____

_____

b) Reúna-se com seu grupo para escolher um país africano para analisar. Pesquisem em livros, revistas e na internet sobre seus principais desafios e problemas enfrentados na atualidade. Depois, elaborem um cartaz com textos, imagens, gráficos e fotos para apresentar para o restante da turma as conclusões do grupo.

A PRIMEIRA GUERRA MUNDIAL

O mundo em guerra

O início do século XX foi marcado por grandes tensões e conflitos entre os países imperialistas, que buscavam novos mercados e fontes de matérias--primas. Essa situação acabou levando à deflagração da Primeira Guerra Mundial em 1914, conflito que perdurou até 1918.

Museu Militar, Paris, França

Detalhe de pintura de Lucien Jinas, representando o ataque de soldados franceses ao inimigo, 1914.

A política das alianças em 1914

Helber Lisboa

Noruega
Suécia
Dinamarca
Reino Unido da Grã-Bretanha
Holanda
Oceano Atlântico
Bélgica
Império Alemão
Rússia
Alsácia-Lorena
Suíça
Império Austro-Húngaro
Bessarábia
França
Áustria
Mar Negro
Romênia
Portugal
Itália
Sérvia
Bulgária
Montenegro
Espanha
Albânia
Império Otomano
Grécia

Tríplice Entente
Tríplice Aliança
ÁFRICA
Mar Mediterrâneo
0   336   672km
km

Fonte: ARRUDA, José Jobson de A. *Atlas histórico básico*. São Paulo: Ática, 2005. p. 27.

Observe, no mapa, no período imediatamente anterior à eclosão da Primeira Guerra Mundial, os dois blocos em que se dividiu a Europa. De um lado, a Tríplice Aliança, formada pelo Império Austro-Húngaro, a Alemanha e a Itália, e, de outro, a Tríplice Entente, com a Inglaterra, a França e a Rússia.

O Breve Século XX

"As luzes se apagam em toda a Europa", disse Edward Grey, secretário das Relações Exteriores da Grã-Bretanha, observando as luzes de Whithehall na noite em que a Grã-bretanha e a Alemanha foram à guerra. "Não voltaremos a vê-las acender-se em nosso tempo de vida." [...] Não foi o fim da humanidade, embora houvesse momentos, no curso dos 31 anos de conflito mundial, entre a declaração de guerra austríaca à Sérvia, em 29 de julho de 1914, e a rendição incondicional do Japão, em 14 de agosto de 1945 – quatro dias após a explosão da primeira bomba nuclear –, em que o fim de considerável proporção da raça humana não pareceu muito distante. Sem dúvida houve momentos em que talvez fosse de se esperar que o deus ou os deuses que os humanos acreditam ter criado o mundo e tudo o que nele existe estivessem arrependidos de havê-lo feito.

A humanidade sobreviveu. Contudo, o grande edifício da civilização do século XX desmoronou nas chamas da guerra mundial, quando suas colunas ruíram. Não há como compreender o Breve Século XX sem ela. Ele foi marcado pela guerra. Viveu e pensou em termos de guerra mundial, mesmo quando os canhões se calavam e as bombas não explodiam. Sua história e, mais especificamente, a história de sua era inicial de colapso e catástrofe devem começar com a da guerra mundial de 31 anos.

HOBSBAWM, Eric. *Era dos extremos*. O breve século XX. 1914-1991. São Paulo: Companhia das Letras, 1995. p. 30.

A Inglaterra, graças ao pioneirismo industrial, dominava a maioria dos mercados consumidores mundiais.

Mas a indústria da Alemanha, logo após a unificação, desenvolveu-se, e o país passou a procurar mercados consumidores e fontes de matérias-primas.

O governo alemão projetou a construção de uma estrada de ferro ligando a cidade de Berlim a Bagdá, com a finalidade de ter acesso ao petróleo do Golfo Pérsico e aos mercados orientais.

A Inglaterra opôs-se a esse projeto, porque criaria dificuldades para o comércio com suas colônias.

Coleção Particular

Marinheiro e a poderosa esquadra alemã (cartão-postal), 1915.

Se a Alemanha fosse extinta amanhã, depois de amanhã não haveria um só inglês no mundo que não fosse rico. Nações lutaram durante anos por uma cidade ou um direito de sucessão – não deveríamos nós lutar por um comércio de duzentos e cinquenta milhões de libras? A Inglaterra deve compreender o que é inevitável e constitui sua mais grata esperança de prosperidade. A Alemanha deve ser destruída.

Trecho de *The Saturdaw Review*. In: BURNS, E. McNall et al. *História da civilização ocidental*. v. 2 e 3. ed. Porto Alegre: Globo, 1977. p. 784.

Para deter o avanço da Alemanha, os ingleses procuraram fazer alianças.

Em 1904, a França aliou-se à Inglaterra porque, quando perdeu os territórios da Alsácia-Lorena, sua indústria ficou prejudicada com a falta de minas de ferro e carvão.

Os nacionalistas franceses pregavam o **revanchismo** e a recuperação dos territórios perdidos. Finalmente, a França e a Alemanha disputaram o domínio do Marrocos, país ao norte da África.

Ao mesmo tempo, eclodiu a chamada crise dos Bálcãs. Em 1908, dois Estados eslavos, a Bósnia e a Herzegóvina, foram anexados ao Império Austro-Húngaro, contrariando o ideal nacionalista (o pan-eslavismo: a união e a autodeterminação dos povos eslavos).

Os governos dos países capitalistas clamavam pela paz, mas estimulavam a fabricação de armamentos e recrutavam civis para o exército. O militarismo cresceu e era cada vez mais difícil manter o equilíbrio entre as nações imperialistas. Os focos de tensão e a disputa pela **supremacia** levaram os países europeus à corrida armamentista, que ficou conhecida como Paz Armada.

Para defender seus interesses, as nações europeias buscaram alianças. Surgiram dois blocos: a Inglaterra, a França e a Rússia formaram a **Tríplice Entente**, e a Alemanha, o Império Austro-Húngaro e a Itália, a **Tríplice Aliança**.

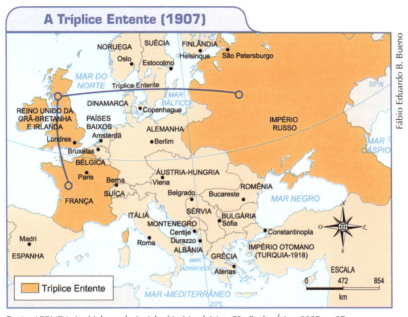

Fonte: ARRUDA, José Jobson de A. *Atlas histórico básico*. São Paulo: Ática, 2005. p. 27.

No dia 28 de junho de 1914, o arquiduque Francisco Ferdinando, herdeiro do Império Austro-Húngaro, em visita a Sarajevo, capital da Bósnia (veja o mapa anterior), foi assassinado, com sua esposa. A responsabilidade do assassinato coube a um estudante que fazia parte de uma sociedade secreta da Sérvia, a Mão Negra. Esse foi o estopim para a deflagração da Guerra Mundial.

Francisco Ferdinando, herdeiro do Império Austro-Húngaro, em sua visita a Sarajevo (Bósnia), em 28/06/1914.

173

1 Observe com atenção as pinturas e desenhos a seguir.

Ernest Gabard, escultor, pintor e gravador, foi recrutado em 1914, quando tinha 35 anos, e mandado rapidamente para a guerra, no *front* de Argonne. As 42 aquarelas foram realizadas entre novembro de 1915 e abril de 1916.

Screrém

Carnet de Guerre, de Ernest Gabard. Aquarela feita entre janeiro de 1915 e abril de 1916. A obra retrata a distribuição de protetores, óculos e tampões, contra o gás asfixiante.

George Grosz/VAGA

George Grosz, pintor e ilustrador alemão. Serviu o exército durante a Primeira Guerra Mundial. Foi célebre pelos seus desenhos e caricaturas com enorme carga satírica. Grosz entendia sua arte como "uma arma contra a idiotice dos homens do nosso tempo", ou seja, como uma arma social e política.

Feierabend (Ich dien), de *Got mit uns (God for us)*, de George Grosz. Gravura de 1919, publicada em 1920.

Paul Nash, pintor inglês, famoso por seus quadros de guerra e suas paisagens. Nascido em Londres em 1889, estudou engenharia e artes plásticas, expôs pela primeira vez em 1912. Consolidou sua reputação por seus serviços durante a Primeira Guerra Mundial.

Museu Imperial da Guerra, Londres, Inglaterra

A noite em Ypres salientes, de Paul Nash. Obra feita entre os anos de 1917 e 1918.

a) Analise cada uma das imagens levando em consideração os detalhes da paisagem, dos objetos, dos personagens, da cena.

b) Com base no que você percebeu em sua análise, converse com os colegas sobre qual seria a visão de cada um dos artistas sobre a Primeira Guerra Mundial.

2 Relacione: imperialismo, desenvolvimento industrial alemão, Paz Armada e formação das alianças.

_____

_____

_____

_____

_____

Tem início a guerra

O assassinato do arquiduque Francisco Ferdinando desencadeou a Primeira Guerra Mundial, que envolveu grande número de países.

Um mês depois do acontecimento de Sarajevo, em 28 de julho, a Áustria declarou guerra à Sérvia. Em apoio à Sérvia, a Rússia mobilizou seus exércitos contra a Áustria e a Alemanha.

Observe como a Primeira Guerra envolveu praticamente todos os países do mundo.

Fonte: KINDER, Hermann; HILGEMANN, Werner; HERGT, Manfred. *Atlas histórico mundial*. Madri: Akal, 2007. p. 444.

175

A crise dos Bálcãs acabou envolvendo também outras nações europeias, numa autêntica rea reação em cadeia:

- a Alemanha declarou guerra à Rússia e à França;
- a Inglaterra declarou guerra à Alemanha, no momento em que o exército alemão invadiu a Bélgica (desrespeitando a neutralidade desse país), para em seguida atacar a França;
- a Itália entrou na guerra ao lado da Entente (ela fazia parte da Tríplice Aliança), porque a Inglaterra prometeu-lhe os territórios irredentos, que não conseguiu conquistar da Áustria no processo de unificação;
- o Japão aderiu aos Aliados, porque estava interessado nas possessões alemãs no Oriente;
- a Turquia e a Bulgária juntaram-se às "Potências Centrais" (Alemanha e Áustria-Hungria).

Na primeira fase da guerra, a Inglaterra decretou o bloqueio naval à Alemanha e aos seus aliados. Enquanto isso, a França conseguia deter o avanço alemão sobre Paris.

A guerra de trincheiras

O plano alemão era liquidar rapidamente a França no Ocidente e depois partir com igual rapidez para liquidar a Rússia no Oriente, antes que o império do czar pudesse pôr em ação efetiva todo o peso de seu enorme potencial militar humano. A Alemanha planejava uma campanha relâmpago. O plano quase deu certo, mas não inteiramente. O exército alemão avançou sobre a França, atravessando a Bélgica, neutra, e só foi detido algumas dezenas de quilômetros a leste de Paris, junto ao rio Marne, cinco ou seis semanas depois de declarada a guerra. Em seguida, recuou um pouco, e os dois lados – os franceses agora complementados pelo que restava dos belgas e por uma força de terra britânica que logo cresceria enormemente – improvisaram linhas paralelas de trincheiras e fortificações defensivas. Nos três anos e meio que se seguiram não houve mudanças significativas de posição.

Essa era a "Frente Ocidental", que se tornou uma máquina de massacre, provavelmente sem **precedentes** na história da guerra. Milhões de homens ficavam uns diante dos outros nos parapeitos de trincheiras barricadas com sacos de areia, sob as quais viviam como – e com – ratos e piolhos. Dias e mesmo semanas de incessante bombardeio de artilharia – "amaciavam" o inimigo e o mandavam para baixo da terra, até que, no momento certo, levas de homens saíam por cima do parapeito, geralmente protegido por rolos e teias de arame farpado, para a "terra de ninguém", um caos de crateras de granadas inundadas de água, tocos de árvores calcinadas, lamas e cadáveres abandonados.

Enquanto a Frente Ocidental permanecia num impasse sangrento, a Frente Oriental continuava em movimento.

HOBSBAWM, Eric J. *Era dos extremos*. O breve século XX. 1914-1918. 2. ed. São Paulo: Companhia das Letras, 1995. p. 32-33. Texto adaptado.

Yves Troadec/Academie de Rennes, Rennes, França

Pausa após o ataque, enquanto a artilharia bombardeia as posições inimigas, em Champanhe, França, 1915.

Ciência e tecnologia a serviço da guerra

Como romper o impasse na Frente Ocidental? Esse era o problema crucial para os dois lados, pois, sem vitória no Ocidente, nenhum dos dois podia vencer a guerra, ainda mais porque a guerra naval também estava empatada. As frotas de combate britânicas e alemãs enfrentavam-se e imobilizavam uma à outra no Mar do Norte.

Os dois lados tentaram vencer pela tecnologia. Os alemães – sempre fortes em química – levaram o gás venenoso ao campo de batalha, onde ele se revelou ao mesmo tempo bárbaro e ineficaz, ocasionando o único caso autêntico de **repulsa** humanitária governamental a um meio de fazer a guerra, a **Convenção** de Genebra de 1925, pela qual o mundo se comprometia a não usar guerra química (Protocolo de Genebra de 17 de Junho de 1925, relativo à proibição de utilizar gases asfixiantes, tóxicos ou similares em guerras). E de fato, embora todos os governos continuassem a preparar-se para ela e esperassem que o inimigo a usasse, ela não foi usada por nenhum dos lados na Segunda Guerra Mundial. (No entanto, durante a Guerra Irã-Iraque, na década de 1990, o Iraque, então apoiado pelos Estados ocidentais, usou-a à vontade contra soldados e civis).

Os britânicos foram pioneiros nos veículos blindados de esteira, os tanques. Ambos os lados usaram os novos e ainda frágeis aeroplanos. A Alemanha usou curiosas aeronaves em forma de charuto e cheias de gás hélio (apelidadas de Zepellin), fazendo experiências de bombardeio aéreo.

A única arma tecnológica que teve um efeito importante na Primeira Guerra foi o submarino.

Texto adaptado de HOBSBAWM, Eric J. *Op.* cit. p. 35-36.

UM NOVO INVENTO

Revista Ilustração Portugueza

Publicação portuguesa da época destacou a invenção do submarino

A partir de 1917, ocorreram alterações significativas:

- a Rússia retirou-se do conflito mundial, em razão da Revolução Socialista que ocorreu no país;

Para firmar a paz com as Potências Centrais e se retirar da guerra, pelo Tratado de Brest-Litovsky, os russos foram forçados a ceder, ao governo imperial alemão, 27% de suas terras aráveis, 23% de sua indústria, 73% de seu minério de ferro e 5% do carvão.

- os Estados Unidos entraram no conflito, ao lado da Entente, porque temiam a perda de seus investimentos na Europa. Usaram como pretexto o afundamento de navios norte-americanos por alemães.

Museu Imperial da Guerra, Londres, Inglaterra

Indústria armamentista na Inglaterra em 1917. A mão de obra nas fábricas era a feminina.

Em 1917, o Brasil declarou guerra à Alemanha, depois do ataque aos seus navios mercantes por submarinos alemães. A participação brasileira foi muito pequena, limitou-se ao envio de uma missão médica e ao policiamento do Atlântico pela Marinha.

A presença feminina na Primeira Guerra Mundial

Com as pesadas perdas na Frente Ocidental, o exército britânico ficou preocupado com a redução de seus soldados em luta. O governo, então, decidiu utilizar as mulheres para substituir os homens em tarefas administrativas, na Grã-Bretanha e na França. Os homens dispensados dessas tarefas poderiam, assim, ser enviados para a frente de batalha.

Em janeiro de 1917, o governo anunciou a criação de um novo serviço voluntário, um batalhão feminino auxiliar do Exército, o *Women's Army Auxiliary Corps* (WAAC). Essas mulheres serviram como escriturárias, telefonistas, cozinheiras, entregadoras de correspondência e como instrutoras no uso de máscaras de gás.

Entre janeiro de 1917 e o final da guerra, mais de 57 mil serviram no WAAC.

Houve, porém, muita oposição a esse trabalho feminino. Os jornais ingleses publicaram histórias que atribuíam às mulheres desde incompetência e indisciplina até comportamentos "demasiadamente amigáveis" com os soldados, na França, eles afirmavam que um número muito grande de mulheres havia sido enviado para casa em função de gravidez.

Diante das acusações, o governo e o exército ingleses fizeram investigações oficiais entre março de 1917 e

Spartacus Educacional

Mulher motociclista da WAAC, durante a Primeira Guerra Mundial.

fevereiro de 1918. A relatora oficial, Tennyson Jesse, apontou que nesse período, das 6 mil mulheres da WAAC na França, apenas 21 ficaram grávidas, e 37 tinham sido enviadas para casa por incompetência ou indisciplina.

Com a saída da Rússia, a Alemanha e o Império Austro-Húngaro lançaram toda a sua ofensiva contra a França. Contando com ajuda militar dos aliados, os franceses conseguiram fazer com que as tropas alemãs recuassem. Os Aliados ocuparam, então, a França e a Bélgica. Era o começo do fim.

Na Alemanha, a crise econômica e o avanço das ideias socialistas provocaram inúmeras manifestações contra o governo.

Em 1918, Guilherme II, bastante enfraquecido, abdicou e foi proclamada, em 9 de novembro, a república. O novo governo decidiu assinar o armistício de Compiègne, em 11 de novembro. Por ele, os alemães foram obrigados a:

* desocupar o território ocidental europeu;
* entregar o material de guerra pesado;
* libertar os prisioneiros;
* pagar indenizações de guerra.

A volta da paz

Na Conferência de Paris, em janeiro de 1919, reuniram-se alguns chefes de Estado. A conferência foi liderada por Lloyd George, representante inglês; Clemenceau, francês; e Woodrow Wilson, presidente dos Estados Unidos, que apresentou à opinião pública internacional os Quatorze Pontos, propondo uma paz na qual não houvesse vencidos nem vencedores.

Não foi ouvido, mas vários tratados foram assinados (Saint-Germain com a Áustria; Trianon com a Hungria; Sèvres com a Turquia; Neuilly com a Bulgária), impondo pesadas penas aos derrotados. O mais importante deles, que se refere à paz com a Alemanha, o Tratado de Versalhes, obrigou esse país:

- a restituir a região da Alsácia-Lorena à França;
- a ceder as regiões ocupadas à Bélgica, à Dinamarca e à Polônia;
- a entregar as minas de carvão da região do Sarre à França;
- a entregar suas colônias aos países vencedores;
- a desmilitarizar a Renânia, região limítrofe da Bélgica e da França, para evitar possíveis agressões futuras. Nesse sentido, os alemães deviam entregar a maioria dos navios mercantes à França, à Inglaterra e à Bélgica;
- a indenizar os aliados da Entente, por ser responsabilizada pela guerra;
- a ceder uma faixa de terra à Polônia, o Corredor Polonês, que permitiu a esse país um acesso ao mar.

O povo alemão considerou injustas, vingativas e humilhantes as condições impostas pelo Tratado de Versalhes, pois o país perdia dois décimos da população ativa, um sexto das terras cultiváveis, dois quintos do carvão, dois terços do ferro e sete décimos do zinco, gerando sérios problemas econômicos.

Durante a Conferência de Paris, por proposta do presidente norte-americano, foi criada a Sociedade das Nações ou **Liga das Nações**, com sede em Genebra, na Suíça, com a finalidade de

A Conferência de Paz, realizada em Paris em 1919, reuniu Georges Clemenceau (França), Woodrow Wilson (Estados Unidos) e David Lloyd-George (Inglaterra).

179

manter a paz mundial. Mais tarde, os Estados Unidos saíram da Liga das Nações, pois o Senado norte-americano não quis **ratificar** o Tratado de Versalhes.

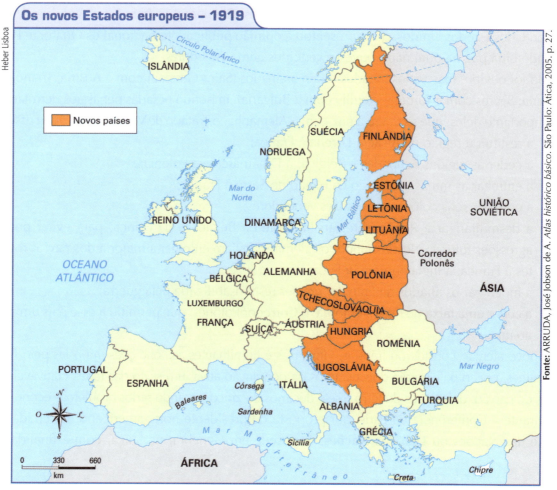

Os novos Estados europeus – 1919

Novos países

Fonte: ARRUDA, José Jobson de A. Atlas histórico básico. São Paulo: Ática, 2005. p. 27.

Compare este mapa com o da página 171 e observe os novos Estados que surgiram no continente europeu após o término da guerra. Foi o caso da Hungria e da Iugoslávia, entre outros.

Os efeitos da Primeira Grande Guerra

Foram muitos e significativos os efeitos da Primeira Guerra Mundial:

- a Europa perdeu 10 milhões de homens e ficou com 40 milhões de inválidos;
- os campos destruídos afetaram a produção agrícola, os portos e as estradas foram arrasados, o que prejudicou o comércio, e as cidades ficaram arruinadas;
- a ascensão dos Estados Unidos como grande potência do mundo ocidental, em razão dos enormes lucros obtidos com a guerra;
- o declínio econômico do Império Britânico;
- o aumento da participação das mulheres no mercado de trabalho durante o período da guerra ocasionou o movimento em prol do voto feminino logo após o término do conflito;
- o desemprego acentuou-se nos países europeus;
- o avanço das ideias socialistas, consagradas pela Revolução Russa de 1917;
- o avanço e o fortalecimento dos nacionalismos, que se tornaram radicais na Itália, na República de Weimar, na Espanha e em Portugal.

1 Com base no trecho a seguir, relacione o imperialismo à Primeira Guerra Mundial.

[...] a guerra de 1914-18 foi, de ambos os lados, uma guerra imperialista (isto é, uma guerra de conquista, de pilhagem, de pirataria), uma guerra pela partilha do mundo, pela distribuição e redistribuição das colônias, das "zonas de influência do capital financeiro" etc. [...] O capitalismo se transformou num sistema universal de opressão colonial e de asfixia financeira da imensa maioria da população do globo por um punhado de países avançados. E a partilha deste "saque" faz-se entre duas ou três aves de rapina, com importância mundial, armadas até os dentes, que arrastam consigo toda a Terra na sua guerra pela partilha de seu saque.

LENIN, Vladimir I. *O imperialismo*: fase superior do capitalismo. São Paulo: Global, 1979.

Refletindo

2 Agora leia este outro trecho.

Durante os três primeiros anos da guerra, os Estados Unidos exportaram material bélico e alimentos para a Entente. Quando os EUA constataram o desgaste econômico da França e da Inglaterra, enxergaram a possibilidade de assumir o posto de primeira potência, caso a Alemanha fosse derrotada.

Os pretextos para a entrada dos EUA na guerra foram o afundamento de navios americanos por submarinos alemães e o telegrama "Zimmermann", divulgado pela Inglaterra, pelo qual os alemães pretendiam que o México entrasse em guerra contra os EUA, prometendo a devolução dos territórios subtraídos ao México pelos americanos, em caso de vitória.

Em 1917, a entrada dos EUA na França foi massacrante, pois franceses e alemães estavam esgotados por três anos de combates nas trincheiras.

Disponível em: <www1. folha.uol.com.br/folha/mundo/2001-**terrorismo**_nos_eua-historia.shtml>. Acesso em: jul. 2012.

a) Segundo o texto, quais as causas reais e quais os pretextos para a entrada dos Estados Unidos na Primeira Guerra Mundial?

_____

_____

_____

_____

_____

181

b) Qual o impacto da entrada dos Estados Unidos na guerra?

_____

_____

_____

_____

c) No mesmo ano de 1917, a Rússia retirou-se da guerra. Por quê?

_____

_____

_____

_____

Trabalhando e pesquisando em grupo

3 Faça com seu grupo uma pesquisa sobre as "armas químicas".

- Quais são os efeitos dessas armas? Elas foram utilizadas?
- O que os tratados internacionais dizem a respeito delas?
- O Brasil é signatário desses tratados?

Consulte a internet, enciclopédias, livros, revistas e jornais. Elaborem um cartaz com as conclusões de vocês.

Depois, faça uma síntese, abaixo, do que o grupo concluiu.

_____

_____

_____

_____

_____

_____

_____

_____

_____

A REVOLUÇÃO RUSSA DE 1917

A primeira Revolução Socialista

No final do século XIX, a Rússia era um extenso império que ocupava parte da Europa do leste, percorria toda a Ásia e chegava à América do Norte, com um território que ia do Oceano Ártico, no norte, ao Mar Negro, no sul, e do Mar Báltico, no oeste, ao Oceano Pacífico, no leste.

Com aproximadamente 170 milhões de habitantes, esse império, entretanto, abrigava povos e culturas diversas e apresentava profundos desequilíbrios sociais, econômicos e políticos. A terra concentrava-se nas mãos de poucos, e o campesinato não tinha acesso a elas, só lhes restando trabalhar em condições miseráveis para os grandes proprietários. Com o início da industrialização russa, o êxodo rural aumentou, formando-se nas cidades uma classe operária que também era submetida a duras condições de trabalho, com jornadas de 14 horas ou mais, baixos salários e ausência de leis trabalhistas. Esse proletariado urbano opunha-se ao regime czarista que privilegiava a nobreza agrária, alguns integrantes da alta burguesia, o clero e a cúpula do exército.

Império Russo no final do século XIX

Mario Yoshida

Fonte: KINDER, Hermann; HILGEMANN, Werner; HERGT, Manfred. *Atlas histórico mundial*. Madri: Akal, 2007. p. 426.

Em 1904, a Rússia entrou em guerra com o Japão pela disputa de territórios na Manchúria e na Coreia, na qual o exército russo foi derrotado. A situação financeira do país agravou-se, e as críticas à administração do governo aumentaram.

Insatisfeitos com a situação da Rússia, a população organizou um abaixo-assinado, no qual reivindicava reforma agrária, redução da jornada de trabalho, aumento dos salários, tolerância religiosa, fim da censura e participação do povo no governo. Liderados pelo padre **Gregori Gapone**, populares dirigiram-se ao Palácio de Inverno, em São Petersburgo, no dia 22 de janeiro de 1905 (9 de janeiro pelo antigo calendário) para entregar o manifesto pacificamente para o czar **Nicolau II**. Foram brutalmente massacrados, o que desencadeou protestos populares, em todo o seu território. Esse acontecimento ficou conhecido como **Domingo Sangrento**.

Fonte: KINDER, Hermann; HILGEMANN, Werner; HERGT, Manfred. *Atlas histórico mundial.* Madri: Akal, 2007. p. 428.

Cena do Domingo Sangrento, 9 de janeiro de 1905. Tela de Vadimiroff.

Protestos, greves e levantes militares explodiram em várias regiões, e o czar, pressionado, prometeu uma Constituição e criou a **Duma**, assembleia cujos integrantes seriam eleitos por **voto censitário**.

Motim de marinheiros em Odessa, no encouraçado *Potemkin*, contra as duras medidas czaristas. Esse movimento foi reconstituído pelo cineasta Eisenstein, em 1925, com o filme *O Encouraçado Potemkin*, considerado um clássico da cinematografia.

As promessas do czar não acalmaram os bolcheviques, levando-os a criar os **sovietes**, assembleias de operários, soldados e camponeses, em várias regiões do país. Mesmo tendo sido idealizador, o czar não conseguiu conviver com a Duma e voltou à sua posição autoritária. Dissolveu também os sovietes, cujos líderes foram presos e deportados.

O termo **bolchevismo** (que em russo significa maioria) indica a linha política e organizativa imposta por Lênin ao Partido Operário Social-Democrático da Rússia, no Congresso de 1903.

Somente nos últimos decênios do século XIX apareceu na Rússia czarista – país de industrialização tardia em relação à Europa ocidental – a força social capaz de dar vida a um partido revolucionário de orientação marxista, o proletariado de fábrica. É no ano de 1898 que foi fundado, no Congresso Minsk, o Partido Social-Democrático, agrupando vários clubes e núcleos operários que se formaram nos anos anteriores. Antes da grande onda da industrialização do final do século XIX, a classe operária não somente era pequena numericamente, mas conservava uma forte ligação com a terra e os hábitos da vida rural.

As agitações operárias, que se intensificaram a partir de 1890-92, forneceram a uma parte dos intelectuais revolucionários o suporte necessário para aplicar na Rússia a teoria e a análise marxista. Isso é claro, dentro das limitações impostas por um regime **autocrático** que não permitia nem as organizações operárias – os sindicatos foram legalmente reconhecidos somente em 1906 – nem os partidos políticos.

Os **mencheviques** (menchevique significa minoria em russo) surgiram de uma dissidência política dentro do Partido Operário Social-Democrático, relacionada a uma questão aparentemente secundária: a organização do próprio partido. Martov, em 1903, propunha uma forma menos rígida de participação dos membros do partido, nos moldes da social-democracia europeia; enquanto Lênin, defendendo que só deveria ser considerado membro do partido aquele que estivesse realmente filiado e engajado em uma das suas organizações, concentrava seus esforços na organização clandestina do partido, apesar das dificuldades causadas pela repressão.

A despeito, porém, da diferença em relação às estratégias de luta para alcançar o poder, em muitas oportunidades bolcheviques e mencheviques atuaram conjuntamente.

BOBBIO, Norberto. *Dicionário de Política*. Brasília: Editora da UNB, 1995. p. 115-118. Texto adaptado.

A declaração de guerra austro-húngara foi estendida à Rússia em 1º de agosto de 1914, agravando a crise interna.

Camaradas, já é tempo de acabar com a guerra contra os alemães e de começar a lutar contra o nosso verdadeiro inimigo – o czar e o governo... Mostraremos à polícia que não esquecemos 1905. A polícia para a frente, é lá o seu lugar. Preparai-vos, irmãos, entendei-vos, aconselhai-vos uns com os outros, e quando for necessário, defendamo-nos... Pois levanta-te, ergue-te, povo operário! Levanta-te para a luta, multidão faminta, avante, avante.

Panfleto distribuído pelos bolcheviques.
In: NENARÓKOV, Albert. *História ilustrada da Revolução Socialista de outubro*. Lisboa: Edições Progresso; Moscou: Editorial Avante!, 1987. p. 35.

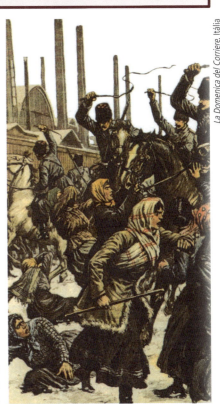

La Domenica del Corriere, Itália

Ilustração do início do século XX representando operários russos atacados pela milícia czarista em manifestação grevista.

Em 1917, o povo russo, liderado pelo Partido Bolchevista, derrubou o governo **autocrático** de Nicolau II, da dinastia dos Romanov. Esse partido assumiu o poder, instalando no país o regime socialista. Nicolau II exercia o poder de forma absolutista, com uma aristocracia ociosa e **corrupta**, indiferente aos problemas do povo.

O descontentamento fez o povo aceitar as ideias socialistas divulgadas tanto por intelectuais, quanto por estudantes e operários engajados no crescente movimento do socialismo no mundo.

A família do Czar Nicolau II.

Project Gutenberg

Cena de procissão em ambiente rural do povo russo na época dos czares..

ATIVIDADES

1 Com base no que você leu e observou nas imagens da introdução, imagine que você vivesse no ano 1916 e tivesse feito uma viagem à Rússia. Você registrou num diário de viagem tudo o que viu no país. Escreva uma página desse diário contando as condições de vida do povo russo em 1917 (no campo, na cidade), quem o governava e como era o governo.

2 Observe as informações e imagens das páginas 184 e 185 e escreva um texto com o mesmo título do quadro: Cena de um domingo sangrento. No seu texto, conte esse episódio da história da Rússia. Você pode contá-la sob diferentes pontos de vista: como um dos manifestantes, como alguém que teve um parente morto no episódio, como um mero espectador, como um soldado do czar etc.

3 No Brasil, no período da chamada "República Velha" (1889-1930), ocorreu um episódio conhecido como Revolta da Chibata (1910), envolvendo marinheiros do encouraçado Minas Gerais. Aprofunde seus conhecimentos fazendo uma pesquisa sobre as punições que sofreram os marinheiros participantes dessa revolta e sobre a biografia de seu líder, João Cândido. Anote as informações que mais lhe chamaram a atenção e debata em classe se essa revolta tem alguma semelhança com a revolta do encouraçado Potemkin, de 1905, na Rússia.

O fim do Império Russo

Com a Primeira Guerra Mundial, todos os recursos do governo russo passaram a ser usados na indústria de armamentos. Com a convocação de trabalhadores para compor o exército, a produção agrícola declinou.

Mal preparado, o exército russo sofreu inúmeras derrotas nas fronteiras. A destruição de plantações fez o preço dos produtos subir e a fome atingiu duramente o povo. A fuga de soldados dos campos de batalha foi incentivada pelos bolcheviques. Do exterior, os líderes Lenin e Trotski continuaram orientando os revolucionários.

As greves, os levantes nas Forças Armadas, a luta dos camponeses pela terra e a invasão do Palácio de Inverno pelos revolucionários levaram o czar a abdicar.

O fim de um império

O governo do czar desmoronou quando uma manifestação de operárias (no habitual "Dia da Mulher" do movimento socialista – 8 de março) se combinou com uma greve da metalúrgica Putilov e produziu uma greve geral e a invasão do centro da capital, basicamente para pedir pão. A fragilidade do regime se revelou quando as tropas do czar se recusaram a atacar a multidão e passaram a confraternizar com ela. Quando, após quatro dias de caos, as tropas se amotinaram, o czar abdicou. Quatro dias espontâneos e sem liderança na rua puseram fim a um império. O feito extraordinário de Lênin foi transformar essa incontrolável onda anárquica popular em poder bolchevique.

HOBSBAWM, Eric. *Op. cit.* p. 67.

O poder nas mãos da burguesia

Formou-se na Rússia um governo provisório, liberal burguês, liderado pelo menchevique Kerenski.

Pressionado pelos sovietes, o governo anistiou os presos e exilados políticos. Lenin e Trotski, bolcheviques, retornaram ao país, assumindo a direção dos sovietes. Iniciaram uma campanha:

- pela retirada da Rússia da guerra;
- pela distribuição de terras aos camponeses;
- pela entrega da direção das fábricas aos operários.

Trotski organizou a Guarda Vermelha, milícia revolucionária.

Entretanto, o governo mantinha a Rússia na guerra, alegando que a indenização exigida pelos alemães para a sua saída era muito alta. Com isso, os bolcheviques fortaleceram-se e ganharam adeptos entre os sovietes.

Kerenski, de branco, ao centro.1917.

187

Os bolcheviques tomam o poder

Em outubro de 1917, o Partido Bolchevique tomou o poder e instalou um governo socialista presidido por Lenin. As grandes propriedades foram abolidas, as fábricas foram nacionalizadas e os operários assumiram a sua direção.

Lenin negociou a paz com os inimigos e, pelo Tratado de Brest-Litovski, a Rússia saiu da guerra com grande perda territorial.

O início da guerra civil

A burguesia russa levantou-se contra o novo regime. Foi apoiada pelas nações capitalistas europeias, interessadas em impedir a implantação do socialismo.

Lenin e Trotski durante a Revolução de Outubro.

A guerra civil dos brancos (opositores, ajudados por tropas enviadas pelos britânicos, franceses, norte-americanos, japoneses, poloneses, sérvios, gregos e romenos para o território russo) contra os vermelhos (partidários da Revolução, comandados por Trotski) tomou conta do país. O governo viu-se obrigado a destinar todos os recursos para a defesa das fronteiras, confiscando a produção rural. Esse período foi chamado de **Comunismo de Guerra**.

Em 1921, derrotados os brancos e afastada a ameaça externa, o país estava arruinado. Lenin decidiu recuar no processo de socialização, adotando uma nova política.

A nova política de Lenin

Lenin definiu a nova política, a NEP (Nova Política Econômica), com a frase: "Um passo atrás para dar dois à frente". Tratava-se de um recuo necessário no processo de socialização. Liberou a venda do excedente das colheitas e o funcionamento de pequenas manufaturas. Concentrou os recursos na produção de energia, matérias-primas e na importação de máquinas para a indústria e organizou cooperativas de comerciantes e agricultores. A produção cresceu.

Com a morte de Lenin, em 1924, o poder foi disputado por Trotski e Stalin, que tinham posições divergentes. Trotski defendia a revolução permanente, isto é, achava que a Rússia deveria ajudar na implantação do socialismo em outros países, e Stalin era favorável à estabilização do regime para depois expandi-lo. Vitorioso, Stalin expulsou Trotski do Partido Bolchevique e autorizou sua deportação. Trotski viveu no México, onde foi assassinado, em 1940, por um agente da polícia política de Stalin.

Em 1927, Stalin aboliu a NEP e, por meio de planos econômicos, os **Planos Quinquenais**, continuou o processo de socialização. A Rússia cresceu rapidamente com o desenvolvimento da indústria pesada, a redução do analfabetismo e o progresso técnico e científico.

No entanto, Stalin perseguiu violentamente seus opositores e realizou os "expurgos", expulsando do Partido Comunista seus adversários, além de prender todos os que reagiram ao seu autoritarismo.

Em 1922, Lenin fez acordo com as várias regiões que formavam o Império Russo, criando a União das Repúblicas Socialistas Soviéticas (URSS).

189

1 Interprete os trechos a seguir e converse com os colegas sobre suas conclusões.

Como é terrível ler o poema de Shelley (para não falar dos contos camponeses egípcios de 3 mil anos atrás), denunciando opressão e exploração. Serão eles lidos num futuro ainda repleto de opressão e exploração, e dirão as pessoas: "Até naquele tempo..."?

Bertolt Bretch, ao ler *The masque of anarchy*, em 1938.

Depois da Revolução Francesa, surgiu na Europa uma Revolução Russa, e isso mais uma vez ensinou ao mundo que mesmo o mais forte dos invasores pode ser repelido, assim que o destino da Pátria é realmente confiado ao povo, aos humildes, aos proletários, à gente trabalhadora.

Do jornal mural da 19 Brigada Eusébio Giambone, dos partisans italianos, 1944.

Trechos citados em HOBSBAWM, *Eric. Op.* cit. p. 61.

Refletindo

2 Por que se pode dizer que a Revolução Russa de 1917 foi "filha da guerra"?

_____

_____

_____

3 O que pretendia a campanha liderada por Lenin e Trotski?

_____

_____

_____

_____

4 Por que tantos países enviaram tropas para combater a Revolução Russa?

5 Troque ideias com os colegas de classe:

a) Qual a sua opinião sobre o fato de os operários terem em suas mãos a direção das fábricas?

b) Qual a sua opinião sobre a implantação do comunismo na Rússia e as medidas tomadas: abolição da grande propriedade e nacionalização das fábricas?

6 O que você entende pela expressão usada por Lenin para definir a sua política econômica: "Um passo atrás para dar dois à frente"? Converse com os colegas de grupo.

Capítulo 17

O PERÍODO ENTREGUERRAS E A SEGUNDA GUERRA MUNDIAL

O mundo em crise

O entreguerras, período compreendido entre o término da Primeira Guerra Mundial (1918) e o início da Segunda Guerra Mundial (1939), foi marcado por crises econômicas, políticas e sociais em vários países.

Quando o primeiro conflito mundial terminou, os Estados Unidos eram uma nação poderosa, a mais rica do mundo. Antes da guerra, os norte-americanos deviam aos países europeus cerca de 3 bilhões de dólares; depois da guerra, esses mesmos países passaram a dever aos Estados Unidos 11 bilhões de dólares.

Sociedade Histórica, Nova York, EUA

Times Square, Nova York, 1925. Ilustração de H. Thain.

Durante a Primeira Guerra Mundial, os norte-americanos abasteciam os mercados europeus com produtos agrícolas e industrializados, além de lhes concederem empréstimos. Mesmo depois do término do conflito mundial, os Estados Unidos continuaram a manter um alto índice de exportações.

Por mais de uma década, os Estados Unidos viveram uma prosperidade sem precedentes. Os índices da Bolsa de Valores de Nova York, sempre em alta, refletiam as boas condições do mercado. Muitos norte-americanos comuns enriqueceram investindo nas novas indústrias do país.

Nas cidades, surgiram enormes edifícios e os automóveis ganharam as ruas. Passou a ser comum o uso de vários eletrodomésticos, como geladeiras, fogões e rádios. O modo de vida americano (*American Way of Life*) foi exportado para o mundo todo, como modelo de progresso e conforto.

No entanto, em 1929, os Estados Unidos conheceram uma profunda crise, com a queda da Bolsa de Valores de Nova York, que provocou alto índice de desemprego, acabando por afetar vários países do mundo.

Agitação na Wall Street. Era o dia do *crash* da Bolsa de Nova York: 29 de outubro de 1929.

Com o término da Primeira Guerra Mundial, os europeus esperavam que a paz estivesse assegurada. Entretanto, o entreguerras foi um período muito conturbado, com a ocorrência de várias crises e com a radicalização política, no qual surgiram regimes totalitários, como o fascismo, na Itália, e o nazismo, na Alemanha.

A tensão entre as nações aumentou, provocando a Segunda Guerra Mundial, apenas 20 anos depois de estabelecido o Tratado de Versalhes.

Hitler e seus principais oficiais nazistas.

Congresso do Partido Fascista italiano. Ilustração de Achille Beltrame, s.d.

1 Descreva com suas palavras como os Estados Unidos passaram de um país endividado a uma nação rica e poderosa com a Primeira Guerra Mundial.

_____

_____

_____

2 Por que a crise de 1929 nos Estados Unidos afetou vários países do mundo? Escreva abaixo sua opinião sobre o assunto e depois converse com seus colegas, observando ideias próximas ou divergentes.

_____

_____

3 "Os Anos Loucos" é uma expressão usada para descrever a década de 1920, enfatizando o dinamismo social, artístico e cultural do período. A época caracterizou-se nos Estados Unidos por um crescimento industrial sem precedentes. O espírito dos "anos 1920" foi marcado por um sentimento de descontinuidade, pelo desejo de romper com as tradições. Tudo parecida ser possível graças às novas tecnologias: automóvel, rádio, cinema, telefone, eletrodomésticos... Diversão e leveza eram cultivados por meio da música e da dança (o período também é chamado de "a Idade do Jazz"). Aproveitar a vida parecia ser a "palavra de ordem", seja por causa do otimismo em relação ao futuro, seja para esquecer os horrores da Primeira Guerra Mundial. Fala-se, também, de uma "Geração Perdida", jovens escritores, geralmente norte-americanos vivendo em Paris, que saíram da Primeira Guerra Mundial desiludidos e **cínicos** em relação ao mundo.

Com base nessas informações, na introdução do capítulo e nas imagens a seguir, elabore um cartaz com seu grupo que sintetize sua visão dos "anos 1920".

Jovem moderna nos anos 1920, com um Ford, o carro mais popular da época. Foto da década de 1920.

Crise de 1929: a quebra da Bolsa paralisou os negócios e fez com que inúmeras empresas fechassem as portas. Na foto, fila de desempregados em busca de alimento.

Rascunho Net

Bettmann/Corbis/Latinstock

193

A queda da Bolsa de Valores – 1929

Na década de 1920, os países europeus estavam se recuperando e começaram novamente a produzir. Nos Estados Unidos, a concorrência europeia fez cair os preços de vários produtos. Além disso, houve também uma redução do consumo interno, pois muitas pessoas já haviam adquirido todos os bens materiais que desejavam.

Os grandes produtores agrícolas e os industriais, porém, não viram com clareza a crise que se aproximava e continuaram produzindo cada vez mais. Os excedentes eram estocados, mas a **superprodução** fazia cair o preço dos produtos.

Ao mesmo tempo, os norte-americanos, levados pela aparente prosperidade econômica, especulavam na Bolsa de Valores de Nova York, comprando ações das mais variadas empresas. Muitos faziam empréstimos bancários, que pretendiam saldar depois de vender essas ações.

A superprodução provocada pelo **subconsumo**, a queda geral dos preços e a especulação geraram uma crise sem precedentes: a queda da Bolsa de Valores.

Em setembro de 1929, o valor das ações começou a oscilar; de repente subia e, logo em seguida, caía. No mês seguinte, só houve queda, e os investidores queriam livrar-se das ações vendendo-as rapidamente. No dia 24 de outubro, conhecido como a "quinta-feira negra", houve pânico na Bolsa. Cerca de 13 milhões de ações foram negociadas a qualquer preço, em um único pregão. De uma hora para outra, milhares de investidores viram-se na miséria.

A crise desenvolveu-se numa reação em cadeia. O *crash* financeiro acentuou a crise industrial, desaparecendo qualquer possibilidade de recuperação. Foi necessário reduzir a produção, o que provocou desemprego e rebaixamento dos salários dos que continuavam trabalhando. Por volta de 1933, mais de 14 milhões de norte-americanos estavam desempregados.

Há neste momento nos Estados Unidos cerca de 14 milhões de desempregados e, como muitos deles têm família, 20 a 30 milhões de homens e mulheres vivem de esmolas, privadas ou públicas...

MAUROIS, André. Estaleiros americanos. 1933. In: FREITAS, Gustavo de. *900 textos e documentos de História*. Lisboa: Plátano, 1972. p. 311. v III .

A cantora Gertrudes M. A. Rainey e sua banda de jazz em Chicago, EUA, 1923.

A crise atingiu outros países

A Crise de 1929 acabou afetando vários países do mundo. Na Europa, muitas nações dependiam do crédito norte-americano e, quando este foi suspenso, sofreram forte abalo. Houve o fechamento de bancos, falências, desvalorização da moeda e desemprego. No início da década de 1930, o número de pessoas desempregadas no mundo estava em torno de 40 milhões.

O Brasil também foi afetado pela Crise de 1929. O café, o principal produto de exportação, tinha os Estados Unidos como seu maior comprador. Com a crise, os norte-americanos reduziram as compras e os estoques de café aumentaram, provocando a queda do preço.

A reação interna: o New Deal

Em 1933, quando assumiu a presidência dos Estados Unidos, Franklin Roosevelt elaborou um plano econômico, conhecido como **New Deal** (Novo Acordo), que pretendia recuperar o país da depressão.

As principais medidas adotadas foram:

- abandono do padrão ouro;
- inibição dos abusos financeiros;
- criação de uma instituição, a Federal Deposit Insurance Corporation, para assegurar os depósitos bancários;
- instituição da National Recovery Administration (NRA), para ajudar os industriais a planejar a produção e os salários, evitando a superprodução e a concorrência excessiva;
- criação da Agricultural Adjustment Act (AAA), para ajudar os agricultores, procurando também evitar a superprodução.

Na charge, o presidente Roosevelt prepara-se para ser o "novo chofer" do carro que representa os Estados Unidos.

A política do New Deal foi violentamente combatida pelos conservadores, que temiam o aumento do poder do Estado e o fortalecimento dos sindicatos, mas a reeleição de Roosevelt tornou possível a continuação da política de recuperação.

O sindicalismo foi reforçado por uma lei, permitindo aos operários a liberdade de organização e de decisões coletivas. Foi estabelecida uma Lei de Segurança Social, que criava o seguro contra o desemprego, as pensões por velhice e o auxílio às mães e às crianças pobres. Houve a abolição do trabalho das crianças, estabeleceu-se um salário mínimo e regulamentou-se o número semanal de horas de trabalho. Essa política permitiu uma lenta, porém crescente recuperação dos Estados Unidos.

O fascismo na Itália e na Alemanha

A palavra **fascismo** vem do termo *fascio*, feixe de varas, que foi usado como símbolo para significar que a união fortalece o grupo.

Fascismo é uma ideologia que se caracteriza por:

- **totalitarismo** – nada deve estar acima do Estado, que tem controle absoluto de tudo;
- **nacionalismo** – exaltação dos valores nacionais. Para os fascistas, a nação seria a mais perfeita forma de sociedade que a humanidade conseguiria construir;
- **militarismo** – as nações têm de fortalecer seus exércitos para a defesa e executar uma política expansionista;
- **corporativismo** – existência de um único partido que organiza a sociedade;
- **antiliberalismo** – ausência de liberdade sindical, econômica e de imprensa;
- **propaganda controlada** – o Estado controla a propaganda com a finalidade de fortalecer o sentimento de patriotismo, culto ao chefe e disciplina.

O fascismo na Itália

Após o término da Primeira Guerra Mundial, a Itália era governada por uma monarquia parlamentar, dirigida pelo rei Vítor Emanuel III, e atravessava uma grave crise econômica e suas consequências: desemprego, miséria e inflação.

As agitações eram constantes. Os trabalhadores das cidades industriais do norte ocuparam muitas fábricas e, no campo, os camponeses invadiram grandes propriedades. A situação conturbada favoreceu a expansão de ideias socialistas, atemorizando a burguesia. Começou a se organizar o movimento fascista, apoiado por industriais, comerciantes e grandes proprietários rurais.

Benito Mussolini, ex-combatente da Primeira Guerra, ex-redator do jornal *Avanti* e ex-socialista, organizou, em 1919, *os fascios de combate*, também conhecidos como **camisas negras**, que eram grupos de choque, para pôr fim às manifestações sociais. Nesse mesmo ano, os fascistas foram derrotados nas eleições parlamentares.

Em 1921, foi fundado o Partido Nacional Fascista, mas, nas eleições do ano seguinte, os fascistas foram novamente derrotados. Mussolini organizou, então, a **Marcha sobre Roma** (outubro de 1922), na qual milhares de seus partidários foram para a capital. O rei Vítor Emanuel III foi obrigado a nomear Mussolini para o cargo de primeiro-ministro. Os *fascios* foram convertidos numa milícia para a segurança do Estado.

Nas eleições de 1924, os fascistas ficaram com a maioria no Parlamento. A oposição denunciou fraude eleitoral, mas sofreu violenta repressão e seu líder, Matteotti, foi raptado e assassinado pelos camisas negras. Mussolini assumiu o poder como *Duce*, concretizando o Estado fascista. A imprensa oposicionista foi fechada e, por meio da Ovra (polícia política fascista), houve perseguições aos socialistas e comunistas.

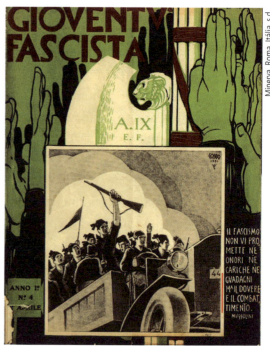

Minerva, Roma, Itália, s.d.

Cartaz italiano endereçado à "Juventude Fascista". A educação estava voltada para a guerra.

Uma das características da ideologia fascista é a exaltação do chefe e, segundo ela, um grande povo necessita de um grande homem como guia e a ele deve total obediência. Na Itália, Mussolini foi considerado o *Duce*, o condutor. Em muitos lugares, principalmente nas salas de aula, figurava a seguinte frase: "Mussolini não erra nunca".

AKG/imagens / Latinstock

Marcha sobre Roma (28 de outubro de 1922). Na foto, aparecem (da esquerda para a direita) De Vecchi, De Bono, Mussolini e Ítalo Balbo, todos do Partido Fascista.

Em 1929, ao solucionar a Questão Romana, com o Tratado de Latrão, que reconheceu o Estado do Vaticano, Mussolini passou a contar com o apoio do clero. O catolicismo foi transformado em religião oficial do Estado fascista italiano.

Com o apoio das classes dominantes, Mussolini procurou desenvolver a economia italiana; decretou o protecionismo econômico, incentivou a agricultura e a indústria e mandou construir obras públicas para ocupar a mão de obra desempregada. Conseguiu reduzir o analfabetismo e controlar a educação, que valorizava o treinamento físico e o patriotismo.

Benito Mussolini, *Il Duce,* em um comício na cidade de Carbonia, Itália, 1938.

Assinatura do Tratado de Latrão, em 1929, firmado entre o ditador fascista Benito Mussolini e a Santa Sé, representada pelo cardeal Pietro Gasparri, secretário de Estado do papa Pio XI.

Mas a crise mundial de 1929 atingiu também os italianos. Para tentar superá-la, Mussolini aumentou a produção de armamentos e voltou-se para a expansão colonialista, tentando conquistar novos mercados.

Em 1936, a Itália invadiu a Abissínia (atual Etiópia), no norte da África. A Sociedade das Nações, apesar de inúmeros protestos, acabou por aceitar o fato. Mussolini aliou-se à Alemanha e ao Japão em diversas questões internacionais.

Na charge, o soldado italiano tira uma foto, como "recordação" da África ocidental, pisando sobre os nativos.

A Alemanha nazista

Ao terminar a Primeira Guerra Mundial, a Alemanha vivia uma situação muito difícil. Havia desemprego, inflação, violência e um profundo descontentamento com as disposições do Tratado de Versalhes.

Uma nova Constituição estabeleceu uma República parlamentarista, conhecida como **República de Weimar**, nome da cidade onde foi elaborada a Constituição. O *Reichstag* (Parlamento) seria formado por deputados eleitos por voto universal.

No ano de 1919, na cidade de Munique, foi fundado o **Partido Nacional-Socialista dos Trabalhadores Alemães**, ou Partido Nazista. Adolf Hitler, ex-combatente da Primeira Guerra, assumiu sua direção. Esse partido ganhou grande número de adeptos. Seus membros eram identificados por um símbolo, a suástica (cruz torta), que, mais tarde, foi usada como emblema do Terceiro Reich.

A bandeira nazista colocada no Arco do Triunfo, em Paris, França. Junho de 1940.

O presidente Hindenburg (à direita) cumprimenta Hitler, nomeado chanceler, em foto de 1934.

Os nazistas criaram as tropas de assalto, os camisas pardas, que perseguiam seus opositores.

Em novembro de 1923, os nazistas tentaram um golpe para tomar o poder. O governo dominou o movimento, conhecido como *putsch* de Munique. Hitler foi preso e, na prisão, escreveu *Mein Kampf* (Minha luta), obra na qual expôs os fundamentos do nazismo: nacionalismo extremado, totalitarismo, anticomunismo, antissemitismo e o princípio do espaço vital, ou seja, a conquista de territórios necessários ao desenvolvimento da Alemanha.

Nas eleições de 1925, o general Hindenburg, conservador, foi eleito presidente. Contudo, a crise mundial de 1929 atingiu a Alemanha de uma forma desastrosa: as exportações caíram, diminuiu a produção industrial e o número de desempregados chegou a 7 milhões. Essa situação favoreceu a ascensão do Partido Nazista.

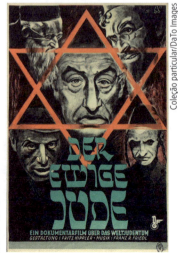

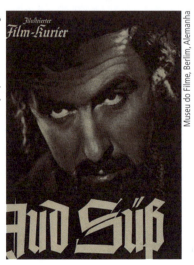

Cartazes de filmes alemães de 1940, de propaganda antissemita (contra os judeus). "O Estado Nacional-Socialista escolheu deliberada e definitivamente fazer do cinema o instrumento de transmissão de sua ideologia." (Dr. Rust, assessor de Goebbels)

198

Apoiados pelos grandes industriais e banqueiros, os nazistas conseguiram expressiva vitória nas eleições de 1930. Dois anos depois, o presidente Hindenburg nomeou Hitler como chanceler (primeiro-ministro). O nazismo alcançava, assim, o poder.

Hitler fechou o Partido Comunista, perseguiu e prendeu comunistas, socialistas e liberais. Organizou a SS (Seção de Segurança) e uma polícia política secreta do Estado, a Gestapo. Houve o restabelecimento da pena de morte, o fechamento dos partidos políticos e dos sindicatos, a censura à imprensa, a suspensão das garantias individuais e civis, a perseguição aos judeus, sendo que muitos deles foram enviados para os campos de concentração.

Em 1934, com a morte do presidente Hindenburg, Hitler assumiu a Presidência, adotou o título de Führer (guia) e anunciou a fundação do Terceiro Reich (Terceiro Império Alemão). Por meio de uma bem organizada propaganda, liderada por Joseph Goebbels, a sociedade alemã, e principalmente a juventude, sofria forte doutrinação.

Museu Histórico Alemão, Berlim, Alemanha

Cartazes de propaganda da SS, recrutando jovens para a carreira militar. 1940.

O Estado nazista intervinha em todos os setores da economia. A indústria alemã cresceu, principalmente em relação à produção de armamentos. Para ocupar os trabalhadores desempregados, foram feitas grandes obras públicas, como a construção de aeroportos, ferrovias e rodovias.

Com o desenvolvimento industrial, surgiu a necessidade de conquista de novos mercados consumidores e fontes de matérias-primas, levando ao expansionismo alemão. Em 1938, Hitler invadiu a Áustria e a região dos Sudetos, na Tchecoslováquia, e, no ano seguinte, a Polônia. Iniciava-se a Segunda Guerra Mundial.

Coleção Charles Russel/NARA

Hitler assiste a desfile militar de tropa nazista em Nuremberg, 1935.

A Segunda Guerra Mundial

Entre os anos de 1939 e 1945, o mundo envolveu-se num grande conflito bélico, considerado o maior da História: a **Segunda Guerra Mundial**. As frentes de luta atingiram todos os mares e continentes.

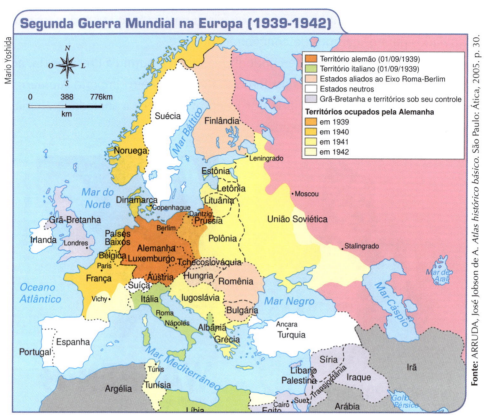

Observe que, na Europa, poucos países ficaram fora do conflito mundial. Quando os Estados Unidos e o Japão entraram no conflito, houve lutas na Ásia, na África, no Atlântico e no Pacífico.

Os motivos que levaram à guerra

Vários foram os fatores que levaram o mundo ao conflito mundial:

- a **grande depressão** que atingiu o mundo na década de 1930 e provocou crises gravíssimas em vários países. A indústria bélica foi a solução encontrada por vários governos para aumentar o nível de emprego em seus países;

- a **ineficiência da Sociedade das Nações**, formada logo após a Primeira Guerra Mundial, que não conseguiu impedir vários conflitos que marcaram a década de 1930, tais como a invasão da Manchúria pelo Japão, a guerra sino-japonesa e a invasão da Etiópia pelos italianos;

- a **busca do espaço vital** e **o expansionismo alemão**. Hitler necessitava conseguir mercados consumidores para os produtos alemães. Para concretizar seu projeto de conquistar o espaço vital, desconsiderou as disposições do Tratado de Versalhes: restabeleceu o serviço militar obrigatório, organizou a Marinha e a Aeronáutica, desenvolveu a indústria bélica, reincorporou à Alemanha o território do Sarre e ocupou a Renânia.

A doutrina do espaço vital consistia, de um lado, na integração de populações alemãs que viviam na Áustria, na região dos Sudetos (Tchecoslováquia) e em Dantzig, na Polônia, e, de outro, na conquista de regiões férteis e ricas em recursos minerais, necessárias ao desenvolvimento do país.

Em 1938, com o apoio de grande parte da população austríaca, Hitler incorporou a Áustria à Alemanha. Nesse mesmo ano, anexou a região dos Sudetos. A anexação foi reconhecida pela Inglaterra e pela França na Conferência de Munique. Em 1939, Hitler tomou toda a Tchecoslováquia. Em seguida, planejou a invasão do Corredor Polonês, faixa de terra que permitia à Polônia acesso ao mar, pelo porto de Dantzig. Essa região já havia pertencido à Alemanha.

Pacto de Não Agressão: Stalin sorri e Molotov (sentado) assina pacto com Ribbentrop (atrás dele). Moscou, 23/8/1939.

Em agosto de 1939, assinou com a União Soviética um Pacto de Não Agressão (20 de agosto de 1939).

Em 1º de setembro de 1939, Hitler invadiu a Polônia, provocando a reação da Inglaterra e da França, que abandonaram a política de apaziguamento e declararam guerra à Alemanha. Estava deflagrada a Segunda Guerra Mundial.

A invasão: soldados nazistas arrancam cancelas na fronteira da Polônia e iniciam a guerra. 1º de setembro de 1939.

O mundo em guerra

Numa luta rápida, conhecida como guerra-relâmpago, a Alemanha invadiu e ocupou a Dinamarca, a Noruega, a Bélgica e a Holanda.

O norte da França foi invadido e ocupado pelos nazistas. Em junho de 1940, com a invasão de Paris, a França capitulou. O governo francês fugiu para o sul do país, onde o marechal Pétain instalou um governo de colaboração com os alemães, o governo de Vichy.

Ainda em 1940, a Itália abandonou a neutralidade e aliou-se à Alemanha, formando o eixo Roma-Berlim.

WOMEN OF BRITAIN
COME INTO THE FACTORIES

"Mulheres britânicas: venham às fábricas". Cartaz de 1940 para incentivar o esforço de guerra.

A Inglaterra sofreu bombardeios da aviação alemã, mas conseguiu resistir, graças ao uso de radares e à colaboração da população civil, e impedir a conquista de Londres pelos nazistas. O general De Gaulle, exilado nesse país, organizou a resistência francesa para libertar a França.

Após a invasão da Grécia, da Bulgária e da Iugoslávia, as tropas nazistas, em 1941, voltaram-se contra a URSS, rompendo o Pacto de Não Agressão.

O inverno rigoroso, com temperaturas de 30 graus abaixo de zero, e a resistência do povo soviético obrigaram os alemães a recuar.

Hitler e a União Soviética (URSS)

Em 22 de junho de 1941, quando quase se completavam dois anos de guerra na Europa ocidental, o mundo foi surpreendido pela notícia de que naquela madrugada iniciara-se o ataque geral das forças armadas alemãs contra as fronteiras da União Soviética, até então neutra no conflito.

As rádios alemãs entraram em cadeia um pouco antes das 7 horas da manhã para um comunicado especial. Numa voz emocionada e tensa, Joseph Goebbels, o ministro da Propaganda do Reich, leu o comunicado do Führer Adolf Hitler à nação: "Povo alemão! Neste momento está em andamento uma marcha, ela pode ser comparada na sua extensão como a maior que o mundo já viu. Eu decidi novamente colocar o destino do futuro do Reich e do nosso povo nas mãos dos nossos soldados. Possa Deus ajudar-nos, especialmente nesta luta". Não havia nenhum exagero nessas palavras. Com a invasão da URSS, teria início a mais colossal batalha dos tempos modernos, quiçá a maior de todas elas, aquela que envolveu a Alemanha nazista e a Rússia comunista. Tudo nela foi eloquente, não só pelas paixões ideológicas envolvidas, como pela quantidade exorbitante de vidas, de recursos e equipamentos que ela exigiu de ambas as partes. Para Hitler, tratava-se de uma cruzada para livrar para sempre o Ocidente da ameaça judaico-comunista, para os soviéticos tratava-se da sua sobrevivência, da própria causa de existir do povo russo.

A Operação Barbarossa

O nome código escolhido por Hitler para designar a grande operação de ataque não era casual. A palavra "Barbarossa" remetia à figura de Frederico Hohentaufen, o grande imperador alemão da Idade Média, o Frederico I do Sacro Império Romano-Germano, morto em 1152. Nome lendário e respeitado entre os cavaleiros cruzados, alguém que empenhara seus recursos em favor da causa da cristandade contra os infiéis. De certo modo, Hitler via-se como a encarnação de Frederico Barbarossa (o "Barba Vermelha", como os italianos o chamaram), liderando um enorme operação militar para esmagar os "infiéis comunistas e judeus" que governavam a URSS.

Se o plano para invasão da URSS fora urdido desde julho de 1940, a intenção de realizar a conquista militar do país dos sovietes remonta a tempos bem anteriores. Quando Hitler, preso, antes da sua ascensão, ditou o *Mein Kampf* (Minha Luta), sua obra, publicada em 1925, ele dedicou um capítulo especial à política externa a ser seguida pelo seu partido. Nele, ele retoma as antigas ambições alemãs, insufladas pela geopolítica racista, que dizia haver necessidade da ampliação do *Lebensraum*, o **espaço vital**, para que o povo germano pudesse sobreviver no futuro. Argumentava ele que não havia uma harmonia entre o elevado número de alemães e a modesta dimensão do solo que lhes cabia na Europa. Como não reconhecia o direito histórico de nenhum povo ao território que ocupava, que não fosse consagrado pela força, Hitler não via embaraço nenhum em ir algum dia tomar de assalto as terras do Leste, as estepes russas, então nas mãos do judaico-comunismo. Além disso, insistiu que nenhuma nação é potência sem ter vastas extensões de terras sob seu domínio: o Império Britânico, os Estados Unidos, a União Soviética e a China eram exemplos disso. A isso, somava-se o profundo desdém racista que ele tinha pelos eslavos, considerando-os gente racialmente inferior, uma espécie de brancos degenerados, poluídos pelos sangue asiático, incapazes de qualquer evolução. Esses preconceitos todos o cegaram perante os perigos de invadir um território da **dimensão** da URSS, cuja parte ocidental era duas vezes maior do que toda a Europa. Nada disso alterou sua decisão. Como ele disse convicto aos seus generais: "Basta nós chutarmos a porta que a casa toda ruirá".

SCHILLING, Voltaire. *Operação Barbarossa*: o ataque nazista à URSS. Disponível em: <http://educaterra.terra.com.br/voltaire/mundo/barbarossa.htm#01>. Acesso em: jun. 2012. Texto adaptado.

O Japão e os Estados Unidos entram na guerra

O Japão, em guerra com a China desde 1937, ocupou a Indochina, com apoio alemão. Apreensivos com o avanço japonês na Ásia, os Estados Unidos suspenderam o comércio com esse país. O Japão decidiu entrar na guerra, formando-se o eixo Roma-Berlim-Tóquio, em 1941.

Até o ano de 1941, os Estados Unidos haviam permanecido neutros, mas colaboravam com ingleses e franceses, fornecendo material bélico. No dia 7 de dezembro de 1941, o ataque japonês à base naval norte-americana em Pearl Harbor, no Havaí, levou os Estados Unidos a entrar na guerra contra o Eixo.

Ataque japonês à base norte norte-americana de Pearl Harbor, em 7/12/1941.

A partir de 1942, os Aliados passaram a obter vitórias em várias frentes. Os norte-americanos obrigaram os japoneses a recuar e, no norte da África, as tropas inglesas venceram as alemãs. Na União Soviética, os alemães foram derrotados na Batalha de Stalingrado. Nesse mesmo ano, o Brasil declarou guerra ao Eixo, depois do afundamento de navios brasileiros por submarinos alemães.

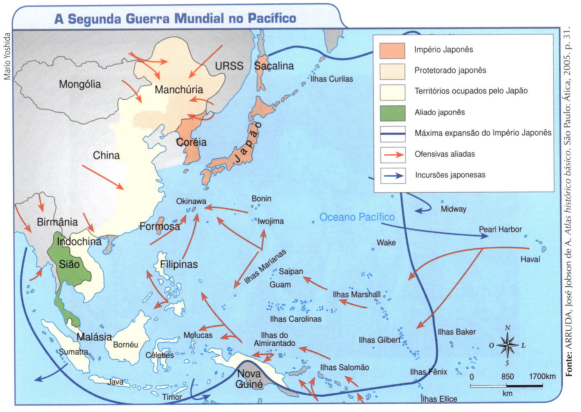

Observe, pela extensão, como era forte o poder do Japão na região do Pacífico. Por isso, ocorreram aí inúmeras e sangrentas batalhas.

O Holocausto

O avanço soviético deu uma nova urgência à mais horrível política nazista: a aniquilação dos judeus. [...]

Em 1942 e 1943, os nazistas passaram a usar métodos de extermínio em massa, incluindo gases venenosos. Em princípios de 1945, Hitler já havia eliminado mais de 6 milhões de judeus: três em cada quatro, em seu desintegrado império.

HISTÓRIA EM REVISTA. *A sombra dos ditadores.* Rio de Janeiro: Time-Life, Abril Livros, 2001. p. 93.

"Quando eu estiver no poder, mandarei erguer **cadafalsos** um após o outro [...]. Então os judeus serão enforcados um após o outro... até que a Alemanha esteja livre dos judeus."

Adolf Hitler, 1922.

A partir do século XIX, a palavra **holocausto** passou a designar grandes catástrofes e massacres, até que após a Segunda Guerra Mundial o termo **holocausto** (com inicial maiúscula) passou a ser utilizado especificamente para se referir ao extermínio de milhões de judeus e outros grupos considerados indesejados pelo regime nazista de Adolf Hitler e de outros países europeus colaboracionistas.

Em Israel, até hoje é utilizado o termo secular hebraico *Shoah*, que significa "destruição" ou "catástrofe".

Na língua alemã não existe um termo fixo para se referir ao massacre dos judeus. O termo Holocausto chegou à Alemanha através do inglês americano e acabou se impondo graças a um seriado de televisão de mesmo nome, transmitido em 1979.

A maior parte dos exterminados eram judeus, mas também havia militantes comunistas, homossexuais, ciganos, eslavos, pessoas com dificuldades motoras, com necessidades especiais, prisioneiros de guerra soviéticos, membros da elite intelectual polaca, russa e de outros países do Leste Europeu, activistas políticos, pacientes psiquiátricos e criminosos de delito comum. Todos estes grupos pereceram lado a lado nos campos de concentração e de extermínio, de acordo com extensa documentação deixada pelos próprios nazistas (textos, filmes e fotografias), testemunhos de sobreviventes, perpetradores e de espectadores, e com registros estatísticos de vários países sob ocupação.

FERRO, Marc. *História da Segunda Guerra Mundial.* São Paulo: Ática, 1995. (Coleção Século XX)

Fundação de Beati Klarsfeld, Nova York, EUA

Seus últimos passos, obra do artista polonês David Olère. Judeu, Olère foi preso em 1943 e passou quase dois anos no campo de Auschwitz, onde trabalhou em câmaras e crematórios, testemunhando o extermínio de prisioneiros.

Desembarque das tropas norte-americanas nas praias francesas: o "Dia D", 6/6/1944.

Prisioneiros de Auschwitz-Birkenau – maior campo de concentração nazista – ao serem libertados pelos soviéticos, em 1945.

Em 1943, os Aliados desembarcaram na Sicília, e o rei Vítor Emanuel III destituiu Mussolini do cargo de primeiro-ministro. Ele refugiou-se no norte da Itália, onde resistiu até 1945.

Em 6 de junho de 1944, ocorreu o desembarque dos Aliados na Normandia (**Dia D**), apoiado por 4 mil navios e 11 mil aviões. A França foi libertada do domínio nazista.

Iniciava-se a decadência da Alemanha. Suas fábricas já não produziam armas suficientes e os recursos se esgotavam. O país inteiro sofria as consequências dos bombardeios.

Em 2 de maio de 1945, os Aliados chegaram a Berlim. Dias antes, Hitler havia se suicidado. No dia 8, a Alemanha se rendeu.

A guerra no Pacífico, entre os Estados Unidos e o Japão, durou até agosto, quando o presidente Truman tomou a decisão de lançar bombas atômicas nas cidades japonesas de Hiroshima e Nagasaki. O Japão se rendeu em 15 de agosto de 1945, terminando a Segunda Guerra Mundial.

No dia 6 de agosto de 1945, uma ordem é dada para lançar a bomba atômica sobre a cidade de Hiroshima. Dois minutos e dezessete segundos depois, a bomba explodia, matando e ferindo mais de cem mil pessoas.

Três dias depois, 9 de agosto, outra bomba, chamada *Fatman*, é lançada sobre Nagasaki. Mata 40 mil e fere outros 40 mil japoneses. O Japão se rende e termina a guerra. A arma atômica, com poder equivalente a vinte mil toneladas de TNT (Tri-Nitro-Tolueno), é mil vezes mais potente que qualquer das bombas conhecidas naquela época. As estimativas do número total de mortos variam entre 100 mil e 220 mil, sendo algumas estimativas consideravelmente mais elevadas quando são contabilizadas as mortes posteriores devido à exposição à radiação.

Em 1950, o censo nacional do Japão indicou que havia no país 280 mil pessoas contaminadas.

Nagasaki devastada pela bomba atômica, em 1945.

Disponível em: <www.tvcultura.com.br/aloescola/historia/cenasdoseculo/internacionais/hiroshimaenagazaki.htm>. Acesso em: jun. 2012.

Os acordos de paz

As potências aliadas estabeleceram acordos, alguns mesmo antes do término da guerra:

- **Conferência de Yalta** – realizada em fevereiro de 1945, reuniu o presidente Roosevelt, dos Estados Unidos, o primeiro-ministro Churchill, da Inglaterra, e o líder soviético Stálin. Foi decidido que a Alemanha deveria ser dividida em zonas de ocupação, assim como a Áustria e a Polônia perderiam para a Rússia as regiões conquistadas.

- **Conferência de São Francisco** – realizou-se nos EUA, entre 25 de abril e 16 de junho de 1945, com a presença de representantes de 50 países. Os participantes redigiram e aprovaram por unanimidade a Carta das Nações Unidas e os estatutos do novo Tribunal Internacional de Justiça. Em 24 de outubro de 1945, depois de todos os representantes terem aprovado a Carta de Princípios, nasceu oficialmente a **Organização das Nações Unidas** (ONU), sediada em Nova York, com a finalidade de manter a paz e fortalecer os laços econômicos, políticos, sociais e culturais entre os povos. Seus principais órgãos são: Assembleia Geral, Conselho de Segurança, Corte Internacional de Justiça, Secretaria Geral, Conselho Econômico e Social.

- **Conferência de Potsdam** – realizada em julho, na cidade alemã de Potsdam, determinava a divisão do país e da sua capital, Berlim, em quatro zonas de influência, entre russos, ingleses, franceses e norte-americanos. A Alemanha foi obrigada a pagar uma indenização pela guerra e também foi criado o tribunal de Nuremberg, para julgar os criminosos de guerra nazistas. A conferência teve ainda o objetivo de definir as condições de capitulação do Japão: a Declaração de Potsdam, redigida em 28 de julho de 1945, exigia a rendição imediata do país. No entanto, a rendição japonesa só ocorreu oficialmente em 2 de setembro de 1945, após os lançamentos das bombas atômicas em Hiroshima e Nagasaki.

Os "Três Grandes" da esquerda para a direita: Churchill (Inglaterra), Truman (EUA) e Stálin (URSS) na Conferência de Potsdam. Julho de 1945.

A maior guerra da História e o maior número de vítimas

55 milhões de mortos, 35 milhões de feridos e 3 milhões de desaparecidos (segundo cálculos aproximados). Nunca as perdas entre a **população civil** foram tão importantes; os ataques aéreos (cerca de 1, 5 milhão de vítimas civis), os extermínios em massa (cerca de 6 milhões de judeus), os envios de contingentes populacionais a campos de trabalho e de "concentração", as emigrações ocasionaram a morte de cerca de 30 milhões de pessoas (entre elas, 7 milhões de russos; 5, 4 milhões de chineses; 4, 2 milhões de poloneses; 3,2 milhões de alemães. A União Soviética perdeu 13, 6 milhões de soldados; a China perdeu 6, 4 milhões; a Alemanha, 4 milhões; o Japão, 1, 2 milhão. Muito menores foram as perdas dos Estados Unidos (cerca de 300 mil soldados mortos), Grã-Bretanha (400 mil) e Itália (400 mil).

KINDER; HILGEMAN. *Atlas histórico mundial II*. 15. ed. Madri: Istmo, 1990. p. 240.

A Declaração Universal dos Direitos Humanos

É depois da Segunda Guerra Mundial que a questão dos direitos humanos saiu da esfera nacional – diferentemente do ocorrido com as declarações do século XIX de Virgínia e da Revolução Francesa – para ser debatida mundialmente, envolvendo todo o planeta.

Em 10 de dezembro de 1948, a Assembleia Geral das Nações Unidas (ONU) adotou e proclamou a **Declaração Universal dos Direitos Humanos**, que é, para o século XX, o documento mais abrangente formulado sobre o assunto, até então somente alcançado pelos direitos de primeira geração, vinculados às Declarações de Virgínia e Francesa. Segundo Bobbio, os direitos humanos de segunda geração – **o direito da pessoa e da coletividade a ter acesso aos bens e serviços da vida** – foram definidos com a contribuição do socialismo. Devem ser entendidos junto com os direitos de primeira geração, vistos nos capítulos... É importante perceber que o reconhecimento da pessoa como titular de direitos é fruto das relações que elas estabelecem, individual e coletivamente, em determinado momento histórico.

Destaca-se dessa declaração:

A presente Declaração Universal dos Direitos Humanos, como o ideal comum a ser atingido por todos os povos e todas as nações, com o objetivo de que cada indivíduo e cada órgão da sociedade, tendo sempre em mente esta Declaração, se esforce, por meio do ensino e da educação, por promover o respeito a esses direitos e liberdades, e, pela adoção de medidas progressivas de caráter nacional e internacional, por assegurar o seu reconhecimento e a sua observância universais e efetivos, tanto entre os povos dos próprios Estados-Membros, quanto entre os povos dos territórios sob sua jurisdição.

Artigo I – Todas as pessoas nascem livres e iguais em dignidade e direitos. São dotadas de razão e consciência e devem agir em relação umas às outras com espírito de fraternidade.

Artigo II – Toda pessoa tem capacidade para gozar os direitos e as liberdades estabelecidos nesta Declaração, sem distinção de qualquer espécie, seja de raça, cor, sexo, língua, religião, opinião política ou de outra natureza, origem nacional ou social, riqueza, nascimento, ou qualquer outra condição.

Artigo III – Toda pessoa tem direito à vida, à liberdade e à segurança pessoal.

Artigo IV – Ninguém será mantido em escravidão ou servidão, a escravidão e o tráfico de escravos serão proibidos em todas as suas formas.

Artigo V – Ninguém será submetido à tortura, nem a tratamento ou castigo cruel, desumano ou degradante.

Disponível em: <www.mj.gov.br/sedh/ct/legis_intern/ddh_bib_inter_universal.htm>. Acesso em: jun. 2012.

1 Observe com muita atenção a reprodução da pintura Seus últimos passos, de David Olère, na página 204. Veja, também, as informações na legenda.

a) Quais as suas sensações/sentimentos despertadas(os) ao observar essa pintura? Você consegue explicá-las(os)?

_____

_____

_____

_____

b) O que domina a parte superior da pintura? (Observe a forma e se há referência a algum símbolo.)

_____

_____

_____

_____

c) Quais personagens aparecem e como aparecem?

_____

_____

_____

_____

_____

d) Com quais adjetivos você descreveria as condições físicas e psicológicas dos personagens centrais da pintura?

_____

_____

_____

_____

_____

e) Como o artista nos sugeriu a solidariedade entre essas pessoas?

_____

_____

_____

_____

_____

f) O que David Olère quis representar nessa pintura? (Relacione com as informações da vida do artista.)

_____

_____

_____

_____

_____

2 A foto da página 205 (boxe) mostra o fim da guerra para os japoneses. Compare-a com a foto a seguir e converse com os colegas sobre o que concluíram.

Essa famosa fotografia captura um beijo comemorando o final da Segunda Guerra Mundial, na Times Square, em Nova York, EUA. 14/8/1945.

3 Quais os efeitos da Primeira Guerra Mundial para os Estados Unidos?

_____

_____

_____

_____

4 Por que a recuperação dos países europeus, após a Primeira Guerra Mundial, foi um dos fatores que provocou a Crise de 1929?

_____

_____

_____

_____

5 Quais foram as repercussões da Crise de 1929 nos EUA e no mundo?

_____

_____

_____

_____

6 Escreva uma frase para cada item:

a) Totalitarismo

_____

b) Nacionalismo

_____

c) Militarismo

_____

d) Corporativismo

_____

e) Antiliberalismo

_____

7 Qual era a situação:

a) da Itália após a Primeira Guerra Mundial?

_____

_____

_____

_____

b) da Alemanha após a Primeira Guerra Mundial?

_____

_____

_____

_____

8 Qual a sua opinião sobre o fato de o Estado controlar a propaganda para direcionar a opinião pública?

_____

_____

_____

_____

_____

9 Que motivos levaram o Japão a entrar na guerra mundial?

_____

_____

_____

10 Sintetize os fatores responsáveis pela deflagração da Segunda Guerra Mundial. Não se esqueça de citar os países nela envolvidos.

_____

_____

_____

_____

11 Interprete o poema de Vinicius de Moraes, "A rosa de Hiroshima" e converse com os colegas sobre o assunto.

Pensem nas crianças

Mudas telepáticas

Pensem nas meninas

Cegas inexatas

Pensem nas mulheres

Rotas alteradas

Pensem nas feridas

Como rosas cálidas

Mas oh não se esqueçam

Da rosa da rosa

Da rosa de Hiroshima

A rosa hereditária

A rosa radioativa

Estúpida e inválida

A rosa com cirrose

A antirrosa atômica

Sem cor sem perfume

Sem rosa sem nada.

MORAES, Vinicius. *Poesia completa e prosa*. 3. ed. Rio de Janeiro: Nova Aguilar, 1998.

Trabalhando em grupo

12 Elabore, com seu grupo, um quadro sobre os "Direitos Humanos". Divida-o em quatro colunas: na primeira, coloque os itens da declaração; na segunda, situações de desrespeito ocorridas antes da Declaração; na terceira, quais os fatos (no Brasil e no mundo) que desrespeitam os itens da declaração, o que deveria ocorrer, ou ocorre, atualmente para que os itens da Declaração sejam cumpridos.

Pesquisando

13 Em 2008, o mundo passou por uma nova crise econômica também iniciada nos Estados Unidos. Pesquise com seu grupo sobre essa crise, que repercute até hoje na economia global. Façam um paralelo entre os motivos e as consequências dessa e da crise de 1929. Depois, escreva abaixo as conclusões do grupo.

_____

_____

_____

_____

_____

_____

_____

O MUNDO DA GUERRA FRIA

Duas potências disputam o mundo

Ao lançar as bombas atômicas sobre Hiroshima e Nagasaki, os Estados Unidos mostraram ao mundo, em especial à União Soviética, todo o seu poderio bélico.

Deixaram claro também que seriam capazes de utilizar qualquer meio para salvaguardar seus interesses políticos e econômicos.

A partir desse momento, as relações entre as duas potências vencedoras da guerra ficaram bastante tensas e elas passaram a disputar áreas de influência internacional.

Science PhotoLibrary/LatinStock

Cogumelo produzido pela detonação da bomba atômica sobre Nagasaki, Japão, em 1945.

Mao Tsé-tung, líder do Partido Comunista Chinês, antes de uma batalha na China, em 1947.

O estado de tensão permanente entre as potências capitalistas e socialistas foi estabelecido primeiro entre Estados Unidos e União Soviética e, logo depois, entre os blocos encabeçados por elas. Esse período, chamado de **Guerra Fria**, estendeu-se até o fim da década de 1980.

Durante o período da Guerra Fria, ocorreu a chamada (na época) **descolonização** da Ásia e da África. O declínio dos países europeus depois da guerra e o avanço do nacionalismo estimularam os movimentos de libertação. Na Ásia, conseguiram sua independência a Índia, a Indonésia, a Indochina; na África, a Argélia, o Congo, Guiné-Bissau, Moçambique, Angola, entre outras colônias.

Na Ásia, o comunismo avançou com a Revolução Socialista. A instauração do comunismo na China, em 1949, foi um dos acontecimentos mais significativos do pós-Segunda Guerra. O povo chinês enfrentou uma longa fase de conflitos até o triunfo do Exército Vermelho, dirigido pelo Partido Comunista.

Ainda na Ásia, ocorreram nessa época dois grandes conflitos: a Guerra da Coreia e a Guerra do Vietnã.

Na América Latina, com o avanço do imperialismo norte-americano e a expansão das ideias socialistas, ocorreram revoluções e golpes, em que se confrontaram capitalistas e socialistas. Cuba foi o único país da América que conseguiu derrotar o imperialismo norte-americano e implantar o socialismo.

ATIVIDADES

1 Leia com atenção o texto a seguir:

A Guerra Fria e a juventude

Logo após o final da Segunda Guerra Mundial, os Estados Unidos surgiam como a principal potência econômica mundial. Iniciava-se o período da Guerra Fria e a **polarização** do mundo em torno das zonas de influência controladas pelos Estados Unidos, de um lado, e pela União Soviética, de outro.

Disseminou-se, nos EUA, uma intensa propaganda ideológica anticomunista, aliada a medidas efetivas de repressão aos que eram considerados comunistas ou seus simpatizantes. Ao lado do terror da caça aos comunistas, o país vivia os anos dourados de sua expansão econômica. A burguesia propagandeava o *American way of life* ("modo de vida americano"), que, depois de todas as **privações** da economia, de guerra, encontrou terreno fértil entre

O *rock*, surgido no início dos anos 1950, apresenta-se como um reflexo de toda a insatisfação que sentia a juventude do pós-guerra, por aqueles modelos artificiais de vida que propunham o *American way of life*.

A palavra de ordem do movimento *hippie*, em manifestação contra a Guerra do Vietnã: "*Make Love Not War*".

a pequena burguesia. O consumo no país aumentou significativamente graças aos novos sistemas de compras a crédito, acompanhando o surgimento de uma série de produtos agora disponíveis no mercado. As camadas médias viviam do desejo de adquirir todos os bens e confortos materiais disponíveis para o consumo. Mas, aos poucos, os jovens foram percebendo o quanto era ilusório esse otimismo, o que fomentou uma revolução dentro da cultura e dos valores estabelecidos.

O descontentamento aparece, em um primeiro momento, entre os jovens das camadas baixas da população, um segmento que não conseguia se desenvolver dentro desse paraíso de consumo. Essa **contestação** refletia, primeiramente, a revolta contra os hábitos e costumes **institucionalizados**, por meio de diversas manifestações artísticas da época.

O poeta Allen Ginsberg pode ser considerado um dos "pais" desse movimento de contestação. Outros escritores também utilizaram a palavra escrita para expressar sua frustração, protestando contra aquilo que consideravam estar errado no mundo. Ficaram conhecidos como a "Geração Beat". A palavra *beat* em si é sinônimo de "batida" ou "compasso" (seja musical ou cardíaco). A palavra também significa "ser vencido". O termo "*beat*" é gíria antiga, utilizada nas ruas entre as pessoas de poucos meios, basicamente reafirmando a ideia de estar cansado e vencido (pela vida).

A música como parte desse processo também vai refletir os anseios dessa geração, que, na busca por uma expressão própria, encontra no *rock 'n 'roll* o instrumento para extravasar sua revolta contra o sonho americano.

Os andarilhos da "Geração Beat" viajaram pelas estradas dos Estados Unidos, "descobrindo a verdadeira América" como eles gostavam de afirmar. A literatura posterior relatando essas experiências influenciou o movimento jovem da década seguinte (como o livro *On The Road* – traduzido para o português com o título de *Pé na estrada* – de Jack Kerouac, 1957).

Nos anos 1960, no meio universitário, aparecem os "*hippies*", herdeiros da Geração Beat. Caracterizavam-se como uma juventude escolarizada que recusava a sociedade de

Hippies chegam ao Festival de Woodstock, realizado em uma fazenda em Bethel, Nova York, durante os dias 15, 16 e 17 de agosto de 1969, e, embora o local tenha sido projetado para acolher 50 mil pessoas, mais de 400 mil compareceram.

consumo norte-americana, as injustiças e as desigualdades [...], o poderio econômico-militar e defendia os valores da natureza.

Muitos dos jovens *hippies* abandonavam o conforto dos lares paternos para viverem em comunidades, seja em comunas rurais, seja em cidades, principalmente São Francisco.

Dois valores defendidos eram a "paz" e o "amor". Opunham-se a todas as guerras, inclusive a que o próprio país travava no Vietnã. A frase que melhor resume esse sentimento foi a famosa *Make Love Not War* (Faça amor, não faça guerra). O "símbolo da paz" (com origem na Inglaterra, nos anos 1950, no seio do movimento para o desarmamento) tornou-se o símbolo *hippie*.

Os *hippies* apreciavam a "filosofia oriental", o que significava que alguns aspectos da religião hindu eram misturados com a doutrina da "não violência" de Gandhi.

Estabeleceu-se um "estilo *hippie*", com roupas coloridas, túnicas, sandálias, cabelos compridos para ambos os sexos. A flor foi um dos seus símbolos e chegou a se usar a expressão "*flower power*" (poder da flor) como designação do movimento. Uma das canções-hino do movimento, *San Francisco*, aconselhava aqueles que rumavam à cidade dos *hippies*: "*Be sure to wear some flowers in your hair*" (não se esqueça de usar algumas flores no cabelo).

Disponível em: <www.pco.org.br/conoticias/ler_materia.php?mat=880>. Acesso em: jul. 2012. Texto adaptado.

a) De acordo com o que você leu no texto, o que foi o *American way of life*?

_____

_____

_____

_____

b) Qual a relação desse "modo de vida" com o contexto do pós-guerra?

_____

_____

_____

_____

c) Ao lado dessa expansão econômica, quais eram as medidas políticas nos EUA e qual sua relação com o contexto internacional?

_____

_____

_____

_____

d) Como se relacionam ao contexto histórico do período:

– o movimento beat?

– o rock?

– o movimento hippie?

_____

_____

_____

_____

_____

_____

e) A juventude atual tem movimentos, valores e práticas que reivindicam mudanças para a sociedade? Justifique com base em seus conhecimentos a respeito.

_____

_____

_____

_____

_____

As duas potências

A Guerra Fria constituiu-se em um longo período, no qual as duas grandes potências, que emergiram com o final da Segunda Guerra Mundial (EUA e URSS), procuraram equilibrar-se mundialmente, a fim de garantir que seus projetos expansionistas de ordem política e econômica fossem preservados, mas sem o confronto direto.

Empenhadas em manter as áreas de influência que haviam conquistado e adquirir outras, as duas superpotências continuavam em disputas, que resultaram:

- em certos momentos, em confrontos bélicos indiretos, como foi o caso das guerras da Coreia e do Vietnã;
- em ajuda ou interferência na política interna de países, como a ajuda soviética a Cuba após a Revolução de 1959 sua ação contra a democratização do regime da então Tchecoslováquia (o fim da "Primavera de Praga", em agosto de 1968) ou, ainda, a participação norte-americana em golpes militares na América do Sul (por exemplo, no Brasil em, 1964; no Chile, em 1971; e na Argentina, em 1976);
- na corrida armamentista, investindo em (e espalhando) armamentos e exércitos em seus territórios e nos países aliados (enquanto houvesse um equilíbrio bélico entre as duas potências, a paz estaria garantida, pois haveria o medo do ataque inimigo);
- na corrida espacial, na qual ambas corriam para tentar atingir objetivos significativos e mostrar ao mundo qual era o sistema mais avançado.

Os Estados Unidos lideraram uma forte política de combate ao comunismo em seu território e no mundo. Usando o cinema, a televisão, os jornais, as propagandas e até mesmo as histórias em quadrinhos, divulgou uma campanha valorizando o *American way of life*. Vários cidadãos norte-americanos foram presos ou marginalizados por defenderem ideias próximas ao socialismo. O macartismo, movimento comandado pelo senador republicano Joseph McCarthy, perseguiu muitas pessoas nos EUA. Essa ideologia também chegava aos países aliados dos EUA, como forma de identificar o socialismo com tudo que havia de ruim no planeta.

Na URSS, não foi diferente, já que o Partido Comunista e seus integrantes perseguiam aqueles que não seguiam as regras estabelecidas pelo governo.

O sistema de investigação e espionagem foi muito usado de ambos os lados. Enquanto a espionagem norte-americana cabia aos integrantes da CIA, os funcionários da KGB assumiam os serviços secretos soviéticos.

Cartaz de propaganda soviética mostra trabalhador recusando bens de consumo "imperialistas".

Os Estados Unidos

As nações que estavam com suas economias comprometidas pela guerra mundial compravam grande quantidade de produtos norte-americanos. A força econômica dos Estados Unidos fez com que esse país controlasse o destino de várias nações.

O governo norte-americano, entretanto, estava insatisfeito com a pretensão do governo soviético de dominar novas regiões, especialmente no Leste Europeu.

> [...] A vitória na guerra fora obtida ao lado de um parceiro cada vez mais incômodo, a União Soviética. A inclusão dos soviéticos na aliança que derrotou o nazi-fascismo havia sido fundamental, em termos militares: dificilmente Hitler teria vencido sem a participação do Exército Vermelho. Mas o reconhecimento desse fato não significava que os Estados Unidos estivessem, agora, dispostos a partilhar com os soviéticos o prestígio e a liderança política que haviam conquistado.
>
> DIAS JÚNIOR, José Augusto; ROUBICEK, Rafael. *A Guerra Fria*. São Paulo: Ática, 1966. p. 20. Coleção História em movimento.

Winston Churchill, estadista britânico, foi o primeiro a perceber o perigo da ameaça comunista, iniciando fortes pressões para que o Ocidente encontrasse uma estratégia para deter o avanço soviético.

Em resposta à atitude britânica, o então presidente norte-americano, Harry S. Truman, pronunciou, em 12 de março de 1947, diante do Congresso Nacional daquela nação, um violento discurso assumindo o compromisso de defender o mundo capitalista contra a ameaça comunista. Estava lançada a **Doutrina Truman** e iniciada a Guerra Fria, que propagou para todo o mundo o forte antagonismo entre os blocos capitalista e comunista.

Ainda no mesmo ano, seguindo as linhas estabelecidas pela Doutrina Truman, o Secretário de Estado norte-americano, George C. Marshall, lançou um novo programa econômico, conhecido como **Plano Marshall**, que prometia ajuda financeira, militar e técnica aos países da Europa ocidental arrasados pela guerra, inclusive à Alemanha e à Itália. Posteriormente, o auxílio dos Estados Unidos foi dirigido para os países que conseguiram sua independência. O Japão, a China nacionalista e alguns Estados da África também foram beneficiados com a ajuda norte-americana.

Em 1949, com o objetivo de proteger a Europa ocidental da expansão comunista, foi organizada uma aliança militar, a Otan – Organização do Tratado do Atlântico Norte. Sob a liderança dos Estados Unidos, era formada pelo Canadá, Reino Unido, França, Bélgica, Holanda, Luxemburgo, Dinamarca, Noruega, Islândia, Portugal e Itália. A Grécia e a Turquia entraram para a organização em 1952 e, posteriormente, a Alemanha Ocidental.

A União Europeia

O efeito da Guerra Fria foi mais impressionante na política internacional do Continente Europeu que na sua política interna. Provocou a criação da "Comunidade Europeia", com todos os seus problemas; uma forma de organização sem precedentes, ou seja, um arranjo permanente (ou, pelo menos, duradouro) para integrar as economias e, em certa medida, os sistemas legais de vários Estados-nação independentes. Inicialmente (1957) formada por seis Estados (França, República Federal da Alemanha, Itália, Países Baixos, Bélgica e Luxemburgo), ao final do Breve Século XX, quando o sistema começou a balançar, como todos os outros produtos da Guerra Fria, nela já haviam entrado outros seis (Grã-Bretanha, Irlanda, Espanha, Portugal, Dinamarca, Grécia), e em teoria ela se comprometia com uma integração política ainda mais estreita, além da econômica.

HOBSBAWM, Eric J. Op. cit. p. 236-237.

A expansão da União Soviética

A Segunda Guerra Mundial também levou a União Soviética à condição de grande potência mundial. Contava com o apoio de vários países do Leste Europeu que viviam sob o regime socialista: Polônia, Tchecoslováquia, Hungria, Romênia, Iugoslávia, Bulgária, Albânia e, mais tarde, Alemanha Oriental. Assim, já existia um bloco socialista sob sua liderança.

Em 1947, a União Soviética criou o Kominform, um organismo que reunia todos os partidos comunistas do Leste Europeu para uma ação conjunta, com o objetivo de expandir o socialismo.

Em 1949, criou também o Comecon – Conselho de Assistência Mútua, com sede em Moscou, cujo objetivo era a ajuda mútua para o desenvolvimento dos países-membros.

Aprofundando os conceitos

SOCIALISMO: é a etapa inicial em que são criadas as bases para se chegar à sociedade comunista. Suas características: a socialização dos meios de produção e de distribuição, dos meios de transporte coletivos, dos serviços, escolas, universidades, serviço médico etc.; a distribuição da riqueza é, em princípio, proporcional ao trabalho de cada um, segundo a fórmula: *"A cada um, de acordo com o seu trabalho"*. Conforme o *Dicionário Houaiss da Língua Portuguesa*.

COMUNISMO: organização econômica e sociopolítica do Estado, idealizada por Karl Marx e Friedrich Engels (e por seus inúmeros **precursores**), que, como último estágio da evolução social e como resultado do triunfo das lutas do proletariado, será uma sociedade ideal, sem classes, sem propriedade privada sobre os meios de produção, com harmônica igualdade social e econômica para todos, sendo que os bens, que nessa fase serão produzidos em abundância, pois não haverá estruturas arcaicas que impeçam o constante desenvolvimento das forças produtivas, serão distribuídos segundo as necessidades de cada um: *"De cada um segundo sua capacidade; a cada um, segundo suas necessidades"* (conforme o *dicionário Houaiss da Língua Portuguesa*).

As palavras *socialismo* e *comunismo* foram usadas (e ainda o são) desde o século XIX, principalmente após a divulgação das obras de Karl Marx e Friedrich Engels (reveja o capítulo 8). No entanto, o termo *comunismo* firmou-se principalmente com a Revolução Russa de 1917 (reveja o capítulo 16). A proposta de Karl Marx foi a de que o *socialismo* seria uma fase de transição para o *comunismo*, em que haveria ainda uma hierarquia de governo. Atingido o *comunismo*, o Estado e as desigualdades sociais seriam totalmente eliminados.

O chamado socialismo real (os sistemas adotados na ex-URSS, nos países do Leste Europeu, na China, em Cuba, no Vietnã, na Coreia do Norte) alterou o sentido do termo "socialismo", que acabou por ser associado – de forma errada, por alguns – a governos ditatoriais e ao desrespeito aos direitos humanos.

Alguns, porém, não aceitam que as experiências taxadas de socialistas (e ex-URSS é o maior exemplo) possam, realmente, ser assim consideradas, por não terem se mantido fiéis à proposta dos pensadores originais – já que os meios de produção pertenciam ao Estado, controlado por burocratas, e não ao povo trabalhador.

Em maio de 1955, em resposta à criação da Otan, a União Soviética incentivou a formação de uma aliança militar entre os países do bloco comunista da Europa, que resultou no Tratado de Amizade, Cooperação e Assistência Mútua, mais conhecido como **Pacto de Varsóvia**.

Europa após a Segunda Guerra

Mario Yoshida

Fonte: ARRUDA, José Jobson de A. *Atlas histórico básico*. São Paulo: Ática, 2005. p. 32.

Após a Segunda Guerra Mundial, os países europeus alinharam-se em dois blocos. No mapa acima, você pode observar os países-membros da Otan e do Pacto de Varsóvia.

Cinema e Guerra Fria

Em épocas de intensa competição política, militar e tecnológica, as grandes potências procuram guardar cuidadosamente seus planos de ação e seus segredos de Estado – e descobrir os de seus adversários. Os anos da Guerra Fria foram também os anos de ouro da espionagem em escala internacional, com a CIA e a KGB espalhando agentes por todo o mundo e recorrendo aos mais elaborados esquemas para a obtenção de informações estratégicas.

Tão intensa era essa movimentação que chegou a inspirar várias obras que marcam a cultura do período: os filmes da série James Bond (o primeiro deles, *O satânico doutor NO*, é de 1962), os livros de John Le Carré (seu título mais famoso é *O espião que saiu do frio*, de 1962), seriados de TV como *Missão impossível* (produzido nos Estados Unidos entre 1966 e 1973) e mesmo *Agente 86* (uma versão cômica dos anteriores, produzida entre 1965 e 1969).

Cartazes dos filmes do agente 007, estrelados pelo ator Sean Connery, *Moscou contra 007*, em 1963, e *007 Contra a Chantagem Atômica*, em 1965.

Disponível em: <www.culturabrasil.org/guerrafria.htm>. Acesso em: jun. 2012.

O bloqueio de Berlim

Após a Segunda Guerra, em 1945, a Alemanha, derrotada, ficou dividida em quatro zonas de ocupação: soviética, britânica, norte-americana e francesa.

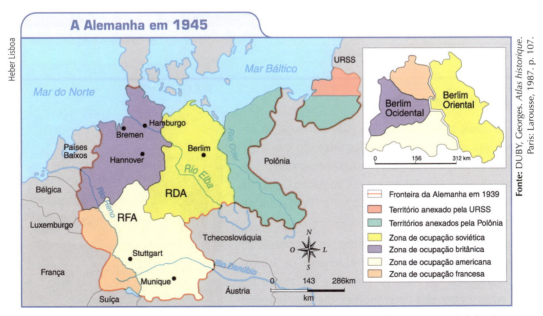

A Alemanha em 1945

Fonte: DUBY, Georges. *Atlas historique*. Paris: Larousse, 1987. p. 107.

- Fronteira da Alemanha em 1939
- Território anexado pela URSS
- Territórios anexados pela Polônia
- Zona de ocupação soviética
- Zona de ocupação britânica
- Zona de ocupação americana
- Zona de ocupação francesa

Veja, no mapa, a divisão da Alemanha em quatro zonas de ocupação. Observe que Berlim, a antiga capital alemã, localizada na zona de ocupação soviética, também estava dividida: a parte ocidental, que correspondia a três quartos da cidade, estava nas mãos dos britânicos, franceses e norte-americanos.

Em 1948, Stalin determinou o bloqueio de Berlim Ocidental, para tentar integrá-la ao lado oriental. Porém, esse setor da cidade recebeu apoio e abastecimento, principalmente dos norte-americanos. Após quase um ano, os soviéticos suspenderam o bloqueio. Esse episódio deu origem à divisão do território da Alemanha. No dia 23 de maio de 1949, os aliados ocidentais promulgaram a Lei Fundamental, elaborada por um conselho parlamentar, dando origem à República Federal da Alemanha (RFA), com capital em Bonn. A União Soviética, que integrara a zona leste do país à sua estrutura de poder, não ficou atrás, anunciando, em outubro de 1949, a fundação da República Democrática Alemã (RDA), tendo Berlim Oriental como capital. Entretanto, a criação oficial da RDA só ocorreu em 1954.

Para separar fisicamente a cidade e evitar que refugiados passassem de Berlim Oriental para a parte ocidental, em 1961, Nikita Krushev (governante da URSS) ordenou a construção do **Muro de Berlim**, separando centenas de famílias. Esse muro foi considerado um dos principais símbolos da Guerra Fria e, ao ser demolido, de seu término em 1989.

Fonte: DUBY, George. *Atlas Historique*. Paris: Larousse, 1987

A construção do Muro de Berlim em 1961.

A Primavera de Praga

Em abril de 1968, a Praça de São Venceslau em Praga, na antiga Tchecoslováquia, enche-se de cidadãos, sobretudo jovens, que mostram sua alegria pelo início das medidas liberalizadoras colocadas em prática pelo novo Secretário-Geral do Partido Comunista tcheco, Alexander Dubcek e conhecidas como a "**Primavera de Praga**".

As medidas então tomadas tinham por objetivo a afirmação da liberdade política, econômica, cultural e religiosa da Tchecoslováquia no contexto do Pacto de Varsóvia e do "mundo socialista", então liderado pela União Soviética, chefiada por Leonid Brejnev. Dubcek tentava provar a possibilidade de uma economia coletivizada conviver com ampla liberdade democrática.

Jovens na Praça de São Venceslau, em Praga, capital da antiga Tchecoslováquia, celebram a "Primavera de Praga" em abril de 1968.

Quatro meses depois do seu início, a União Soviética, temendo que uma Tchecoslováquia democrática e socialista, independente da influência soviética e com garantias de liberdade à sociedade, pudesse influenciar as nações socialistas, mandou os tanques do Pacto de Varsóvia invadir a capital Praga, em 20 de agosto de 1968.

Jovens em Praga tentam conversar com os soldados do Pacto de Varsóvia, 1968.

Confrontos entre as tropas do Pacto de Varsóvia e manifestantes nas ruas da cidade de Praga, 1968.

Confrontos entre tropas do Pacto e manifestantes aconteceram nas ruas da cidade. Dubcek foi detido por soldados soviéticos, levado para Moscou e destituído do cargo. A "Primavera de Praga" chegava ao fim de forma violenta.

ATIVIDADES

1 O que foi a Guerra Fria e quando ocorreu?

_____

_____

_____

_____

2 Relacione a Guerra Fria com a "Doutrina Truman" e o "Plano Marshall".

_____

_____

_____

3 Diferencie socialismo e comunismo.

_____

_____

_____

África e Ásia: processos de independência

A **crise do colonialismo** na Ásia e na África só ocorreu, acentuadamente, após o término da Segunda Guerra Mundial, levando países desses continentes aos processos de independência.

A Ásia do século XX

Durante a Primeira Guerra Mundial, formaram-se, em regiões asiáticas, movimentos nacionalistas que propunham a libertação dos povos dominados por potências imperialistas europeias. Contudo, seus objetivos só se concretizaram após a Segunda Guerra Mundial.

A Independência da Índia (1947)

Após a Primeira Guerra Mundial, na Índia, ganhou força o movimento nacionalista liderado por Mohandas Karamchand Gandhy, chamado de Mahatma Gandhy (Mahatma = Grande Alma), e Jawaharlal Nehru. Os nacionalistas defendiam a autonomia política, a modernização do Estado, a igualdade política para todas as etnias, religiões e classes sociais, e reformas sociais, além de econômicas e administrativas.

A Índia é um país bastante **heterogêneo**, onde há acentuadas diferenças sociais, falam-se mais de 15 línguas, com centenas de **dialetos** e muitas religiões, sendo as predominantes o hinduísmo e o islamismo, caracterizando uma sociedade multiculturalista.

A maior figura da luta nacional indiana foi Gandhy, que pregava a resistência pacífica e recorria a jejuns, a marchas e à desobediência civil, ou seja, à recusa a pagar impostos e consumir produtos ingleses.

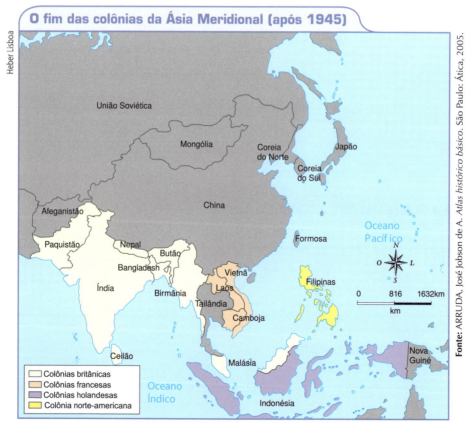

Veja, no mapa, os países da Ásia Meridional que eram colônias de países europeus e que conseguiram sua independência (no século XX).

Satyagraha é um termo **sânscrito** composto de duas palavras nesta língua: *Satya*, que pode ser traduzida como "verdade"; e *agraha* que pode ser traduzida como "busca". Assim, pode-se entender *satyagraha* como a "busca da verdade", o "insistir pela verdade".

Esse termo é o nome de um dos principais ensinamentos do indiano Mahatma Gandhy e designa a "resistência pacífica", o princípio da não agressão, uma forma não violenta de protesto (também traduzida como "firmeza permanente"), que não deve ser confundida com adesão à

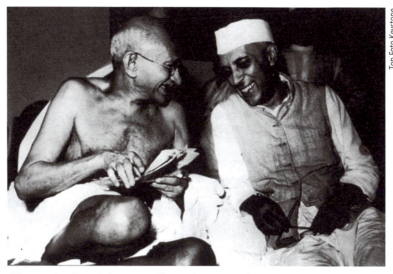

Líderes nacionalistas indianos: Gandhy e Nehru, em Bombaim, 1948.

passividade, pois é uma forma de ativismo que muitas vezes implica desobediência civil.

Frequentemente Gandhy afirmava a simplicidade de seus valores, derivados da crença tradicional hindu: verdade (*satya*) e não violência (*ahimsa*). Quando desenvolveu sua filosofia de não violência, ele não encontrava uma palavra adequada para defini-la em inglês, então decidiu usar esta palavra sânscrita, *satyagraha*.

Para retardar a libertação, a Inglaterra estimulava a rivalidade que havia entre os hindus e os muçulmanos, defensores da formação de um Estado muçulmano.

Como os hindus se recusaram a colaborar com a Inglaterra na Segunda Guerra, o governo inglês prometeu autonomia, na condição de domínio integrado à Commonwealth, uma associação dos Estados soberanos independentes, formada pelo Reino Unido e suas colônias. No final do conflito mundial, a Inglaterra concedeu a independência à Índia (1947), mas o país não permaneceu unificado. As rivalidades internas provocaram sua divisão em dois Estados soberanos:

Taj Mahal, na cidade de Agra, Índia. Este mausoléu foi construído por ordem do imperador muçulmano Shah Jahan entre 1630 e 1652, para abrigar o corpo de sua amada esposa. Foi declarado Patrimônio Histórico da Humanidade (**Unesco**) e é considerado um dos mais belos monumentos ao amor.

- a **República União Indiana**, de maioria hinduísta, governada pelo primeiro-ministro Nehru;
- a **República do Paquistão** (dividido em Oriental e Ocidental), de maioria muçulmana, governada por Ali Jinnah.

Fonte: MARTINELLI, Marcello. *Atlas geográfico*. São Paulo: Ed. do Brasil, 2003. p. 48.

Mario Yoshida

Veja no mapa político da Ásia a localização do Paquistão, da Índia, de Bangladesh e do Sri Lanka.

Mais tarde, a Ilha do Ceilão, situada ao sul da Índia, onde predominava o budismo, formou outro Estado conhecido como **República do Sri Lanka**.

Mais de 1 milhão de mortos – este foi o saldo dos confrontos entre hinduístas e muçulmanos após a partilha da Índia. Em 1948, em um desses confrontos, Gandhi foi assassinado.

Em 1971, o Paquistão Oriental separou-se do Ocidental, constituindo a **República de Bangladesh** (posteriormente República de Bengala).

Apesar das independências, a população de todas essas regiões continuou vivendo em condições miseráveis e ocorreram inúmeros conflitos políticos, religiosos e étnicos.

A Independência da Indonésia

No século XVII, a Indonésia, um arquipélago situado no Sudeste Asiático, cujas principais ilhas são Java e Sumatra, passou a fazer parte do domínio colonial dos Países Baixos. Essa situação perdurou até 1941, quando a Holanda foi ocupada pela Alemanha nazista. No ano seguinte, os japoneses ocuparam a Indonésia e prometeram autonomia para o país.

Liderado por Ahmed Sukarno, o movimento nacionalista fortaleceu-se e, em 1945, com a derrota do Japão na Segunda Guerra, foi declarada a Independência da República Indonésia. A Holanda não a reconheceu e mandou suas tropas para a região, iniciando-se um período de lutas sangrentas entre o exército holandês e os guerrilheiros nacionalistas.

A Indonésia é um arquipélago no Sudeste Asiático.

Fonte: KINDER, Hermann; HILGEMANN, Werner; HERGT, Manfred. *Atlas histórico mundial*. Madri: Akal, 2007. p. 650.

A Conferência de Bandung

Em 18 de abril de 1955, em Bandung, na Indonésia, reuniram-se, numa conferência internacional, 29 países da Ásia e da África. Era a primeira vez que se reuniam. O primeiro-ministro da Índia, Nehru, que combatera, ao lado de Gandhi, a dominação inglesa, estava presente, ao lado do presidente Nasser, do Egito, de Chou En Lai, premiê da República Popular da China, do imperador Haile Salassié, da Etiópia, e dos reis do Marrocos e do Camboja, entre outros. Alguns tinham um passado revolucionário, mas todos estavam reunidos em Bandung para se lançar à guerra contra o subdesenvolvimento. Evidentemente, condenaram o racismo e a dominação colonial. A conferência proclamou-se representante dos países não alinhados nem ao bloco soviético nem ao bloco capitalista, mas favoráveis à criação de sociedades igualitárias.

Em nome dos 29 países presentes à conferência, Chou En Lai propôs aos americanos uma declaração de coexistência pacífica, de igualdade racial e de reconhecimento ao direito de soberania de todas as nações. Os americanos recusaram o convite. O Ocidente deixou passar, sem saber aproveitar, a primeira oportunidade de diálogo com o Terceiro Mundo.

A partir daí, generalizou-se o termo que havia surgido alguns anos antes, com outra conotação (na verdade, a que passou a prevalecer): "Terceiro Mundo" para caracterizar os países cujas economias eram dependentes, em contraste com o "Primeiro Mundo" (formado pelos países capitalistas desenvolvidos) e o "Segundo Mundo" (dos países socialistas desenvolvidos).

Disponível em: <www.tvcultura.com.br/aloescola/historia/cenasdoseculo/internacionais/conferenciadebandung.htm>. Acesso em: jun. 2012. Texto adaptado.

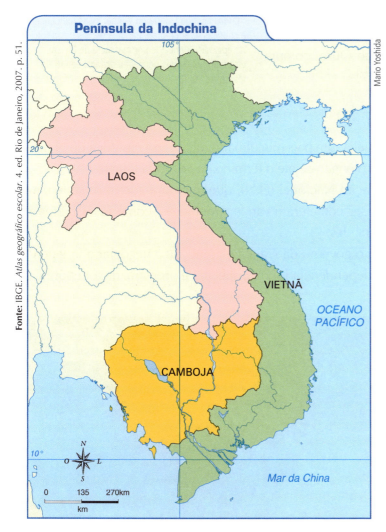

Península da Indochina

LAOS

VIETNÃ

OCEANO PACÍFICO

CAMBOJA

Mar da China

N
O — L
S

0   135   270km
km

Fonte: IBGE. *Atlas geográfico escolar.* 4. ed. Rio de Janeiro, 2007. p. 51.

Mario Yoshida

Hoje, a antiga região da Indochina compreende o Vietnã, o Laos e o Camboja.

Em 1949, após a mediação da ONU e dos Estados Unidos, interessados em estabelecer sua influência na região, a Holanda acabou por reconhecer a Independência da Indonésia.

Em 1955, durante o governo de Sukarno, houve no país uma reunião de países recém-libertos da África e da Ásia (**Conferência de Bandung**). Entre outras coisas, decidiram pela adoção de uma política de defesa da soberania dos Estados e pelo não alinhamento aos dois grandes blocos: capitalista e comunista.

A Independência da Indochina

A Indochina, também situada no Sudeste Asiático, foi ocupada pelos franceses na segunda metade do século XIX. Compreendia as regiões do Vietnã, do Laos e do Camboja.

Quando, em 1940, a França foi ocupada pela Alemanha nazista, o Japão dominou a região. Formou-se um movimento nacionalista para lutar contra os invasores, denominado Vietminh (Liga Revolucionária para a Independência do Vietnã), liderado por Ho Chi Minh, um dirigente comunista.

Com a derrota do Japão na guerra, Ho Chi Minh proclamou a Independência da República Democrática do Vietnã, com capital em Hanói (compreendendo a porção norte), mas os franceses não a reconheceram.

Em 1946, a França tentou restabelecer o controle sobre a região, o que levou a uma luta que durou até 1954, quando os franceses foram derrotados. Nesse mesmo ano, foi convocada a Conferência de Genebra para o restabelecimento da paz. Foi reconhecida a Independência do Laos, do Camboja e do Vietnã. Também ficou decidida a divisão do Vietnã ao longo do paralelo 17, com o norte governado por Ho Chi Minh e o sul, com capital em Saigon, governado por Ngo Dinh-Diem. A oposição armada dos comunistas ao governo do sul levou à intervenção militar dos Estados Unidos e à Guerra do Vietnã.

Vítimas civis na Guerra do Vietnã. Essas mulheres e crianças foram mortas minutos depois desta foto, no episódio conhecido por massacre de My Lai, efetuado por tropas norte-americanas, em 16 de março de 1968.

A África do século XX

Na metade da década de 1950, apenas a Etiópia, a Libéria e a África do Sul eram independentes. O primeiro país a conquistar a independência foi a Costa do Ouro, colônia inglesa, que passou a se chamar Gana (1957).

A Independência da Argélia

Na primeira década do século XIX, a Argélia, um país muçulmano localizado na África do Norte, foi conquistada pela França. Esse domínio prolongou-se até o término da Segunda Guerra Mundial.

Em 1954, formou-se a Frente de Libertação Nacional (FLN), que iniciou a guerra da Independência. Na tentativa de sufocá-la, os franceses cometeram várias atrocidades, como assassinatos e torturas, levantando a opinião pública contra eles.

Em 1958, o general De Gaulle assumiu o governo da França e começou a negociar a Independência da Argélia. Em março de 1962, a independência foi reconhecida e proclamada a República Democrática da Argélia.

Cena de conflito de rua na Argélia, década de 1950.

Os filhos do imperialismo europeu

Os distúrbios nos **subúrbios** de Paris em 2005 começaram dia 27 de outubro devido à perseguição seguida de morte de dois jovens descendentes africanos Benna e Traoré pela polícia de Paris.

Os protestos em série depois da morte dos dois jovens duraram 19 noites **consecutivas** até o dia 16 de novembro.

A onda de violência detonada pelos jovens suburbanos na França é também fruto da intolerância e do racismo. Estes jovens são filhos ou netos de imigrantes, nascidos na França e, portanto, de nacionalidade francesa.

Esta não é só uma realidade da França, mas de diversos países da União Europeia, que temem que os distúrbios possam se espalhar por outros países do continente. O fato de terem nascido na França, Alemanha, Inglaterra, Itália não os tornou verdadeiros franceses, ingleses, alemães ou italianos. Na Alemanha, é comum um ditado: "Caso um pato nasça no galinheiro, isto não o torna galinha, ele permanecerá sendo pato". Na prática, é assim que parte expressiva da sociedade destes países vê seus vizinhos suburbanos de **ascendência** argelina, marroquina, turca, senegalesa, paquistanesa, hindu etc.

Desemprego e racismo alimentam revolta de jovens na França em 2005.

Discriminação e revolta

Muitos destes imigrantes entraram na Europa após a Segunda Guerra Mundial. Foram "bem-vindos", pois contribuíram para sua reconstrução. Salários baixos e trabalhos pesados os esperavam de mão aberta. Eram grupos formados principalmente por argelinos na França, turcos na Alemanha, hindus e paquistaneses no Reino Unido, e muitos outros.

Hoje os europeus não precisam mais deles nem dos seus filhos. Como não sabem o que fazer, deixam-nos relegados à própria sorte. Vivem em subúrbios ou bairros deteriorados, residem em conjuntos habitacionais especialmente construídos para a população de baixa renda e arruinados pelas marcas do tempo. Não contam com serviços públicos de boa qualidade e são discriminados no mercado de trabalho. Enquanto o índice médio de desemprego na França é de 10% (2005), nos subúrbios próximos a Paris gira entre 35% a 40%.

O mercado de trabalho está bloqueado principalmente à população mais jovem que não conta com escolas de boa qualidade e acesso ao ensino superior. Os empregos, quando disponíveis, são equivalentes àqueles exercidos pelos seus pais e avós: baixa remuneração, baixa qualificação e nenhum prestígio social.

Disponível em: <http://noticias.uol.com.br/licaodecasa/materias/medio/atualidades/ult1685u211.jhtm>. Acesso em: jun. 2012. Texto adaptado.

O Congo hoje são dois: República Democrática do Congo e República do Congo

Na sua máxima dimensão, o antigo Reino do Congo estendia-se desde o Oceano Atlântico, a oeste, até o Rio Cuango, a leste, e do Rio Oguwé, no atual Gabão, a norte, até o Rio Cuanza, a sul. O Reino do Congo foi fundado por Ntinu Wene, no século XIII. Essa vasta área foi dominada por europeus no século XIX e, no século XX, deu origem a dois Estados africanos.

A **República Democrática do Congo**, localizada na porção central do continente africano, foi ocupada pelos belgas no século XIX. Na década de 1950, projetou-se o líder nacionalista Patrice Lumumba, que passou a lutar pela libertação, desencadeando agressivas manifestações populares.

Em 30 de junho de 1960, o Congo conquista a independência e passa a se chamar República do Congo – em 1964, é acrescentado o adjetivo "democrática". Em julho de 1960 eclode uma rebelião contra Lumumba, liderada por Moïse Tshombe. Antes do final do ano, Kasavubu afasta Lumumba do cargo de primeiro-ministro num golpe de Estado. Lumumba é sequestrado e assassinado em janeiro de 1961. Tropas de diversos países (inclusive o Brasil) são enviadas pela ONU para restabelecer a ordem, o que ocorre em 1963, com a fuga de Tshombe. As tropas da ONU retiram-se em junho de 1964. Dias depois, ocorre uma reviravolta: Tshombe regressa e assume a Presidência com o apoio da Bélgica e dos Estados Unidos. Em novembro de 1965, ele é derrubado num golpe liderado por Mobutu Joseph Désiré.

Patrice Lumumba, primeiro-ministro da República do Congo, 1960/61, Pintura de Bernard Safran, s.d.

Mobutu estabelece uma ditadura personalista, tornando o país um estratégico aliado das potências capitalistas na África. No início dos anos 1970, lança sua política de "africanização", proibindo nomes ocidentais e cristãos. Como parte da campanha, muda, em 1971, o nome do país para Zaire.

Em 1994, mais de 1 milhão de ruandeses (em sua maioria *hutus*) foragidos do genocídio em seu país ingressam no leste do Zaire. A chegada dos refugiados desestabiliza a região, habitada há mais de 200 anos pelos *tutsis baniamulenges*, inimigos históricos dos *hutus*. Sentindo-se negligenciados por Mobutu, que tolera a presença dos *hutus* na região, os *baniamulenges* iniciam uma rebelião em outubro de 1996, liderados por Laurent-Désiré Kabila. Em 17 de maio de 1997, entram na capital sob aplausos da população. Kabila assume o poder, forma um governo de salvação nacional, promete eleições gerais e retoma o antigo nome do país – República Democrática do Congo –, adotado entre 1964 e 1971.

Em maio de 1997, Laurent-Désiré Kabila e seu exército rebelde derrubam o ditador Mobutu. Kabila aparece na foto inspecionando seus soldados, logo após ter sido declarado presidente.

Em 2001, Kabila é assassinado por seu guarda-costas.

Depois de um governo de transição, que durou cinco anos, Joseph Kabila, filho de Laurent-Désiré, foi eleito presidente, em 6 de dezembro de 2006, derrotando Jean-Pierre Bemba. Foi a primeira eleição geral em 40 anos na história do país.

A **República do Congo**, cuja atual capital é Brazzaville, tornou-se independente da França em 1960. O primeiro presidente do país, Fulbert Youlou, entretanto, governou apenas três anos e foi obrigado a deixar o governo por causa de uma revolta. Em 1963, inicia-se a Presidência de Alphonse Massamba-Délbat, que governou sob inspiração de princípios marxistas-leninistas, adotando uma economia planificada, de base socialista. Seu "Plano Quinquenal" fez a agricultura e a indústria desenvolver-se.

Em 1968, um golpe de Estado, liderado pelo major Marien Ngouabi, derrubou Massamba-Délbat, mas a linha socialista permaneceu. Ngouabi fundou o "Partido Congolês dos Trabalhadores" (PCT), único considerado legal daí em diante, e, em 1970, o país adotou a denominação de República Popular do Congo. Em 1977, o presidente foi assassinado. Uma junta militar governou até 1979, quando assumiu a Presidência o coronel Sassou-Nguesso, que exerceu poderes ditatoriais até 1989. Nesse ano, o colapso comunista do Leste Europeu o levou a anunciar reformas políticas e a transição para a economia de mercado. O governo manteve uma política internacional de neutralidade, relacionando-se tanto com o capitalismo quanto com o comunismo. Em 1981, foi assinado um tratado de amizade com a União Soviética, contudo o país continuou a receber os benefícios dos investimentos franceses. Em 1989, o congresso do PCT reelegeu o presidente para o seu terceiro mandato de cinco anos.

Em 1990, o PCT abandonou o marxismo-leninismo. No ano seguinte, tropas cubanas estacionadas no país desde 1977 deixaram o Congo. Em 1992, foi votada uma nova Constituição.

Independência das colônias portuguesas

As colônias portuguesas da África – Guiné-Bissau, Moçambique, Angola e os arquipélagos de Cabo Verde, São Tomé e Príncipe – foram as que mais tardiamente conseguiram sua libertação. Somente na década de 1970 tiveram maior impulso as lutas pela independência.

Em **Guiné-Bissau**, a luta pela emancipação teve início em 1961. Em 1973, Luís Cabral assumiu o comando do movimento, proclamou a independência e presidiu o governo. O novo Estado foi imediatamente reconhecido pela Assembleia Geral da ONU. Em 1974, Portugal também reconheceu a Independência de Guiné-Bissau e, no ano seguinte, a de **Cabo Verde**.

Em **Moçambique**, a Frente de Libertação de Moçambique (Frelimo) iniciou, em 1964, um movimento armado contra o colonialismo português. Vários dos confrontos entre as duas forças terminaram com a derrota dos portugueses. Em 1975, o governo democrático de Portugal reconheceu a Independência da República Popular de Moçambique.

Em **Angola**, foi fundado o Movimento Popular pela Libertação de Angola (MPLA) que, em 1961, iniciou as lutas pela libertação. Após a queda do salazarismo (governo de Antonio de Oliveira Salazar, de 1934 a 1968 em Portugal), foi assinado, em 1974, o Acordo de Alvor, que estabelecia a Independência de Angola para o final do ano seguinte. Uma série de lutas entre os grupos rivais eclodiu no país. Somente em 1991 foi estabelecido um acordo de paz e as eleições foram convocadas.

O Arquipélago de **São Tomé e Príncipe** conseguiu libertar-se do domínio português em 1975 e passou a ser governado por Manuel Pinto da Costa.

A África do Sul e o *apartheid*

Após 1920, a minoria branca da África do Sul, de origem inglesa e holandesa, promulgou uma série de leis com o objetivo de consolidar seu poder sobre a maioria negra, cerca de 70% da população. A política de segregação racial recebeu a denominação de *apartheid* e foi oficializada em 1948. Houve a separação radical entre brancos e negros.

A política do *apartheid* impedia os negros de terem participação política, acesso à propriedade da terra, de desempenhar determinadas profissões, e obrigava-os a viver em locais determinados e não se misturar com os brancos nos transportes coletivos ou nas praias. Os negros tornaram-se cidadãos de segunda classe.

A oposição ao *apartheid* teve início na década de 1950, quando surgiu o CNA – Congresso Nacional Africano, uma organização negra que defendia a oposição pacífica ao regime de segregação.

Em 1960, os líderes negros organizaram uma grande manifestação contra a Lei do Passe, pela qual os negros deveriam portar um cartão de identificação que seria apresentado sempre que a polícia o exigisse. A polícia matou 67 manifestantes, provocando uma onda de protestos em todo o país. Como resultado, o CNA foi considerado ilegal e o seu líder, Nelson Mandela, preso (1962) e condenado à prisão perpétua.

Na década de 1980, o *apartheid* foi intensamente contestado pelos negros e, como o governo reagia sempre com muita violência a qualquer tipo de manifestação, a África do Sul sofreu sanções de vários países.

Em 1989, com a subida do presidente Frederik de Klerk, foram tomadas as primeiras medidas efetivas para a integração do negro na sociedade sul-africana. No ano seguinte, o CNA recuperou sua legalidade e Mandela foi libertado.

Em 1992, foi realizado um plebiscito só para a população branca, com o objetivo de se conhecer sua opinião sobre as reformas. O resultado foi que 69% manifestou-se a favor do fim do *apartheid*.

Em 1994, realizaram-se as eleições convocadas por De Klerk, as primeiras para um governo multirracial. Nelson Mandela foi eleito presidente, pondo fim ao domínio da minoria branca.

Graças à política adotada, De Klerk e Mandela ganharam o Prêmio Nobel da Paz.

Nelson Mandela, fotografado por Jurgen Schadeler, 1994.

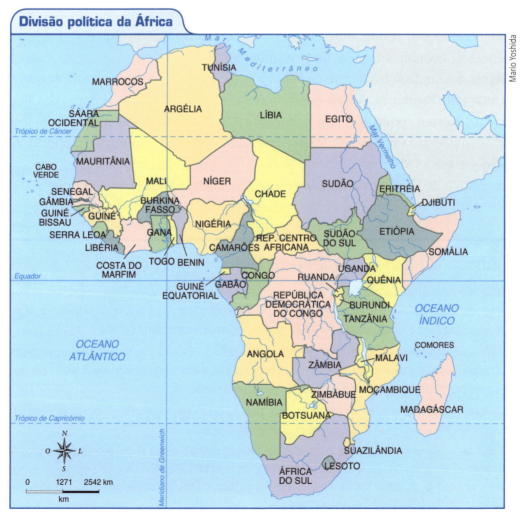

Divisão política da África

Fonte: *Atlas Geográfico Escolar*. Rio de Janeiro: IBGE, 2009. *Em novembro de 2011 foi criado o Sudão do Sul.

1. Analise os processos de independência de países da Ásia e da África, abordados no capítulo, e estabeleça o que eles tiveram em comum.

_____

_____

_____

_____

_____

2. Qual é sua opinião sobre a política do *apartheid*?

_____

_____

_____

_____

A Revolução Socialista na China

Em 1905, Sun Yat-sen fundou o Kuomintang, ou Partido do Povo, de caráter nacionalista, que objetivava instalar uma república com voto universal, modernizar a China e distribuir terras aos camponeses. Em 1911, ocorreu a Proclamação da República, mas não houve a unificação do país, dividido em regiões controladas por chefes locais. Também não foram distribuídas terras aos camponeses. Começaram inúmeros conflitos internos, que impediram a consolidação de uma democracia.

Em 1921, foi fundado o Partido Comunista Chinês (PCC), que passou, em três anos, a contar com 200 mil filiados, em sua maioria trabalhadores das indústrias. Em 1924, o Partido Comunista aliou-se ao Kuomintang, com a finalidade de lutar contra os governos provinciais e a dominação estrangeira. Constitui-se, assim, uma ampla frente formada pelas principais forças políticas que lutavam pela emancipação nacional.

Em 1925, com a morte de Sun Yat-sen, ele foi sucedido, à frente do Kuomintang, por Chiang Kai-shek, que, em pouco tempo, rompeu a aliança com os comunistas e preconizava uma república burguesa, que não mudava as condições de vida dos camponeses. Em 1927, iniciou-se uma guerra civil, e Chiang Kai-shek, apoiado pelo Exército, por comerciantes enriquecidos e grandes proprietários rurais, atacou e perseguiu os comunistas.

Essa situação levou ao fortalecimento da ala mais radical do Partido Comunista, liderada por Mao Tsé-tung. Foram organizadas guerrilhas no campo e crescia o Exército Vermelho, formado por camponeses armados.

A Grande Marcha

Em 1934, depois de sofrerem derrotas no sul do país, os comunistas, liderados por Mao Tsé-tung, iniciaram a chamada **Grande Marcha** em direção ao norte.

Em 1937, com a invasão dos japoneses na região da Manchúria, teve início uma guerra na China, que se prolongou até o final da Segunda Guerra. Durante esse período, houve uma trégua entre os comunistas e os nacionalistas, necessária para enfrentarem o inimigo comum: o Japão. Terminado o conflito mundial, as hostilidades entre os dois reiniciaram-se.

O exército de Mao chega a Pequim, em 1949, aclamado por 300 mil pessoas. Os comunistas conquistaram o poder na China.

Os comunistas, após anos de luta contra os japoneses, passaram a contar com um poderoso e disciplinado exército. Em 1945, teve início uma nova guerra civil, que se prolongou até 1949. Os nacionalistas foram derrotados e Chiang Kai-shek fugiu para a Ilha de Taiwan (Formosa), onde, apoiado pelos Estados Unidos, já durante a Guerra Fria, fundou a República Nacionalista da China. Os comunistas iniciaram a reconstrução do país e o estabelecimento de uma sociedade socialista. A situação era bastante difícil: no campo, não havia sementes estocadas e, nas cidades, grassava a fome.

A implantação do socialismo

Mao Tsé-tung reafirmou seu propósito de instaurar uma nova democracia, mediante a aliança com o proletariado, os camponeses e as classes médias. Suas primeiras medidas dirigiram-se para alguns dos problemas que afetavam o campo. Por uma lei assinada em 1950, as grandes propriedades foram repartidas entre os camponeses.

As escassas instalações industriais foram desapropriadas e passaram para o controle direto do Estado. Houve a nacionalização dos bancos, estradas de ferro e empresas de eletricidade, telefonia e água.

Nessa primeira etapa, o governo chinês contou com a colaboração da antiga União Soviética, de quem copiou o modelo de organização política e econômica. Após a morte de Stalin, as relações entre os dois países esfriaram, chegando a uma total **ruptura**. Os chineses consideravam que o plano soviético de desenvolvimento, priorizando a indústria, era inaceitável para a China, país essencialmente agrário.

Em 1958, foi elaborado um novo plano econômico para a China, conhecido como o **Grande Salto para a Frente**. O objetivo era aumentar a produção, o que exigia grande empenho de toda a população. Nas indústrias, houve aumento do número de horas de trabalho e foram fixadas cotas de rendimento para os trabalhadores. Os operários participavam da **gestão** das empresas e foram criadas escolas de especialização para eles.

Contudo, o eixo econômico continuava sendo a agricultura e, para a sua maior produtividade, durante o inverno, milhões de chineses, estudantes, intelectuais, mulheres, funcionários públicos excedentes, militares colaboravam com os camponeses, realizando principalmente obras de infraestrutura.

Ocorreu a estatização da terra e formaram-se comunidades populares, as **comunas**, cada uma delas constituída de aproximadamente 5 mil famílias. Toda propriedade passou a ser coletiva: as casas, os instrumentos de trabalho, os móveis etc. Em troca, a administração da comuna oferecia gratuitamente refeitórios, escolas, tratamento de saúde.

No entanto, houve oposições a essa forma de organização. Os intelectuais insurgiram-se contra a doutrinação que era feita dentro das comunas. Os camponeses protestaram pelos seus lotes perdidos. As colheitas nem sempre eram boas, levando à fome e a revoltas. A crise agrária refletiu-se na indústria e muitas empresas fecharam.

O fracasso do Grande Salto para a Frente gerou a necessidade de mudanças. Continuaram as divergências dentro do Partido Comunista em relação aos rumos que deveriam ser seguidos.

A Revolução Cultural

A Revolução Cultural, iniciada em 1966, marcou significativamente os rumos da Revolução Chinesa.

O fracasso do Grande Salto para a Frente provocou uma cisão dentro do Partido Comunista Chinês e o fortalecimento da oposição a Mao. Ele e seus seguidores reagiram e desencadearam a **Revolução Cultural**, um movimento de mobilização das massas. A juventude foi incentivada a lutar contra os velhos hábitos, costumes e ideias. Os jovens, em todo o país, criaram a Jovem Guarda Vermelha.

Nas principais cidades da China, surgiram comitês populares que lançavam programas de reformas e ameaçavam as autoridades. Houve o fechamento de locais onde se realizavam cultos religiosos e o confisco de livros. As comunas ganharam maior importância e Mao foi reconhecido como o principal líder da revolução.

> Durante a Revolução Cultural, foi editado o famoso Livro Vermelho, que contém uma ampla antologia das frases tiradas dos escritos de Mao Tsé-tung. Em todos os cantos da China, lia-se e comentava-se o pensamento do líder revolucionário.

Para combater os excessos cometidos pela Guarda Vermelha, Mao ordenou a intervenção do Exército Popular. Em 1970, a China reatou relações diplomáticas com os Estados Unidos e, no ano seguinte, foi permitido seu ingresso na ONU. A partir de 1973, alguns chineses passaram a considerar que a Revolução Cultural não era um bom caminho para a rápida industrialização e o progresso do país.

A China depois de Mao

Mao Tsé-tung morreu em 1976, e os moderados voltaram a ocupar o poder. Muitos elementos da ala radical foram expulsos do partido ou presos. Seu sucessor, Deng Xiaoping, representou o final definitivo da Revolução Cultural. Deng adotou uma política econômica desenvolvimentista e permitiu a entrada de tecnologia e capital estrangeiros.

No campo, houve a substituição das comunas pelas fazendas coletivas, que tinham a permissão de comercializar os excedentes. Na indústria, os salários foram aumentados e

Imagem emblemática da manifestação: estudante, sozinho, tenta impedir a passagem de tanques. Praça da Paz Celestial, Pequim, 1989.

Jeff Widener The Associated Press

o excedente passou a ser aplicado na modernização das empresas, em saúde e educação. Em 1989, a China restabeleceu relações diplomáticas com a então União das Repúblicas Socialistas Soviéticas.

Com a abertura da economia, vários setores da população chinesa passaram a exigir maior liberdade. As manifestações populares da **Primavera de Pequim**, em abril de 1989, iniciada por estudantes concentrados na Praça da Paz Celestial e que recebeu adesão de trabalhadores, refletiam o desejo de que a liberalização da economia fosse seguida por reformas políticas. Mas o governo reagiu e a repressão foi violenta. Muitas pessoas foram mortas ou presas.

Durante as sete semanas que durou o histórico levante iniciado pelos estudantes universitários de Pequim, irradiou-se da praça Tiananmen (da Paz Celestial) para o mundo um sopro de entusiasmo e esperança. Eles pediam democracia e fim da corrupção. Em poucos dias multiplicaram-se os manifestantes, que passaram de 20 mil para quase 2 milhões, envolvendo praticamente todos os setores da sociedade. Mas o levante foi abatido e massacrado. Centenas de pessoas foram mortas na noite de 3 para 4 de junho de 1989, quando soldados e tanques entraram em Pequim e, diante da oposição dos residentes da cidade, tomaram o controle da praça que estava ocupada por estudantes.

A China despontou no século XXI como potência econômica que disputa o mercado da economia globalizada, a despeito de não se autodefinir como um país integrado ao livre-mercado.

Porto de Shanghai é líder mundial em volume de cargas em 2007

Shanghai, 2.1.2008

O volume de carga no porto de Shanghai ultrapassou 560 milhões de toneladas em 2007, colocando o porto em primeiro lugar no mundo pelo terceiro ano consecutivo, informou o Departamento de Portos e Transporte Marítimo de Shanghai.

O volume de carga aumentou 4,2% em relação a 2006. O volume de TEU (contêineres de 20 pés) no porto de Shangai aumentou 20,4%, chegando a 26,15 milhões de unidades, revelou o departamento.

Em 2005, o volume de carga no porto de Shangai ultrapassou 443 milhões de toneladas, superando o porto de Cingapura e tornando-se o número um em volume de cargas no mundo.

O porto de Shangai conta com 42 cais e rotas de TEU para mais de 300 portos em todo o mundo.

As autoridades do governo municipal têm feito esforços para tornar o porto de Shangai em um Centro de Transporte Marítimo Internacional.

Disponível em: <http://portuguese.cri.cn/101/2008/01/02/1@81581.htm>.
Acesso em: jul. 2012.

Guerras asiáticas

A Coreia havia sido anexada pelo Japão no início do século XX. Ao final da Segunda Guerra, com a derrota dos japoneses, a Coreia foi libertada pelos aliados e dividida em duas zonas de ocupação por uma linha demarcatória, conhecida como paralelo 38. O setor sul ficou sob o controle dos norte-americanos, e o setor norte, dos soviéticos.

Em junho de 1950, as tropas da Coreia do Norte invadiram, de surpresa, a Coreia do Sul, provocando imediata reação dos Estados Unidos, que enviaram tropas para a Coreia do Sul.

Em outubro do mesmo ano, a China socialista envolveu-se na guerra, apoiando a Coreia do Norte. Apenas em junho de 1953 o conflito terminou, com o estabelecimento de um acordo de paz que também ratificou definitivamente a divisão da Coreia.

Enquanto a Coreia do Norte continuou aliada da União Soviética e da China, a Coreia do Sul transformou-se em ponto de interesse dos Estados Unidos no continente asiático, onde esse país aplicou capitais e criou uma infraestrutura industrial.

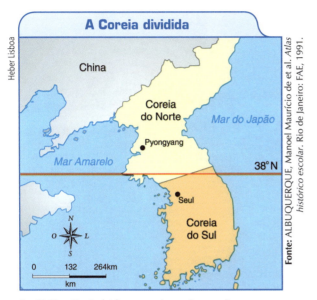

Em 1948, a Coreia foi fragmentada em duas nações: ao sul, a República da Coreia (Coreia do Sul) e, ao norte, a República Popular da Coreia (Coreia do Norte). As tropas norte-americanas e soviéticas abandonaram a região, mas, logo em seguida, incidentes começaram a ocorrer ao longo do paralelo 38, porque os governos das novas nações queriam reunificar o país, mantendo-o sob seu controle.

Uma das decisões da Conferência de Genebra foi a divisão do Vietnã, ao longo do paralelo 17, em Vietnã do Norte (comunista), com capital em Hanói e governado por Ho Chi Minh, e Vietnã do Sul (capitalista), com capital em Saigon, governado por Bao-Daï. Essa divisão seria temporária, sendo prevista a reunificação do país para 1956, com a realização de eleições.

Guerra do Vietnã

A região da Indochina, formada pelo Laos, Camboja e Vietnã, foi, desde 1860, domínio da França, tendo sido ocupada durante a Segunda Guerra pelos japoneses. Em 1945, terminado o conflito mundial e com a rendição do Japão, o líder nacionalista Ho Chi Minh proclamou a Independência do Vietnã e, progressivamente, foi vencendo os franceses.

Em 1946, a tentativa francesa de restabelecer o colonialismo na região provocou a Guerra da Indochina, em que o imperialismo francês enfrentou grupos de guerrilhas no Vietnã e no Laos, culminando com a derrota francesa. Em 1954, a Conferência de Genebra, convocada para negociar a paz na Indochina, que contou com a participação de grandes potências (Estados Unidos, União Soviética e China), reconheceu a Independência do Camboja, do Laos e do Vietnã. Na conjuntura internacional marcada pela Guerra Fria, o Vietnã dividiu-se em duas porções a partir do paralelo 17: o norte, socialista, representado pela República Democrática Popular do Vietnã, liderada por Ho Chi Minh, com capital em Hanói, e o sul, capitalista, formado pela República Democrática do Vietnã, comandada por Ngo Dinh-diem, com capital em Saigon. Segundo a Conferência de Genebra, a divisão era temporária e a reunificação do país deveria acontecer em 1956, com a convocação de eleições populares.

237

Em 1960, O governo do Vietnã do Sul cancelou as eleições e o presidente norte-americano Eisenhower apoiou a decisão. Contando com o apoio do Vietnã do Norte, sul-vietnamitas contrários a essa situação formaram um grupo guerrilheiro, o **Vietcongue**. Teve início uma luta que durou mais de 15 anos.

Com o apoio do Senado, sob a alegação de que navios norte-americanos tinham sido atacados pelo Vietnã do Norte, o presidente Lyndon Johnson enviou mais de 500 mil soldados para o Vietnã do Sul. Os Estados Unidos investiram mais de 250 bilhões de dólares na guerra, além de terem utilizado material bélico condenado pelas Nações Unidas, como bombas químicas de alto poder destrutivo, destacando-se a de napalm.

Vindos de uma guerra de libertação contra a França, os norte-vietnamitas usaram melhor as estratégias de guerrilha aproveitando-se das vantagens geográficas (selva fechada e calor de 40 °C) para derrotar os norte-americanos.

Guerrilheiro vietcongue, década de 1960.

A Guerra do Vietnã provocou a morte de 58 mil norte-americanos e ferimentos em mais de 300 mil. No lado vietnamita, foram mais de 3 milhões de mortos e outros tantos de feridos.

Entretanto, a pressão da opinião pública nacional e internacional levou à realização de convenções de paz entre os Estados Unidos e o Vietnã do Norte. O aumento do envolvimento dos Estados Unidos na Guerra do Vietnã e a morte crescente de milhares de jovens provocaram uma verdadeira comoção nacional no país, onde a opinião pública, liderada pela juventude, manifestava-se ativamente pela retirada dos Estados Unidos do conflito. Na música, as baladas de Bob Dylan e festivais, como o de **Woodstock**, engrossavam o apelo pela paz. Em janeiro de 1973, foi estabelecido um acordo de paz e começou a retirada das tropas norte-americanas, derrotadas, da região. Em 1975, Saigon foi tomada pelos norte-vietnamitas e vietcongues, e seu nome foi mudado para Ho Chi Minh. Um ano depois, os dois Vietnãs uniram-se, formando a República Socialista do Vietnã.

Apesar do crescimento econômico da década de 1990, o Vietnã ainda hoje é considerado um país agrícola. As bombas químicas lançadas sobre as florestas do Vietnã do Sul deixaram boa parte de seus rios contaminada pelo agente laranja, e as terras alagadiças, nas quais se planta o arroz, envenenadas pela guerra química. Para alguns especialistas, o Vietnã ainda terá de conviver com esse trauma por mais 50 anos.

O **Festival de Música e Artes de Woodstock** foi o mais importante festival de música de sua época. Realizado em uma fazenda em Bethel, estado de Nova York, durante os dias 15, 16 e 17 de agosto de 1969, recebeu quase meio milhão de pessoas. O Festival de Woodstock representou um marco no movimento de **contracultura** dos anos 1960, e foi o auge da era *hippie*. Grandes nomes do *rock*, como Jimi Hendrix e Janis Joplin, apresentaram-se, marcando de modo definitivo a história da música e da cultura do século XX.

Vista aérea de Woodstock, 1969.

América Latina: conflitos do século XX

Durante a Primeira Guerra Mundial, como as nações fornecedoras de produtos industrializados estavam envolvidas no conflito, alguns países latino-americanos desenvolveram suas indústrias. Na década de 1950, Brasil, Argentina, Chile e México aceleraram o processo de industrialização. O capital estrangeiro, principalmente norte-americano, tornou-se imprescindível para o desenvolvimento, mas aumentou a dívida externa, aumentando a dependência em relação aos credores.

No período da Guerra Fria, muitas empresas norte-americanas estabeleceram-se em países da América Latina. Para evitar a expansão do socialismo no continente, os Estados Unidos fortaleceram sua ligação com os governos latino-americanos por meio de organizações de cooperação mútua. Em 1948, foi criada a Organização dos Estados Americanos, OEA, cujo objetivo era impedir a influência soviética no continente. Porém, a situação de pobreza em que o povo vivia, principalmente no campo, favoreceu a expansão da ideologia socialista. Formaram-se partidos de esquerda que foram combatidos com violência.

O México se insurge

O México viveu uma longa ditadura com Porfírio Díaz, iniciada em 1876 e que se prolongou até 1911. Durante esse período, houve grande entrada de capital estrangeiro no país, investido em obras públicas, na rede de estradas e nas atividades mineradora e bancária. O governo procurou aumentar a produção e modernizar o país. Contudo, o analfabetismo aumentou e o povo vivia em extrema miséria.

239

Em 1910, estourou uma revolução liderada por Francisco Madero, grande proprietário de terras, que conclamou o povo a lutar contra o regime ditatorial. Os camponeses, liderados por Emiliano Zapata e Pancho Villa, aderiram ao movimento, e Porfírio Díaz foi deposto e expulso do país.

Madero conseguiu eleger-se presidente da República, mas sofreu forte oposição dos latifundiários, das forças conservadoras do exército e da Igreja católica, todos apoiados pelos Estados Unidos. Os camponeses revoltaram-se porque o novo presidente era contrário à reforma agrária. Madero acabou sendo assassinado, e a revolução civil recomeçou. O governo norte-americano enviou tropas para combater Zapata e Villa.

Em 1917, foi promulgada nova Constituição, limitando a influência da Igreja católica e dando poder ao governo para confiscar terras e fazer a reforma agrária. Apesar disso, os camponeses continuaram lutando para conseguir suas terras de volta. Zapata e Villa foram assassinados.

Detalhe de um mural do artista Siqueiros, década de 1960, em homenagem à Revolução Mexicana.

Museu de História Nacional, Cidade do México, México

Tomás Urbina, Pancho Villa (na cadeira presidencial), Emiliano Zapata e Otílio Montaño. México, 6 de dezembro de 1913.

Biblioteca do Congresso Mexicano, México

O Exército Zapatista de Libertação Nacional

O **EZLN** é um grupo indígena armado, porém não violento, com sede em Chiapas, o estado mais pobre do México, inspirado na luta de Emiliano Zapata.

Os **zapatistas** tiveram mais visibilidade para o grande público a partir de 1º de janeiro de 1994, quando se mostraram para além das montanhas de Chiapas com capuzes pretos e armas nas mãos dizendo *Ya Basta!* (Já Basta!) contra o Nafta (acordo de livre-comércio entre México, Estados Unidos e Canadá), que foi criado na mesma data.

O movimento defende uma gestão democrática do território, a participação direta da população, a partilha da terra e da colheita. Incorpora tecnologias modernas como telefones via satélite e internet como uma maneira de obter apoio local e estrangeiro.

Um grupo de mulheres pró-zapatista protesta em frente a acampamento do Exército mexicano, em Amador Hernández, Chiapas, julho de 2000.

The Global Report

Sua voz mais visível, embora não seu líder, porque é um segundo-comandante – todos os comandantes são índios maias – é o subcomandante Marcos. O comunicado abaixo do subcomandante em 28 de março de 1994 explica o porquê de esconder os rostos e por que todos os zapatistas dizem que se chamam "Marcos":

"Marcos é gay em São Francisco, negro na África do Sul, asiático na Europa, hispânico em San Isidro, anarquista na Espanha, palestino em Israel, indígena nas ruas de San Cristóbal, roqueiro na cidade universitária, judeu na Alemanha, feminista nos partidos políticos, comunista no pós-guerra fria, pacifista na Bósnia, artista sem galeria e sem portfólio, dona de casa num sábado à tarde, jornalista nas páginas anteriores do jornal, mulher no metropolitano depois das 22h00, camponês sem terra, editor marginal, operário sem trabalho, médico sem consultório, escritor sem livros e sem leitores e, sobretudo, zapatista no sudoeste do México. Enfim, Marcos é um ser humano qualquer neste mundo. Marcos é todas as minorias intoleradas, oprimidas, resistindo, exploradas, dizendo *¡Ya basta!* Todas as minorias na hora de falar e maiorias na hora de se calar e aguentar. Todos os intolerados buscando uma palavra, sua palavra. Tudo que incomoda o poder e as boas consciências, este é Marcos".

SADER, Emir et alli (Coord.). *Latinoamericana*. Enciclopédia Contemporânea da América Latina e do Caribe. Rio de Janeiro: LPP, UERJ; São Paulo: Boitempo Editorial, 2006 e <http://pt.wikipedia.org/wiki/Movimento_zapatista>. Acesso em: jun. 2012. Textos adaptados.

A Revolução Cubana

Na primeira metade do século XX, Cuba enfrentou governos ditatoriais e sua economia era totalmente controlada pelos Estados Unidos. Empresas norte-americanas dominavam os serviços públicos, as usinas de açúcar, a indústria do tabaco, a exploração de minérios, o comércio e o turismo. Grande parte das terras produtivas estava nas mãos de estrangeiros. A maioria da população cubana vivia na miséria, morava mal e não tinha acesso à saúde e à educação.

Fulgêncio Batista, em 1952, deu um golpe de Estado, assumindo o poder como ditador. Em seu governo, a corrupção atingiu níveis altíssimos. Em julho do ano seguinte, liderada pelo jovem advogado Fidel Castro, estourou uma rebelião nacionalista com maciça participação de estudantes universitários. Os revoltosos tentaram tomar o quartel de Moncada, na cidade de Santiago. O movimento foi sufocado. Muitos participantes morreram e outros foram presos. Em 1955, Batista anistiou os rebeldes que estavam presos e eles se refugiaram no México. Nesse país, os cubanos, liderados por Fidel Castro e com a adesão do médico argentino Ernesto Che Guevara, prepararam uma revolução.

Ao entrarem em Cuba, os revolucionários foram descobertos pelas tropas do governo. A maioria morreu e os 12 sobreviventes refugiaram-se nas montanhas de Sierra Maestra. Foram ganhando a adesão da população pobre e organizando as guerrilhas, que faziam ataques relâmpagos contra as forças do governo. No dia 26 de julho de 1959, os guerrilheiros entraram na capital, Havana, e derrubaram o governo de Fulgêncio Batista.

Quando Fidel Castro assumiu a chefia do governo, fez a reforma agrária, reduziu os aluguéis, fechou as casas de jogos e de prostituição, melhorou o ensino,

Che Guevara conversa com Fidel Castro, em 1959, em Havana.

Estudante cubana numa das instituições de ensino criadas após a revolução. Foto de 1960.

investiu em saúde e estatizou empresas estrangeiras.

Os Estados Unidos deixaram de comprar o açúcar cubano, que era a maior fonte de divisas do país, e também interromperam a venda de produtos essenciais, como alimentos, remédios e petróleo.

Em 1961, o presidente dos Estados Unidos, John Kennedy, rompeu relações diplomáticas com Cuba e apoiou uma tentativa frustrada de refugiados da ditadura Fulgêncio Batista para derrubar Fidel Castro. O desembarque das tropas na Baía dos Porcos fracassou.

Em seu discurso, após a vitória, Fidel declarou Cuba socialista. No ano seguinte, por pressão do governo norte-americano, o país foi expulso da OEA.

Cuba aproximou-se da União Soviética, que passou a comprar o açúcar cubano, a fornecer petróleo e ajuda econômica.

A tensão da Guerra Fria aumentou quando a União Soviética instalou mísseis em Cuba, em 1962, e os Estados Unidos ameaçaram usar força nuclear para impedi-los. Os soviéticos retiraram seus mísseis de Cuba, em troca da retirada dos mísseis norte-americanos da Turquia.

Sob o impacto da crise dos mísseis de Cuba, os Estados Unidos, a União Soviética e a Grã-Bretanha assinaram, em 1963, um acordo que proibia testes nucleares. No ano seguinte, os três países aprovaram o Tratado de Não **Proliferação** de Armas Nucleares. Esse período da relação entre as duas potências – EUA e URSS – foi denominado *détente*, "detente cordial" ou "distensão" (que significa "relaxamento").

Em 1991, a queda do socialismo no Leste Europeu e a desintegração da União Soviética fizeram com que o governo de Fidel Castro ficasse sem apoio econômico, e o país passou a enfrentar uma grande crise.

Fidel Castro encontra-se com Nikita Kruchev, líder soviético, em 1962.

Che Guevara, mito ou herói?

Os 40 anos da morte de Ernesto Che Guevara são lembrados tanto com eventos em sua homenagem quanto pela publicação de livros e reportagens que se propõem a mostrar seu "lado negativo", que, para alguns, foi ocultado pela chamada "propaganda comunista".

Como "herói romântico" ou "guerrilheiro sanguinário", as últimas quatro décadas criaram uma larga distância entre o homem que Ernesto Guevara de la Serna foi e o mito criado ao seu redor, segundo um especialista em Cuba ouvido pela *Folha Online*.

"Che se tornou uma figura muito maior morto do que era vivo", disse Philip Peters à *Folha Online*, por telefone de Arlington, na Virgínia (EUA). "Ele foi um líder da revolução cubana – uma revolução muito violenta – e teve um papel importante", explica o estudioso. "Após o triunfo, se envolveu em uma série de aventuras que foram fracassos completos, principalmente a da Bolívia, que custou a sua vida."

FERNANDO SERPONE, da *Folha Online*, 8/10/2007.
Disponível em: <www1.folha.uol.com.br/folha/mundo/ult94u334882.shtml> Acesso em: jun. 2012.

Guevara tornou-se um dos principais dirigentes do novo estado cubano, a partir da Revolução, em 1959: embaixador, presidente do Banco Nacional, ministro da Indústria. Em fevereiro de 1965 participou do Seminário Econômico de Solidariedade Afro-Asiática em Alger, onde criticou publicamente a política externa da União Soviética. E, nesse mesmo ano, abandonou seus cargos em Cuba para propagar os ideais revolucionários pelo mundo com ajuda de voluntários de vários países latino americanos. Esteve no Congo, na luta contra o imperialismo belga, e depois na Bolívia, onde tentou estabelecer uma base guerrilheira.

Che Guevara: o mito e a realidade

Foi a História que, de alguma forma, decidiu o que devia e o que não devia sobreviver de Ernesto Rafael Guevara de la Serna (seu verdadeiro nome), argentino, médico, nascido em Rosário em 14 de junho de 1928 em uma família culta e de classe média alta (e morto em La Higuera, na Bolívia, em 9 de outubro de 1967). E é sempre a História que, dia após dia, continua a determinar a evolução de seu mito.

Barcelona's Pallacio Virreina Museum, Barcelona Espanha

A conhecida fotografia de Ernesto "Che" Guevara de autoria de Alberto Korda é de março de 1960, mas só foi publicada sete anos depois.

Não há lugar do mundo onde, mais cedo ou mais tarde, não se encontre a foto de Che, sério e altivo, que o fotógrafo Alberto Korda imortalizou, quase por acaso, durante uma manifestação em Cuba. O *merchandising* surgido em torno de Che é extremamente diversificado: a clássica camiseta, agendas, boina, macacões, pôster, objetos *kitsch* etc.

Para Álvaro Vargas Llosa (na obra: *O mito Che Guevara e o futuro da liberdade*), tudo isto é indício claro de que Che, de campeão do comunismo, converteu-se na mais clássica marca capitalista. Mas fica evidente demais a tentativa de banalizar a imagem do mito. Deve haver alguma coisa a mais.

Talvez nos vários acessórios com a marca Che Guevara, o **cínico** comércio capitalista se confunde e responde à necessidade do homem e, principalmente, dos jovens em expressar o próprio desejo de inconformismo, rebelião e heroísmo. Aquele rosto, que nos olha em milhões de camisetas de jovens do século XXI, deixa de ser um símbolo revolucionário marxista para se tornar um símbolo mais geral do espírito de rebelião e do homem que levanta a cabeça contra quem o quer apenas domesticado e submisso.

"Nasci na Argentina; não é segredo para ninguém. Sou cubano e também sou argentino e, se não se ofenderem os ilustríssimos senhores latino-americanos, me sinto tão patriota da América Latina, de qualquer país da América Latina, como qualquer outro e, no momento em que fosse necessário, estaria disposto a entregar minha vida pela libertação de qualquer um dos países latino-americanos, sem pedir nada a ninguém, sem exigir nada, sem explorar ninguém..."

Alessandro Armato
Disponível em: <www.pimemilano.com/index.php?idn=909>
e <www.ufsm.br/~roth/cheguevara.htm>.
Acesso em: jun. 2012.

Museu Che Guevara, Havana, Cuba

O desenho do seu busto em alto contraste baseado na foto de Alberto Korda, reproduzido em diversas variações (algumas em vermelho e preto, outras em preto e branco, e algumas em preto e branco com uma estrela vermelha), foi feito pelo artista irlandês Jim Fitzpatrick.

O governo socialista do Chile

Em 1970, o socialista Salvador Allende venceu as eleições para presidente. Contou com o apoio dos comunistas, socialistas e democratas. Deu início ao seu programa de reformas, a fim de tornar o Chile um país socialista. Desapropriou terras, nacionalizou minas de cobre e ferro e outras empresas estrangeiras, principalmente norte-americanas, instaladas no país, e ainda criou escolas para reduzir o analfabetismo.

Os Estados Unidos bloquearam o crédito ao Chile e apoiaram a reação contra o governo de Allende. Os industriais retiraram o dinheiro do país e os comerciantes provocaram a escassez de produtos no mercado.

Com o desemprego e a falta de alimentos, a classe média colocou-se contra o governo. Ocorreram vários protestos e greves e a imprensa desencadeou uma campanha de desmoralização do governo Allende.

Em 11 de setembro de 1973, com o apoio dos Estados Unidos, as Forças Armadas chilenas, lideradas pelo general Augusto Pinochet,

First Run Icarus Films

No dia 4 de setembro de 1970, um político de esquerda é eleito, de forma democrática, chefe de Estado. Salvador Allende vence as eleições no Chile. Três anos depois de ter prometido à nação um governo socialista liberal, é assassinado durante um golpe militar.

BBC World

Forças armadas chilenas, sob a liderança do general Pinochet, atacam o Palácio de La Moneda, 11 de setembro 1973.

organizaram um movimento para derrubar o presidente. Bombardearam o Palácio La Moneda, e Allende foi morto (a versão oficial noticiou que ele se suicidou).

O país começou a viver um período conturbado, com grande repressão, prisões em massa, tortura e assassinato de operários, estudantes e todos os aliados de Allende. O novo governo foi formado por uma junta militar, chefiada por Pinochet. Fábricas e minas foram devolvidas aos monopólios chilenos e estrangeiros.

A ditadura de Pinochet

Nacy McGirr/Reuters/Latinstock

O papa João Paulo II acompanha discurso do general Pinochet, em 1987, no Chile.

A justificativa de um dos golpes de Estado mais sangrentos da América Latina foi a de impedir a nacionalização dos bancos e das minas de cobre.

O Chile deixou de ser a sociedade liberal que era desde 1930. Tornou-se palco de uma repressão criminosa, torturas e assassinatos. Cerca de 30 mil chilenos foram mortos e mais de 100 mil foram presos sem julgamento. Foi o reinado do **terror**. Quem se opunha à junta de Pinochet foi perseguido e eliminado. O Estádio Nacional de Santiago foi a última parada onde milhares de pessoas foram executadas.

Mais de 22 mil estudantes foram expulsos das universidades. Mais de 150 mil chilenos foram para o exílio.

Os chilenos perderam não só seus direitos, mas também os direitos adquiridos com as reformas de Allende: liberdade política; liberdade de expressão; liberdade de imprensa; programas sociais para a infância; direito à educação universitária; reforma agrária; sindicatos e organizações de serviço social.

Disponível em: <www.tvcultura.com.br/aloescola/historia/cenasdoseculo/internacionais/pinochet-ditadurade.htm>. Acesso em: jun. 2012.

Na década de 1980, houve uma divisão nas Forças Armadas. Alguns comandantes passaram a defender a convocação de eleições e o retorno à democracia. Em 1987, os partidos políticos organizaram-se.

No ano seguinte, pressionado, Pinochet realizou um plebiscito para decidir sobre o seu direito de concorrer ao cargo de presidente na eleição seguinte. O "não" venceu, e a derrota de Pinochet foi festejada nas ruas. Os exilados chilenos começaram a voltar ao seu país. A oposição uniu-se em torno de um candidato único, Patrício Aylwin, que foi eleito em 1989.

Em 2006, o povo chileno elegeu Michelle Bachelet para a Pre-

Governo do Chile

Foto oficial de Michelle Bachelet, eleita presidente do Chile em 2006.

sidência. Foi a primeira mulher a ocupar tal cargo no Chile. Sua formação política se deu no combate à ditadura de Pinochet. Entretanto, em 2010, foi eleito Sebastián Piñera, candidato de uma coalizão de partidos de direita.

245

A Revolução Sandinista na Nicarágua

Para preservar seus interesses na América Central, os Estados Unidos fizeram várias intervenções armadas, como a de 1903, no Panamá, a fim de garantir o controle da zona do canal. A Nicarágua também era cobiçada pelos norte-americanos que, no início do século XX, pretendiam construir nesse país um canal interoceânico.

Na década de 1930, a família Somoza passou a controlar o poder na Nicarágua, apoiada pelos conservadores e pelo governo dos Estados Unidos. Esse domínio durou 45 anos. Em 1936, Anastácio Somoza assumiu a Presidência de forma ditatorial, apropriando-se de grande parte das riquezas do país. Tomou terras, controlou o comércio externo e os bancos. Seus opositores eram perseguidos, presos e, muitas vezes, mortos. Em 1956, foi assassinado e seu filho, Anastácio Somoza Debayle, assumiu o poder.

Nos anos 1960, a economia nicaraguense cresceu, mas as diferenças sociais acentuaram-se. Os operários e camponeses recebiam baixos salários e qualquer reivindicação que promoviam era reprimida com violência pelo governo.

A oposição ao governo de Somoza aumentou. Grupos guerrilheiros, estudantes e intelectuais, alguns padres e elementos da burguesia passaram a exigir a redemocratização do país. Essa situação favoreceu a **Frente Sandinista de Libertação Nacional**, uma organização guerrilheira fundada, em 1961, por intelectuais marxistas.

O nome sandinista originou-se de um líder popular camponês, Augusto César Sandino, que, a partir de 1926, comandou um pequeno exército de camponeses, operários e estudantes contra as forças norte-americanas. Com a saída dessas forças, Sandino depôs as armas, mas foi preso e fuzilado.

Em 1972, um terremoto devastou a Nicarágua, causando a morte de 10 mil pessoas. A ajuda externa às vítimas foi parar nas mãos do ditador e de sua família. Esse fato provocou indignação geral. O governo perdeu o apoio até dos Estados Unidos, que passaram a exigir a abertura política.

Augusto Cesar Sandino (1895-1934).

Somoza resistia, mas o assassinato do jornalista Pedro Chamorro, proprietário de um jornal que se opunha ao governo, desencadeou a revolução. Os sandinistas ocuparam o palácio de Manágua, derrubando o governo de Somoza em 1979. Governaram até 1984, por meio da Junta de Reconstrução Nacional, que enfrentou lutas com os contrarrevolucionários.

Em 1984, com a realização das eleições, venceu Daniel Ortega, líder da Frente Sandinista. Ele deu início à reforma agrária, criou um exército popular, elaborou um programa de alfabetização em massa e investiu em melhoramentos no setor da saúde.

Contudo, não contando mais com a ajuda dos Estados Unidos e tendo de combater os adversários do regime, enfrentou uma grande crise econômica. Nas eleições de 1990, saiu vitoriosa a empresária oposicionista Violeta Chamorro, viúva de Pedro Chamorro.

Em 2006, Daniel Ortega voltou a ser eleito presidente da Nicarágua.

1. O fragmento abaixo é um trecho do artigo "Comunistas não devem lecionar em Universidades Americanas", escrito por Rymond B. Allen, reitor da Universidade de Washington, Seattle, EUA, e publicado em Ensino Forum (v.13, n. 4), em 1949.

A questão de saber se um membro do Partido Comunista deve ser autorizado a ensinar em uma universidade americana não é simples. [...]

Após longa reflexão, cheguei à conclusão de que os membros do Partido Comunista não devem ser autorizados a ensinar em universidades americanas. Estou convencido de que um membro do Partido Comunista não é um homem livre. Liberdade, creio, é o ingrediente essencial da civilização e da democracia americana. No sistema americano instituições educacionais são os alicerces sobre os quais recai a verdadeira liberdade.[...]

A educação é a nossa primeira linha de defesa. No conflito – de princípios e de política – que divide o mundo de hoje, a esperança americana, a nossa esperança, a esperança do mundo, está na área da educação. Por meio da educação por si só, podemos combater os princípios do comunismo.

Traduzido de: <www.writing.upenn.edu/~afilreis/50s/raymond-allen.html>. Acesso em: jul. 2012. Traduzido.

a) Destaque no texto uma frase que indique o contexto da Guerra Fria.

_____

_____

_____

b) Destaque uma frase do texto que indica a relação do autor com o macartismo.

_____

_____

_____

_____

c) Como você se posiciona diante da opinião do autor do artigo? (Justifique sua resposta).

_____

_____

_____

_____

Refletindo

2 Por que o Muro de Berlim tornou-se o símbolo da Guerra Fria?

_____

_____

_____

_____

3 Durante a Guerra Fria, a geopolítica estadunidense na América Latina tinha como objetivo central impedir a propagação do comunismo pela região e garantir o livre comércio entre Estados Unidos e demais países da região. A partir da década de 1960, alguns países latino-americanos sofreram golpes militares endossados por Washington, incluindo Brasil (1964) e Chile (1973). Converse com o professor e seus colegas sobre a relação entre esses dois golpes, a política intervencionista dos Estados Unidos e a Revolução Cubana. Depois, escreva abaixo as conclusões da turma.

_____

_____

_____

_____

_____

4 Escreva um texto, com suas palavras, sobre a Revolução Socialista da China, explicando o que foi: a Grande Marcha, a implantação do socialismo, o Grande Salto para a Frente e a Revolução Cultural.

_____

_____

_____

_____

_____

_____

_____

_____

Capítulo 19

O MUNDO
EM CRISE

A internacionalização do capitalismo

> O século XX foi o mais mortífero de toda a história documentada. [...] Não há dúvida, contudo, de que a década de 1990 se mostrou plena de conflitos militares formais e informais na Europa, na África e na Ásia ocidental e central. O mundo como um todo não teve paz desde 1914 e não está em paz agora.
>
> HOBSBAWM, Eric. *Globalização, democracia e terrorismo.* Cia das Letras: 2007, p. 21.

Paulo Caruso

Nesta charge de 2008, Paulo Caruso satiriza o mundo contemporâneo em que a paz é cada vez mais ameaçada por guerras e conflitos.

O século XX pode ser caracterizado como um século de guerras. O período entre 1914 e 1945 correspondeu a 31 anos de conflitos armados – a Primeira e a Segunda Guerras Mundiais – entre Estados territoriais ou alianças entre Estados, interrompidos por uma pausa na década de 1920. A esse período seguiu-se o da chamada "Guerra Fria", no qual se confrontaram, já de maneira diversa do conflito bélico direto que marcou as duas guerras, as grandes potências de então, os EUA (o grande representante do mundo capitalista) e a URSS (socialista).

Durante esse período, também, guerras entre países – sem alcançar a **dimensão** das duas grandes guerras mundiais – permaneceram endêmicas no Oriente Médio e na África.

O quadro da "Guerra Fria" começa a mudar em **1973**, em virtude de uma grave crise econômica, relacionada, principalmente, com a **crise do petróleo** e com as **guerras no Oriente Médio e Sudeste Asiático**. Nessas regiões, as grandes nações envolviam-se diretamente nos conflitos dos territórios sob sua área de influência, daí a necessidade de obter recursos para recompor suas perdas. Somente em 1968, sob a administração do presidente Lyndon B. Johnson, os Estados Unidos gastaram 121 milhões de dólares na Guerra do Vietnã.

A desintegração do bloco socialista na Europa oriental, nas décadas de 1980 e 1990, assinalou o fim da Guerra Fria, e os últimos anos do século XX foram marcados pela hegemonia mundial dos Estados Unidos, bem como pela ação de suas Forças Armadas; por conflitos em várias partes do mundo (particularmente no Oriente Médio e na África **subsaariana** – onde ocorreram fortes episódios de carnificina e sofrimento) e por uma nova onda de expansão capitalista.

Paralelamente, começa a se delinear o quadro que caracterizou o início do novo milênio: a mudança do caráter das guerras, o surgimento dos nacionalismos em um novo contexto, a violência política, os grupos insurgentes em diversos países, as **táticas** terroristas, a **xenofobia** e o aprofundamento com as questões do meio ambiente. Tudo isso dentro de um cenário mundial em que se via (e se vê) a aceleração das atividades econômicas e da tecnologia, a chamada **globalização**.

Segundo Milton Santos, "estamos em um novo patamar da internacionalização, com uma verdadeira mundialização do produto, do dinheiro, do crédito, da dívida, do consumo, da informação. Esse conjunto de mundializações, uma sustentando e arrastando a outra, impondo-se mutuamente, é um fato novo" (SANTOS, Milton. *Por uma outra globalização*. 2. ed. Rio de Janeiro: Record, 2000. p. 30.)

Essas mundializações têm, como base, um conjunto de teorias e práticas que se denominou **neoliberalismo**.

Mães sudanesas se reúnem para alimentar bebês em hospitais montadas pelos Médicos sem fronteiras, Jamam, Sudão, 2012.

Localizada na região conhecida como "Chifre da África", a Somália foi colonizada por britânicos e italianos entre os séculos XIX e XX. Em 1960, conquistou sua independência e, no fim da mesma década, Mohamed Siad Barre, um general das Forças Armadas, tomou o poder através de um golpe de estado, estabelecendo um governo ditatorial pelos 20 anos seguintes. Neste período, ocorreu o fortalecimento dos "senhores da guerra", grupos políticos formados por indivíduos pertencentes a clãs rivais. Em 1991, Barre foi destituído e os "senhores da guerra" iniciaram uma guerra civil na disputa pelo poder que perdura até os dias atuais. Além da instabilidade política, o país sofre há mais de 20 anos com as secas e a falta de alimentos. Os constantes conflitos armados dificultam até mesmo ajudas permanentes da ONU ou de outros organismos internacionais. Em 2011, a fome atingiu milhões de somalis e a ONU decretou estado de fome em duas regiões do país. O estado de fome é determinado quando a taxa de mortalidade ultrapassa a morte de duas pessoas em cada 10 mil por dia e mais de 30% da população é subnutrida.

1 Observe com atenção as charges a seguir.

Charge vencedora no Porto Cartoon 2007, cujo tema foi *Globalização*. Grzegorg Szumorski, Polônia.

Primeiro beijo, 2º lugar no Porto Cartoon 2005, cujo tema foi *Humor e Sociedade*. David Vela Cervera, Espanha.

a) Descreva-as, relacionando-as com o tema da globalização.

_____

_____

_____

_____

_____

_____

_____

_____

b) Escreva o que você entendeu por globalização.

_____

_____

_____

_____

_____

A crise do mundo socialista

Em abril de 1985, Mikhail Gorbachev assumiu o poder na União Soviética e lançou programas de reformas que provocaram transformações profundas no mundo socialista. Esses programas ficaram conhecidos pelos nomes de *glasnost*, que, em russo, significa "transparência", e *perestroika*, "reestruturação".

Glasnost foi a denominação que o próprio Gorbachev deu para a gradual abertura do regime político, com a diminuição da censura à imprensa e maior liberdade de expressão nas artes. Velhos políticos foram substituídos por reformistas e alguns presos políticos ganharam a liberdade.

Abertura econômica permitiu a entrada de produtos industrializados de outras regiões na Rússia. Foto de Samara, Rússia, 2011.

Perestroika foi a denominação que recebeu o programa econômico que objetivava a reestruturação da economia do país, tornando-a mais dinâmica. A economia deixava de ser inteiramente controlada pelo Estado.

Os investimentos que a União Soviética fazia na produção de armamentos e na produção de equipamentos militares eram prejudiciais à economia do país, pois os capitais deixavam de ser aplicados em atividades produtivas e na modernização da tecnologia. Para resolver esse problema, Gorbachev aproximou-se dos Estados Unidos, com o objetivo de diminuir o ritmo da corrida armamentista.

A liberdade politico-econômico provoca reação

A política de abertura, a aproximação com o Ocidente e a maior liberdade econômica provocaram não só problemas internos: os países socialistas do Leste Europeu manifestaram o antigo e contido sentimento de independência e mudança.

Na **Polônia**, verificou-se a primeira reação. Em decorrência do descontentamento que existia no país, em 1980, na cidade de Gdansk, foi fundado o sindicato **Solidariedade**, liderado por Lech Walesa, reunindo os trabalhadores de um estaleiro. O sindicato opôs-se ao governo e passou a exigir liberdade política. No ano seguinte, foi considerado ilegal e seu líder foi preso. Em 1989, o sindicato voltou para a legalidade, e Lech Walesa foi eleito presidente. Pela primeira vez, um país do bloco socialista deixava de ser governado pelo Partido Comunista.

Na **Hungria**, a mudança de orientação política, em 1989, que transformou o Partido Comunista em Partido Socialista, levou a uma reforma na Constituição e a eleições livres e pluripartidárias. Foi o primeiro país no qual entrou o capital estrangeiro.

Na **Tchecoslováquia**, em 1990, houve a formação de um governo pluripartidário e começaram as privatizações e a entrada de capital estrangeiro. Em 1992, com o fortalecimento das tendências separatistas, foi decidida a divisão do país em duas repúblicas independentes. No ano seguinte, formaram-se a República Tcheca e a Eslováquia.

Na **Bulgária**, o domínio do Partido Comunista terminou em 1990 e o chefe de governo foi substituído.

Na **Albânia**, em 1992, o Partido Democrata venceu as eleições, pondo fim ao domínio comunista.

Na **Romênia**, a transformação processou-se de forma violenta. Em 1989, quando manifestantes exigiam a democracia, o chefe de governo Nicolae Ceausescu ordenou que a polícia atirasse neles. As Forças Armadas aderiram à rebelião e o chefe comunista e sua mulher foram presos e fuzilados. Em 1991, foi promulgada uma Constituição aceitando o pluripartidarismo.

Na **Alemanha Oriental**, em 1989, quando a Hungria abriu suas fronteiras com a Áustria, milhares de alemães orientais começaram a sair do país e, depois de um longo percurso, entraram na Alemanha Ocidental. Tiveram início várias manifestações para a abertura do regime e, em no-

Queda do Muro de Berlim, em 1989.

vembro do mesmo ano, manifestantes derrubaram o Muro de Berlim. Em 1990, foram realizadas eleições, com a participação de vários partidos políticos. As duas Alemanhas foram unificadas e Berlim voltou a ser a capital.

Na **Iugoslávia**, onde convivem várias etnias e religiões (católica romana, católica ortodoxa e muçulmana), o fim do socialismo processou-se de forma violenta. Apesar de os vários povos viverem sob um mesmo governo socialista, comandado por Josep Broz Tito, sempre ocorreram manifestações nacionalistas. Em 1980, com a morte de Tito, intensificaram-se os confrontos populares.

A Iugoslávia era uma federação formada por seis repúblicas: Croácia, Eslovênia, Sérvia, Bósnia, Macedônia e Montenegro. Em 1991, a Croácia e a Eslovênia proclamaram-se independentes. A Sérvia, que controlava o Estado e o Exército, não aceitou essas independências e iniciou a guerra civil.

Em 1992, a Macedônia e a Bósnia-Herzegóvina também se proclamaram independentes. Enquanto em várias repúblicas a situação permanecia relativamente tranquila, na Bósnia-Herzegóvina a guerra explodiu de forma violenta, porque os sérvios que vivem nessa região queriam continuar ligados à Sérvia.

Refugiados bósnios, anos 1990.

O fim da União Soviética

Boris Yeltsin acena para a multidão, em Moscou, no ano de 1991.

O fim do bloco socialista na Europa oriental e a política de abertura de Gorbachev – que debilitava a centralização do poder – desencadearam profunda reação dos conservadores comunistas, que, em agosto de 1991, tentaram promover um golpe de Estado. A resistência contou com a participação do povo e de muitos militares, destacando-se Boris Yeltsin, presidente da República Russa.

Simultaneamente, desenrolava-se um processo de desagregação das repúblicas, que **culminou** com sua independência.

Em 8 de dezembro de 1991, foi celebrado o **Acordo de Minsk**, entre Rússia, Ucrânia e Bielorrússia, no qual constou a declaração expressa de que a União das Repúblicas Socialistas Soviéticas, como realidade geopolítica e de direito internacional, chegava ao seu fim. Em seu lugar, foi criada a **CEI – Comunidade dos Estados Independentes**. A instituição oficial da CEI, uma organização supranacional, envolvendo 15 repúblicas (Armênia, Azerbaijão, Bielorrússia, Geórgia, Casaquistão, Lituânia, Estônia, Letônia, Moldávia, Quirguistão, Rússia, Tajiquistão, Turcomenistão, Ucrânia e Usbequistão), ocorreu na conferência em Alma Ata, no Casaquistão, em 21 de dezembro do mesmo ano.

Lituânia, Estônia e Letônia já não mais participam desse grupo desde 1997. Desde 26 de agosto de 2005, o Turcomenistão não é mais membro permanente da entidade, atuando apenas como membro associado.

A Rússia é hoje uma federação formada por 85 subdivisões: 21 repúblicas, 46 províncias, 9 territórios ou *krais*, 1 província autônoma ou *oblast*, 4 distritos autônomos e 2 cidades autônomas. Desde 1991, a Rússia tenta construir um sistema político democrático e uma economia de mercado para substituir o controle social, político e econômico da era comunista. Embora haja progressos na área econômica, as instituições democráticas russas ainda são fracas.

Países atuais na região da ex-URSS

OCEANO GLACIAL ÁRTICO

OCEANO PACÍFICO

ESTÔNIA
LITUÂNIA LETÔNIA
BELARUS
MOLDÁVIA
UCRÂNIA
GEÓRGIA
ARMÊNIA AZERBAIJÃO
CASAQUISTÃO
USBEQUISTÃO
TURCOMENISTÃO QUIRGUISTÃO
TAJIQUISTÃO

RÚSSIA

Mario Yoshida

Fonte: IBGE. *Atlas geográfico escolar*. 4. ed. Rio de Janeiro, 2007.

0 785 1570km

km

O colapso da União Soviética não só levou à criação de uma nova ordem mundial, como também transformou as vidas de todos os que viviam no grande país. A sua desintegração levou ao surgimento de 15 novos países independentes.

Em 1991, com o fim do socialismo soviético, a Chechênia declarou sua independência. Contudo, a década de 1990 foi marcada por duas guerras devido à insistente política militarista russa que busca, desde então, restaurar a autoridade de Moscou.

A Rússia tem interesse em manter sua unidade territorial, uma vez que, o território checheno possui diversas características que o torna estratégico: rica rede hidrográfica, de comunicação e transporte além de jazidas naturais de petróleo e gás natural.

Na primeira década do século XXI, a violência na região foi uma constante. Por um lado, nem a Rússia nem países do mundo ocidental reconhecem a Chechênia como território independente, em contrapartida, os separatistas chechenos intensificaram ataques terroristas contra civis em território russo. Atentados a locais movimentados, como metrô e escola, já mataram centenas de russos.

ATIVIDADES

Trabalhando em grupo

1 O acesso em larga escala à educação, à saúde e à alimentação foi um importante avanço social ocorrido na União Soviética. Com o colapso do sistema socialista, os países que compunham a URSS sofreram profundas alterações políticas, econômicas e sociais que afetaram diretamente suas populações. Reúna-se com um grupo para pesquisar em livros, jornais e na internet sobre a situação atual dos países-membros do bloco soviético. Escolham um deles para levantar os seguintes dados:

a) Qual foi o impacto do fim da URSS nesse país?

b) Quais foram os principais avanços obtidos nesse país nos últimos 20 anos?

c) Liste alguns dos principais desafios a serem enfrentados por sua população.

Após a pesquisa, o grupo deverá escrever e selecionar imagens sobre os aspectos que considerou mais relevantes, para apresentar aos demais grupos. Não se esqueçam de citar suas fontes.

255

Os conflitos no Oriente Médio

O Estado de Israel e os palestinos

O Estado de Israel foi criado pela ONU em 1948, sob a soberania do povo judeu. Os palestinos, de origem árabe, que dominavam a região, rebelaram-se contra essa medida e iniciaram um ataque ao novo Estado, mas foram derrotados. Milhares de palestinos foram desalojados de suas terras e instalados em acampamentos provisórios, com a promessa de criação de um Estado próprio. Desde essa época, as guerras entre árabes e judeus não cessaram.

Em 1956, com o apoio da Inglaterra e da França, Israel invadiu o Egito, que queria nacionalizar o Canal de Suez. As pressões internacionais fizeram os ingleses, franceses e israelenses se retirar da área ocupada. Em resposta, foi fundada a Organização pela Libertação da Palestina, OLP, com o propósito de destruir o Estado de Israel e criar o Estado Palestino.

Em 1967, o Egito impôs um bloqueio marítimo a Israel. Em reação, os judeus atacaram a Península do Sinai e, em seguida, a Jordânia e a Síria. Em seis dias, Israel derrotou os árabes dessa região, daí a guerra ser conhecida como **Guerra dos Seis Dias**.

Em 1973, a Síria e o Egito iniciaram uma ação militar, com a finalidade de retomar os territórios ocupados por Israel seis anos antes. Atacaram de surpresa esses territórios, na festa judaica do Yom Kipur (Dia do Perdão), por isso essa guerra ficou conhecida como a Guerra do Yom Kipur. As forças israelenses conseguiram conter os egípcios e atravessaram o canal de Suez, ameaçando avançar para o Cairo. Com mediação da ONU e dos Estados Unidos, foi assinado um acordo provisório de paz.

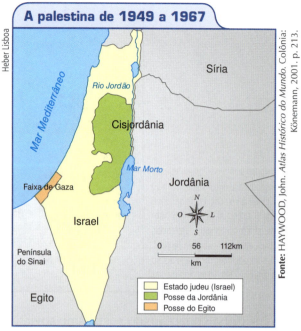

Fonte: HAYWOOD, John. *Atlas Histórico do Mundo*. Colônia: Könemann, 2001. p. 213.

No mapa, você vê a localização do Estado de Israel e suas dimensões. Observe que a Jordânia controlava significativa parte do território. A Cisjordânia e o Egito controlavam a faixa de Gaza.

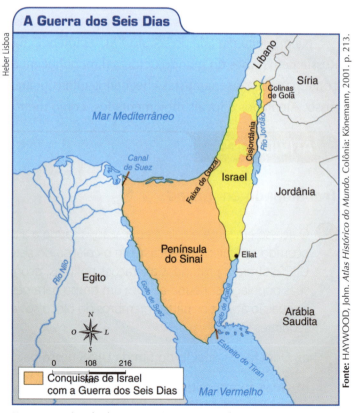

Fonte: HAYWOOD, John. *Atlas Histórico do Mundo*. Colônia: Könemann, 2001. p. 213.

No mapa, você pode observar a região que os israelenses passaram a dominar depois da Guerra dos Seis Dias: toda a Península do Sinai, parte do Canal de Suez, a Faixa de Gaza e as Colinas de Golã, na Síria.

Em 1982, em virtude do crescente número de operações guerrilheiras da OLP, Israel invadiu o sul do Líbano para liquidar os acampamentos dos guerrilheiros palestinos. Como resultado de todas essas guerras, Israel conseguiu ampliar seu território.

Nos anos 1990, o líder palestino Yasser Arafat reuniu-se com o chefe do governo de Israel, Yitzhak Rabin. Foram firmados acordos (Acordos de Oslo – I e II) pelos quais os israelenses se comprometeram a devolver a faixa de Gaza e a cidade de Jericó, na Cisjordânia, aos palestinos. Radicais palestinos e israelenses rejeitaram as disposições desse acordo. Em novembro de 1995, um fanático israelense assassinou o primeiro-ministro Rabin, que foi substituído por Shimon Peres.

Nos Acordos de Oslo, foi criada a Autoridade Nacional Palestina, para administrar os territórios palestinos da Faixa de Gaza e da Cisjordânia, ocupados por Israel desde a Guerra dos Seis Dias. Seria um embrião para o governo

Israel e Territórios Palestinos na atualidade

Mario Yoshida

Fonte: KINDER, Hermann; HILGEMANN, Werner; HERGT, Manfred. *Atlas histórico mundial*. Madri: Akal, 2007. p. 580.

Depois de cinco guerras árabe-israelenses (1948, 1956, 1967, 1973 e 1982) duas "intifadas" (uma 1987-1993 e outra desde 2000) e meio século de violência na região, os palestinos ergueram os alicerces de seu futuro Estado em 4 de maio de 1994, com o regime de governo autônomo na Faixa de Gaza e em Jericó. Em 1995, 1997 e 1998, este se estendeu a outras cidades e regiões da Cisjordânia, depois de constituída a ANP.

AP Photo/Muhammed Muheisen/Image Plus

de um futuro Estado palestino independente. A ANP deveria existir até maio de 1999. No final desse período, o *status* final dos territórios da Faixa de Gaza e da Cisjordânia (1967) já deveria estar resolvido. Entretanto, isso não aconteceu.

Em 2007, a ANP era governada por Mahmoud Abbas, que, como o primeiro presidente da ANP – o líder palestino Yasser Arafat, morto em 2004 –, era do partido Fatah, que esteve à frente da causa palestina por quatro décadas. Entretanto, o primeiro-ministro, Ismail Haniyeh, era do

Menino palestino pula muro que separa Israel da vila de A-Ram, na Cisjordânia. Foto de 2007.

partido Hamas. Em janeiro de 2006, as eleições palestinas, para o Parlamento da ANP, deram vitória ao grupo islâmico Hamas – organização considerada terrorista por Israel, pelos Estados Unidos e pela União Europeia (UE) – conhecido por diversos ataques suicidas que causaram a morte de muitos civis israelenses. Novas tensões do conflito tomaram forma dentro dos territórios palestinos (entre os grupos Fatah e Hamas) e entre a Palestina e Israel.

Embora Israel tenha retirado seus colonos e forças militares da faixa de Gaza e quatro assentamentos da Cisjordânia em 2005, ainda controlava, em 2008, os acessos, inclusive o marítimo e o aéreo, à faixa de Gaza. Em janeiro de 2008, o governo de Israel decretou um bloqueio à faixa de Gaza (cortando fornecimento de combustível, energia elétrica e de outros produtos), justificado pelo primeiro-ministro israelense Ehud Olmert como uma tentativa de pôr fim aos foguetes, disparados da região, contra Israel (já que o Hamas tirou a região do controle da ANP). Nos últimos anos, o objetivo central da palestina tem sido conseguir se tornar membro pleno das Nações Unidas e, para isso, precisa do reconhecimento do Conselho de Segurança da ONU. Embora a maioria dos países-membros considere o Estado palestino legítimo, não há previsão para uma solução definitiva, uma vez que Israel, Estados Unidos, Alemanha e Canadá se colocam contrários.

Revolução Iraniana

Em 1979, no Irã, eclodiu uma revolução liderada pelos *aiatolás* (chefes religiosos), dentre os quais se destacou Khomeini, que derrubou o governo e instaurou a República Islâmica do Irã.

Sob o governo do aiatolá Khomeini, o país adotou o chamado **fundamentalismo** islâmico, isto é, o islã (a religião muçulmana, iniciada por Maomé, bem como os princípios) passa a determinar os aspectos políticos, econômicos, culturais e sociais do Estado, caracterizando-se por um sistema autoritário e fechado, sem ligação com o Ocidente. Os Estados Unidos passaram a ser vistos como inimigos do mundo islâmico.

A eleição de Khatami, em 1997, representou uma virada nesta política, expressa na tentativa de quebrar o isolamento do país e de melhorar sua imagem internacional. No entanto, reformistas e conservadores continuam a se enfrentar no Irã, mas desta vez politicamente. A vitória de Mahmoud Ahmadinejad na eleição presidencial de 2005 tem dado causa a um aumento nas tensões entre o Irã e os EUA, em especial no que se refere ao programa nuclear iraniano. O país está sob sanções da ONU desde 2006 devido ao seu programa nuclear. O governo iraniano afirma que o objetivo do programa é desenvolver centrais nucleares e que planeja usá-las para gerar eletricidade. Os governos dos Estados Unidos e de outras nações alegam que o programa é um disfarce para a tentativa de obter armas nucleares.

Guerra Irã-Iraque

Nos anos 1980, o governo de Khomeini entrou em choque com Saddam Hussein, ditador do Iraque, por questões territoriais. Os Estados Unidos e outros países ocidentais, interessados em conter a expansão do fundamentalismo islâmico e garantir o comércio do petróleo no Golfo Pérsico, apoiaram o Iraque na guerra contra o Irã. Saddam Hussein saiu fortalecido entre os países árabes.

Guerra do Líbano

O Líbano, país marcado por conflitos internos, principalmente entre cristãos e muçulmanos, viveu, em 1975, uma guerra civil que acabou envolvendo Israel e Síria. Dois grupos se enfrentaram nessa guerra: os muçulmanos reformistas e os guerrilheiros palestinos contra os muçulmanos moderados e os cristãos.

A Síria, sob o pretexto de que tinha de manter a paz na região, invadiu o Líbano. Em 1982, Israel ocupou o sul do país e, em seguida, tomou a capital, Beirute, exigindo a saída dos palestinos. A guerra devastou o Líbano. Vários acordos de paz foram tentados, sem resultado, e o projeto de reconstrução do país continuou prejudicado pelos conflitos internos.

Guerra do Golfo

O território do atual Iraque foi, na Antiguidade, o berço da civilização mesopotâmica, onde se sucederam as civilizações dos sumérios, acádios, babilônicos, assírios e caldeus, que construíram cidades.

No século VIII, a Mesopotâmia, conquistada por persas e gregos, tornou-se o centro de um vasto Império Árabe, época em que o califa Mansur construiu a nova capital, Bagdá, a cidade das "Mil e uma Noites", às margens do Rio Tigre. Posteriormente, foi ocupado pelo Império Turco-Otomano.

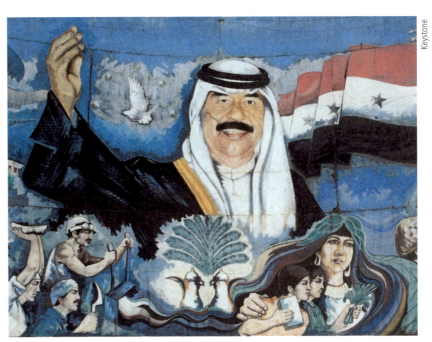

O presidente Saddam Hussein impunha sua imagem de grande líder e protetor do Iraque por meio da propaganda governamental, como nesse painel dos anos 1990.

Após a Primeira Guerra Mundial, com o desmembramento do Império Turco-Otomano, o país tornou-se uma monarquia, mas sob a tutela da Grã-Bretanha. Em outubro de 1932, o Iraque entrou na Liga das Nações como um Estado livre e soberano. No entanto, a ingerência britânica no Iraque prolongou-se até a década de 1950, quando um golpe militar transformou o país em uma república.

Nas décadas de 1960 e 1970, porém, o Iraque assistiu a uma série de golpes militares. Em 1979, o general Saddan Hussein assumiu o poder.

A Guerra do Golfo teve início em agosto de 1990, quando o Iraque, governado por Saddam Hussein, invadiu o Kuwait. O Iraque estava com sua economia abalada, mas mantinha grande força militar. O governo desse país acusou o Kuwait de prejudicá-lo no comércio de petróleo, em razão do preço baixo, e exigiu uma indenização.

Fonte: IBGE. Atlas geográfico escolar. 4. ed. Rio de Janeiro, 2007. p. 49.

Observe no mapa os países localizados atualmente no Oriente Médio.

Saddam ordenou a invasão do Kuwait e se apoderou das jazidas de petróleo. Com isso, vários países deixaram de receber esse produto, inclusive os Estados Unidos. Defendendo seus interesses, os norte-americanos, além de pressionarem o Iraque a desocupar o Kuwait, mandaram tropas para a Arábia Saudita, junto à fronteira do Iraque e do Kuwait.

A ONU condenou a invasão e autorizou a ação militar de vários países contra o Iraque, que foi atacado e, em seis semanas, saiu derrotado.

Novos rumos da economia

Com o fim da Guerra Fria, os princípios do liberalismo ganharam mais força, enfraquecendo os Estado Nacionais que, cada vez mais, submeteram-se às regras da economia de mercado. Esta posição fez aumentar a competição entre países e empresas e possibilitou a formação de blocos econômicos.

Embora existam várias interpretações sobre a mundialização da economia, a chamada globalização, pode-se dizer que ela se constitui em um processo – ainda em curso – de integração de economias e mercados, cujo objetivo é a multiplicação dos espaços de lucro (domínio de mercados, de locais fornecedores de mão de obra mais barata, de locais de investimento e de territórios fontes de matérias-primas).

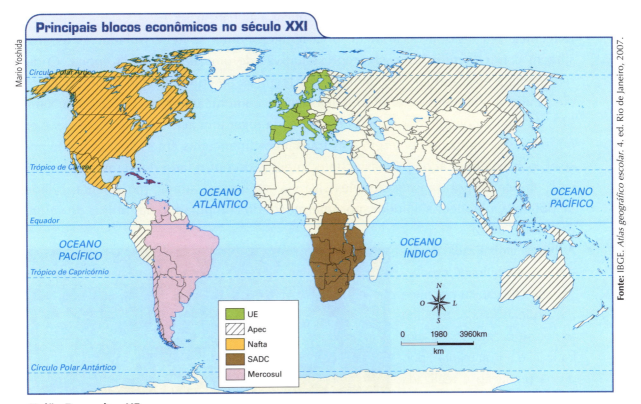

Principais blocos econômicos no século XXI

Mario Yoshida

Fonte: IBGE. *Atlas geográfico escolar*. 4. ed. Rio de Janeiro, 2007.

Legenda:
- UE
- Apec
- Nafta
- SADC
- Mercosul

União Europeia – UE

Alemanha, Áustria, Bélgica, Dinamarca, Espanha, Finlândia, França, Grécia, Irlanda, Itália, Luxemburgo, Holanda (Países Baixos), Portugal, Reino Unido e Suécia.

Cooperação Econômica Ásia-Pacífico – Apec

Austrália, Brunei, Canadá, Indonésia, Japão, Malásia, Nova Zelândia, Filipinas, Cingapura, Coreia do Sul, Tailândia, Estados Unidos da América (desde 1989), China, Hong Kong (China), Taiwan (desde 1991), México, Papua-Nova Guiné (desde 1993), Chile (desde 1994), Peru, Rússia e Vietnã (desde 1998).

Acordo de Livre Comércio da América do Norte – Nafta

Estados Unidos da América, México e Canadá.

Comunidade para o Desenvolvimento da África Central – SADC

África do Sul, Angola, Botsuana, Lesoto, Malauí, Maurício, Moçambique, Namíbia, República Democrática do Congo, Seicheles, Suazulândia, Tanzânia, Zâmbia, e Zimbábue.

Mercado Comum do Sul – Mercosul

Brasil, Paraguai (suspenso até agosto de 2013), Uruguai, Argentina, Venezuela, Bolívia (país associado), e Chile (país associado).

Agrupamento Brasil-Rússia-Índia-China-África do Sul (BRICS)

A ideia dos BRICS foi formulada pelo economista-chefe da Goldman Sachs, Jim O'Neil, em estudo de 2001, intitulado "Building Better Global Economic BRICs". Fixou-se como categoria da análise nos meios econômico-financeiros, empresariais, acadêmicos e de comunicação. Em 2006, o conceito deu origem a um agrupamento, propriamente dito, incorporado à política externa de Brasil, Rússia, Índia e China. Em 2011, por ocasião da III Cúpula, a África do Sul passou a fazer parte do agrupamento, que adotou a sigla BRICS.

O peso econômico dos BRICS é certamente considerável. Entre 2003 e 2007, o crescimento dos quatro países representou 65% da expansão do PIB mundial. [...]

Em síntese, o BRICS abre para seus cinco membros espaço para (a) diálogo, identificação de convergências e concertação em relação a diversos temas; e (b) ampliação de contatos e cooperação em setores específicos.

Disponível em: <http://www.itamaraty.gov.br/temas/mecanismos-inter-regionais/agrupamento-brics>. Acesso em: jul. 2012.

A seguir, alguns fatores que contribuem para explicar a globalização:

- **A técnica**. Na história do homem, uma técnica nunca aparece isolada. As técnicas surgem como "família" que são representativas de uma determinada época. O que representa a época atual é a "família" das técnicas de comunicação e informação: a eletrônica, a cibernética e a informática, que se comunicam entre si. Com essa "família", da qual o computador é peça central, cada lugar tem acesso ao que acontece em outros, o que agiliza o comércio e as transações financeiras em escala global (é possível, por exemplo, acompanhar acontecimentos do outro lado do planeta em tempo real, *on-line* ou por transmissão televisiva via satélite; ou, ainda, movimentar bilhões de dólares em poucos segundos, por intermédio do computador, nas bolsas de valores do mundo todo).

- **A busca globalizada do lucro**. A possibilidade de acumulação de capital por meio da exploração do trabalho tornou-se o "motor" da globalização, justamente porque a produção é realizada em escala mundial, pelas empresas **transnacionais** (que atuam além das fronteiras de seus países de origem), que competem entre si em uma concorrência extremamente feroz: essa competitividade leva as empresas a procurarem novas técnicas, novos materiais, melhor organiza-

Protesto antiglobalização nas ruas de Genebra, Suíça, 2003, durante encontro do G8 (grupo formado por Estados Unidos, Japão, Alemanha, França, Reino Unido, Canadá, Itália e Rússia).

ção, que lhes permitam o aumento da produtividade e do lucro.

Nesse contexto, essas empresas se expandem: uma parte dela pode estar em um país onde os impostos são menores, uma parte da produção pode ser feita na China, outra no Brasil e outra, ainda, na Malásia (ou seja, em países cuja mão de obra é mais barata e o acesso às matérias-primas, mais fácil). Um automóvel de marca norte-americana pode conter peças fabricadas no Japão, ter sido projetado na Alemanha, montado no Brasil e vendido no Canadá. Além disso, podem, facilmente, fechar uma filial em um país, deslocando-se para outro, onde seja possível maior lucratividade.

Embora estejam fragmentadas espacialmente, possuem uma unidade de comando interno, ou seja, há um núcleo central em cada empresa que decide e garante o controle da produção, dos estoques, do transporte e da distribuição das mercadorias. São justamente as técnicas de comunicação e informação que permitem essa operação planetária das grandes empresas: seus centros de comando são capazes de atuar, controlar, interferir – ao mesmo tempo e de forma eficiente – em várias partes do mundo. E deste modo, essas megaempresas concentram enormes quantidades de capitais, o que permite, muitas vezes, que tenham mais poder que os Estados.

- **O conhecimento do planeta**. Devido aos progressos da ciência, que se revelam no progresso da técnica, hoje a humanidade tem a possibilidade de conhecer o planeta exaustiva e profundamente. Esse conhecimento é utilizado, então, pelas grandes empresas: conhecer os lugares – suas condições físicas, naturais ou artificiais, sociais e políticas – é essencial para se saber qual lugar é mais adequado para a obtenção do lucro desejado.

Essa globalização ou mundialização da economia tem como fundamento o chamado **neoliberalismo**, que se institui, principalmente, depois do "**Consenso de Washington**". Esta expressão nasceu em 1989, quando se reuniram em Washington, convocados pelo Institute for International Economics, diversos economistas latino-americanos de perfil liberal, funcionários do Fundo Monetário Internacional (FMI), Banco Mundial e Banco Interamericano de Desenvolvimento (BID) e do governo norte-americano. O encontro tinha como objetivo a avaliação das reformas econômicas necessárias para os países da América Latina. John Willianson, economista inglês e diretor do instituto, foi quem alinhavou os dez pontos – tidos como consensuais entre os participantes – para que os países da América Latina saíssem da crise econômica. Em linhas gerais, esses pontos coincidiam com o "neoliberalismo".

De maneira geral, o neoliberalismo critica a presença estatal na economia, por inibir o setor privado e frear o desenvolvimento. Dentro dessa lógica, segundo o "Consenso de Washington", a economia dos países latino-americanos deveria funcionar segundo as leis de mercado, estabelecendo:

- disciplina fiscal, por meio da qual o Estado deve limitar seus gastos aos impostos que são arrecadados;
- redução dos gastos públicos em setores menos rentáveis, como educação, saúde e infra-estrutura;
- liberalização financeira, com o fim de restrições que impeçam instituições financeiras internacionais de atuar em igualdade com as nacionais;
- liberalização do comércio exterior, reduzindo os impostos de importação e estimulando a exportação, a fim de impulsionar a globalização da economia;
- privatização de empresas estatais;
- desregulamentação do mercado de trabalho (a chamada "flexibilização" dos direitos trabalhistas), para permitir novas formas de contratação que reduzam os custos das empresas;
- propriedade intelectual: as leis de propriedade intelectual garantem às grandes empresas transnacionais a monopolização de seus produtos. Estes só podem ser produzidos e comercializados mediante "autorização" das empresas. Se a empresa registrou o direito de um produto – seja ele um eletrodoméstico, um item do vestuário ou um medicamento –, um país que quiser produzi-lo (utilizando a mesma "fórmula" e nome) só poderá fazê-lo pagando à empresa pela autorização.

A popularização dessas medidas foi facilitada pelo entusiasmo que provocou a queda do Muro de Berlim, ajudada pela decadência do socialismo soviético (que gerou a necessidade de reformas econômicas nos países do Leste Europeu), além do fato de o FMI (Fundo Monetário Internacional) e o Banco Mundial decidirem condicionar o acesso a seus empréstimos à adoção de reformas inspiradas no "Consenso de Washington".

Atualmente, há uma tendência de unificação dos mercados, com a retirada do protecionismo alfandegário, facilitando a circulação de produtos e capitais. Nessa nova ordem, surgiram novos polos de industrialização, como o Japão e a China.

O despertar do século XXI

Ainda as guerras

Apesar dos sonhos de paz, o século XXI começou sob o signo de grandes conflitos armados, destacando-se a tentativa norte-americana de impor seus interesses aos demais países.

Em resposta ao ataque de 11 de Setembro de 2001, quando o grupo Al Qaeda promoveu o atentado às torres gêmeas do World Trade Center, em Nova York, e ao Pentágono, os Estados Unidos iniciaram grande ofensiva para encontrar Osama bin Laden (líder do chamado fundamentalismo islâmico), que assumiu a autoria da agressão no território norte-americano.

O governo de George W. Bush declarou guerra ao Afeganistão, que seria a base territorial do grupo Al Qaeda.

Osama bin Laden

Osama bin Laden nasceu em Riad, Arábia Saudita, provavelmente em 1957, em uma das mais ricas famílias ligadas à área de construção civil, da qual herdou imensa fortuna. Teve uma educação esmerada, viajou pelo Oriente Médio e pela Europa e cursou a universidade. Desde o início da década de 1970, acredita-se que ele já teria se vinculado aos setores islâmicos mais radicais da Arábia Saudita.

Stringer/Getty Images

Pouco depois da invasão soviética no Afeganistão, no final de 1979, Bin Laden, assim como milhares de outros pró-afegãos, uniu-se à resistência. Segundo se diz, foi treinado pela CIA, já que nessa época os EUA colaboravam com a resistência afegã, que, por sua vez, combatia a então URSS.

Depois da retirada dos soviéticos, em 1989, Bin Laden regressou ao seu país. No entanto, durante a Guerra do Golfo, manifestou-se contrário à presença de tropas norte-americanas na Arábia Saudita, indispondo-se contra o governo, que acabou por confiscar seu passaporte e acusá-lo de subversão.

Osama bin Laden em 1998, possivelmente no Afeganistão.

Acredita-se que formou a Al Qaeda (A Base) no início dos anos 1990, arregimentando militantes muçulmanos que havia conhecido no Afeganistão.

Diante das acusações do governo saudita, Bin Laden fugiu para o Sudão, onde foi expulso em 1996, acusado de organizar campos de treinamento paramilitar. Nesse mesmo ano, teria se estabelecido no Afeganistão.

Entre 1996 e 1998, Bin Laden emitiu uma série de *fatwas* (decretos religiosos) declarando uma **guerra santa** (*jihad*) contra os EUA, que, segundo ele, estariam saqueando os recursos naturais do mundo muçulmano, assim como ajudando aos seus inimigos.

Em 2001, a Al Qaeda determinou uma operação terrorista dentro do próprio território norte-americano: no dia 11 de setembro, dois aviões civis, sequestrados, chocaram-se intencionalmente contra as torres gêmeas do World Trade Center, em Nova York.

O atentado foi noticiado em tempo real por diversas redes de comunicação do mundo e Osama Bin Laden passou a ser o homem mais procurado do planeta.

Dez anos depois, no dia 1º de maio de 2011, um comando da Marinha dos Estados Unidos capturou Osama Bin Laden na cidade de Abbottabad, próximo a Islamabad, capital do Paquistão. O presidente dos Estados Unidos, Barack Obama, anunciou a morte de Bin Laden, com um tiro na cabeça. Também se noticiou que o corpo de Bin Laden teria sido atirado ao mar. Nenhuma foto com detalhes da operação foi divulgada.

A Guerra no Afeganistão

O Afeganistão abriga uma grande diversidade de etnias, além de ter sido, ao longo da História, conquistado e invadido por diferentes povos e nações: o Império Persa, o Império Macedônico, árabes muçulmanos, povos nômades turcos e mongóis, a Grã-Bretanha e a antiga União Soviética.

O Afeganistão foi invadido e ocupado pela União Soviética em 1979. Mas, nos anos posteriores, apesar das lutas internas entre várias facções e etnias, o Talibã (organização islâmica nacionalista, da etnia afegã pashtu) conquistou a maioria do país.

Em 7 de outubro de 2001, em resposta aos ataques de 11 de Setembro, os Estados Unidos e as forças aliadas lançaram uma campanha militar contra o Afeganistão, que estaria abrigando e protegendo em seu território a liderança da Al Qaeda, bem como o próprio Osama bin Laden, reconhecido como herói pelos talibãs.

O resultado dessa ofensiva foi a queda do governo do Talibã no Afeganistão e a subida ao poder de um novo governo, apoiado pelos EUA.

Depois da sua derrota, as forças talibãs sobreviventes se refugiaram nas montanhas da fronteira com Paquistão e passaram a agir contra o novo governo e as tropas estrangeiras.

Em várias cidades afegãs, os EUA e as forças aliadas foram recebidos como libertadores, já que os talibãs perseguiam as minorias e mantinham os afegãos sob grande opressão social e cultural.

No entanto, até 2011, assistia-se, à multiplicação da resistência à ocupação estrangeira, acompanhada por uma recuperação do prestígio dos líderes talibãs.

Afeganistão na atualidade

Mario Yoshida

Fonte: IBGE. Atlas geográfico escolar. 4. ed. Rio de Janeiro, 2007.

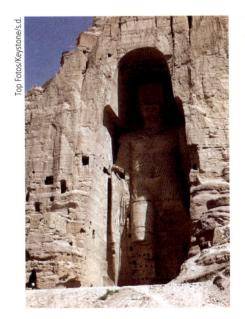

Top Fotos/Keystone/s.d.

Didier Vanden Berghe/s.d.

Bamyian, em plena rota da seda, foi um importante centro budista, até à entrada do islamismo no século IX. A construção dos dois Budas foi iniciada no século II a.C. e concluída no século IV ou V. Um dos Budas tinha 55 metros, o outro, 38 metros. Em 2001, o regime Talibã decidiu explodir as estátuas milenares, como parte de uma campanha que tinha por objetivo destruir todas as imagens que não respeitassem o Islã.

265

A ofensiva norte-americana no Iraque: a Segunda Guerra do Golfo

Os Estados Unidos, entre 1981 e 2001, forneceram cerca de 50% das armas adquiridas por Saddam Hussein. A dívida de Saddam aos norte-americanos atingiu, entre 1988-1998, um montante entre 7 e 8 bilhões de dólares.

O segundo maior fornecedor de armas para o Iraque entre 1981-2000 foi, segundo o Sipri, a China, responsável por cerca de 18% do equipamento militar. A empresa petrolífera nacional chinesa, associada a outro consórcio chinês, negociava com Saddam Husseim a exploração petrolífera no campo de Al Ahdab, no sul do país.

Em 2003, o presidente dos EUA, George W. Bush, enviou tropas norte-americanas para o Iraque, a pretexto de achar armas de destruição em massa, que, supostamente, o governo iraquiano teria estocado e que, segundo Bush, representavam um risco aos EUA, abalado desde 2001 pelos atentados de 11 de setembro.

França, China, Rússia, Alemanha e o Conselho de Segurança das Nações Unidas opuseram-se à invasão e à ocupação do Iraque pelos EUA, que recebeu, porém, apoio da Itália, da Espanha e da Grã-Bretanha.

Em 2004, após um ano de ocupação, sem que as tais armas de destruição em massa fossem encontradas, Bush justificou a ocupação como parte da "libertação de países de regimes ditatoriais, da promoção da democracia e da paz mundial". Em julho, a ocupação terminou oficialmente e o poder foi transferido para um novo governo. No entanto, as tropas de ocupação continuaram no país. Nesse mesmo ano, Saddam Hussein foi capturado e, em dezembro de 2006, executado.

As armas de destruição maciça do Iraque, porém, jamais foram encontradas pelas forças de ocupação.

No início de 2008, as hostilidades no país continuavam, sob a forma de guerrilha de resistência ou táticas terroristas, com os chamados **insurgentes** atacando diariamente as forças de ocupação.

Ao mesmo tempo, a maior parte dos contratos de reconstrução do Iraque "pós-guerra" estavam, nessa mesma data, nas mãos de empresas norte-americanas.

Em 2009, com a posse do novo presidente norte-americano Barack Obama, fortaleceram-se as esperanças de retirada das forças militares dos Estados Unidos do Iraque.

Finalmente, em agosto de 2010, Barak Obama declarou formalmente o fim da guerra do Iraque e anunciou o início da retirada das tropas para 2011.

Em dezembro do mesmo ano, com a retirada final das tropas dos Estados Unidos, a guerra foi formalmente encerrada com um terrível saldo de milhares de mortos ao longo dos nove anos de conflito: cerca de 4500 estadunidenses morreram e mais um cem mil iraquianos, sendo a maioria das vítimas civil.

O cotidiano da Guerra do Iraque: soldado norte-americano fala com menino iraquiano durante uma patrulha em bairro xiita. Bagdá, Iraque, 2008.

Wathiq Khuzaie/Getty Images

A guerra no Líbano em 2006

O Hezbollah (também escrito como *Hizbollah*, *Hizbolá* ou *Hizbullah*, que significa "Partido de Deus") é uma organização política e militar dos muçulmanos xiitas do Líbano. Recebe apoio sírio e iraniano e não é considerado no país uma entidade terrorista, e sim um grupo de resistência contra a invasão israelense.

A organização nasceu em 1982, para lutar contra a invasão de Israel no sul do Líbano. Mesmo depois da retirada das forças israelenses do país, a organização não se desarmou e, desde 2005, conta com 14 deputados na Assembleia Nacional do Líbano.

Em 12 de julho de 2006, o Hezbollah anunciou que havia capturado dois soldados israelenses em um enfrentamento, quando tropas israelenses avançaram no sul do Líbano. Há, porém, a versão que a organização teria invadido a fronteira israelense, bombardeado alvos militares e civis e, durante o ataque, sequestrado os soldados israelenses, com o objetivo de trocá-los por libaneses presos em Israel.

O governo israelense responsabilizou o governo libanês pelos ataques, uma vez que o Hezbollah fazia parte do governo. Em função disso, as forças israelenses ocuparam o sul do Líbano, e passaram a bombardear alvos civis por todo o país, instalações de transportes, comunicações e energia, além das instalações militares, isolando o Líbano por meio de bloqueio aéreo e marítimo.

O cessar-fogo foi declarado no dia 11 de agosto do mesmo ano, após intensas negociações. As duas partes beligerantes aceitaram, entre outros pontos, o fim das hostilidades, a retirada das tropas israelenses do território libanês, o desarmamento do Hezbollah e a atuação de forças armadas libanesas e de uma força armada internacional (Unifil) no sul do Líbano.

Segundo o relatório da Anistia Internacional (no documento "Fora de toda a proporção: a população civil sofre com a pior parte da guerra", publicado em novembro de 2006), a guerra de 34 dias causou mortes e destruição tanto em Israel quanto no Líbano, e a população civil foi a mais afetada pelas operações militares.

Conflito Israel x Líbano - 2006

Mario Yoshida

Fonte: KINDER, Hermann; HILGEMANN, Werner e HERGT, Manfred. *Atlas Histórico Mundial*. Madri: Akal, 2007.

Tyler Hicks/The New York Time

Hassan Mansour entre os escombros de sua casa bombardeada por forças israelenses, em Ainata, no Líbano. Foto de 2006.

Os conflitos da nova era

O mundo atual exibe diversas áreas de tensão, em razão, por exemplo, de rivalidades étnicas, religiosas, nacionalistas e, em menor proporção (ao contrário do século XX), de disputas entre Estados por territórios e fronteiras.

De acordo com o historiador Eric Hobsbawm, o Estado territorial perdeu, por várias razões, o monopólio tradicional da força armada e boa parte da sua própria estabilidade. O equipamento necessário à guerra, assim como os meios de financiá-la, está hoje amplamente disponível a entidades privadas. Os conflitos armados dentro dos países tornaram-se mais sérios e podem prosseguir durante décadas, sem perspectivas reais de vitória ou solução, como:

- na **Caxemira**: uma região dividida entre duas potências nucleares (Índia e Paquistão) e um movimento de independência.
- no **Sri Lanka**: tâmeis (hinduístas) lutam contra cingaleses (budistas), desde 1980.
- em **Ruanda** e **Burundi**: rivalidade entre as etnias tutsi e hutu, na região dos Grandes Lagos Africanos.
- na **Nigéria**: principal exportador de petróleo da África. As péssimas condições de vida da maior parte da população, entretanto, são responsáveis pelas tensões religiosas (cristãos *versus* muçulmanos) e étnicas (há 250 grupos étnicos no país).
- no **Sudão**: **milícias** árabes, formadas para combater os rebeldes separatistas do sul, na "antiga" guerra civil do país, são acusadas de perseguir, violar e roubar os habitantes "não árabes" de Darfur (região árida a oeste do Sudão), contando com apoio, dinheiro e armas do governo sudanês. A guerra civil, que durou 20 anos, terminou oficialmente em 2005, com um acordo de paz assinado entre as partes, e mais de 2 milhões de mortos. Segundo acusações de várias entidades internacionais, se a guerra civil acabou, é porque se transformou em limpeza étnica, na qual as milícias árabes, com o aval do governo, atacam e eliminam a população negra, alegando que continuam dando apoio aos rebeldes. Sob essa alegação, têm atacado até os campos de refugiados no vizinho Chade. Na raiz desse "conflito étnico", porém, estaria uma disputa por petróleo. O Sudão é o segundo parceiro comercial da China no continente africano e Pequim compra 65% do petróleo sudanês. Em julho de 2011,

o presidente do Sudão, Omar Bashir, reconheceu a independência da parte sul e o Sudão do Sul tornou-se formalmente um novo país.

Em alguns casos, como na **Somália**, o Estado pode virtualmente deixar de existir. Desde 1991, quando os chamados "senhores da guerra" (chefes de diversos grupos étinicos do país) derrubaram o ditador Mohamed Siad Barre, o país está fragmentado em 18 regiões. Um governo de transição, reconhecido pela comunidade

Mika Makelainen

Com território maior que a Bahia, o Sudão do Sul nasce carregando o título do Estado mais pobre do mundo, onde três dos estimados nove milhões de habitantes precisam de ajuda humanitária para se alimentar e 90% vivem com até 50 centavos de dólar por dia (cerca de 0,80 centavos de reais). Foto de 2010.

internacional, mas não pelos chefes locais, estabeleceu-se em 2004. O conflito se polarizou entre as milícias islâmicas (a UCI – União das Cortes Islâmicas, que teriam ligações com a Al Qaeda e apoio da Eritreia) e o Governo Transicional Federal, que recebe apoio da Etiópia.

Em outros países, como a **Colômbia**, onde 60% da população vive na pobreza, o Estado não exerce poder sobre uma parte do território nacional. As Farc (Forças Armadas Revolucionárias da Colômbia, forças insurgentes revolucionárias, de inspiração comunista) controlam cerca 40% do território colombiano, nas selvas do sudeste e na base da Cordilheira dos Andes. Ao mesmo tempo, o país é devastado por diversos grupos paramilitares, os chamados "paracos", que prestam serviços também às corporações multinacionais e aos cartéis do narcotráfico (e, segundo alguns, ao próprio Estado), além de quadrilhas armadas que se aproveitam do conflito generalizado para efetuar assaltos nas **ermas** estradas do país.

Segundo dados mencionados na obra *Globalização, democracia e terrorismo*, de Eric Hobsbawm, o Alto Comissariado das Nações Unidas para os Refugiados estimou em 20,8 milhões de pessoas deslocadas de suas regiões de origem, particularmente em regiões da Ásia, da África e do sudeste da Europa, em 2007. No final do mesmo ano, a "Estatística de Pessoas Deslocadas" do *Church World Service* registrava 33 milhões de pessoas.

Mesmo sem as guerras tradicionais entre países, pequenas ou grandes, atualmente poucos observadores realistas esperam que o novo século nos traga um mundo sem a presença constante de armas e violência. No entanto, devemos resistir à **retórica** do medo irracional com a qual governos como o dos EUA buscam justificar uma política imperialista. Não é possível uma "guerra contra o terror" ou contra o "terrorismo", porque ele não existe por si só. O que existe são atores políticos – tanto países quanto grupos não oficiais – que utilizam a tática do **terrorismo** (moralmente inaceitável, não importa por quem seja usada!).

[...]

Grandes áreas do planeta permanecem instáveis. Essa instabilidade é dramaticamente acentuada pelo declínio do monopólio da força armada, que já não está nas mãos dos governos.

[...]

Uma tentativa de prognóstico: no século XXI, as guerras provavelmente não serão tão mortíferas quanto foram no século XX. Mas a violência armada, gerando sofrimentos e perdas, persistirá, **onipresente** e **endêmica** – ocasionalmente **epidêmica** –, em grande parte do mundo. A perspectiva de um século de paz é remota.

HOBSBAWM, Eric, *Op. cit*, p. 45-46, 87, 95-96 e 35. Texto adaptado.

Em dezembro de 2010, eclodiu uma forte onda de protestos e revoltas políticas em diversos países do mundo árabe. Os levantes iniciaram-se na Tunísia, quando um vendedor ambulante ateou fogo ao próprio corpo como forma de protestar contra o governo opressivo e elitista de seu país. Rapidamente, as revoltas estenderam-se para outros países árabes do norte da África e Oriente Médio. Por isso, essa onda revolucionária é chamada de Primavera Árabe, cujas principais reivindicações são democracia e liberdade. Até 2012, os protestos foram bem-sucedidos em quatro países da região, nos quais os governos ditatoriais caíram: Tunísia, Egito, Líbia e Iêmen. O movimento, porém, seguia por Síria, Argélia, Bahrein, Djibuti, Iraque, Jordânia e Omã.

Os conflitos em diferentes áreas do planeta que levam às pessoas a uma situação de refúgio se intensificaram nos últimos cinco anos, ocasionando um crescimento vertiginoso no número de deslocamentos humanos. De acordo com dados do Alto Comissariado das nações Unidas para Refugiados, mais de 42 milhões de pessoas estão em situação de refúgio atualmente.

Alertas do mundo

> Não sabemos para onde estamos indo. Só sabemos que a história nos trouxe até este ponto e – [...] – porquê. Contudo, uma coisa é clara. Se a humanidade quer ter um futuro reconhecível, não pode ser pelo prolongamento do passado ou do presente. Se tentarmos construir o terceiro milênio nessa base, vamos fracassar. E o preço do fracasso [...] é a escuridão.
>
> HOBSBAWM, Eric. *Era dos extremos*: o breve século XX. 2. ed. São Paulo: Companhia das Letras, 1995. p. 562.

Neste início de milênio, há que se estimar o impacto da globalização diante de, ao menos, dois aspectos centrais.

O primeiro diz respeito ao impacto da globalização sobre a mobilidade dos seres humanos. De 1999 a 2001, um total de cerca de 4,5 milhões de pessoas entrou nos países da União Europeia, vindos de economias pobres. Citando como exemplo a Espanha, de 1996 a 2003, o número de estrangeiros no país triplicou, de 500 mil para 1,6 milhão, sendo dois terços desses estrangeiros provenientes da África e da América do Sul. No entanto, segundo Hobsbawm, "a ideologia do capitalismo globalizado dos mercados livres [...] fracassou redondamente no estabelecimento da livre movimentação internacional da força de trabalho, ao contrário do que ocorreu com o capital e o comércio" (*Op.cit*, p. 91-92). Essa nova globalização de movimentos populacionais tem reforçado a hostilidade e a resistência aos "estrangeiros", seja sob o ponto de vista econômico, seja sob o ponto de vista cultural. Principalmente em países e regiões mais homogêneas (étnica, religiosa e culturalmente), o grande fluxo de estrangeiros é um componente de tensões, que se revelam na xenofobia. Manifestações racistas contra jogadores estrangeiros nos estádios de futebol europeus, crescimento de grupos de jovens "neonazistas", nacionalistas e de extrema-direita são expressões dessa tensão e atritos que serão um fator importante a ser considertado na política nacional e global nas próximas décadas.

Em 2005, a Fifa multiplicou as iniciativas para combater o racismo nos estádios de futebol. Estádio Franken, Nuremberg, Alemanha. A faixa que os jogadores seguram diz: "Diga não ao racismo".

O segundo aspecto refere-se ao aquecimento global e ao efeito estufa, enfim, aos vários fenômenos decorrentes da industrialização mundial, que, culminando com a globalização da economia, passaram a fazer parte do cotidiano das populações, seja pelos efeitos **nefastos** produzidos em sua saúde, seja pelas mudanças drásticas na natureza.

As mudanças climáticas ocorridas no planeta, já objeto de preocupação especialmente após a década de 1960, forçaram a adoção de algumas medidas, pelos países industrializados, por exemplo: a redução da emissão de gases poluentes – como o monóxido e o dióxido de carbono – a preservação da flora e fauna e de suas espécies em extinção.

Um dos eventos mundiais, promovidos pela Assembleia Geral das Nações Unidas, em 1990, foi o estabelecimento do Comitê Intergovernamental de Negociação para a Convenção Quadro sobre Mudança do Clima, que culminou com a elaboração de uma **convenção**, assinada pela **Cúpula da Terra** (Cúpula da Terra ou ECO 92: assim ficou conhecida a segunda Conferência Ambiental organizada pela ONU, realizada no Rio de Janeiro, em junho de 1992).

Convenção das Nações Unidas sobre Mudança do Clima

Um aspecto importante dessa convenção foi a definição e a universalização de conceitos, a fim de que se adote uma linguagem única no esforço de proteger o sistema climático para gerações presentes e futuras:

1. "Efeitos negativos da mudança do clima" significa as mudanças no meio ambiente físico ou **biota**, resultantes da mudança do clima que tenham efeitos prejudiciais significativos sobre a composição ou produtividade de ecossistemas, sobre o funcionamento de sistemas socioeconômicos ou sobre a saúde e o bem-estar humanos.

2. "Mudança do clima" significa qualquer alteração que possa ser direta ou indiretamente atribuída à atividade humana, modificando a composição da atmosfera mundial e que se some àquela provocada pela variabilidade climática natural.

3. "Sistema climático" significa a totalidade da atmosfera, hidrosfera, **biosfera** e geosfera e suas interações.

4. "Emissão" significa a liberação de gases de efeito estufa e/ou seus precursores na atmosfera numa área específica e num período determinado.

5. "Gás de efeito estufa" significa qualquer o elemento gasoso da atmosfera, natural e produzido pela humanidade, que absorve e reemite radiação infravermelha.

6. "Reservatório" significa um componente do sistema climático no qual fica armazenado um gás de efeito estufa ou um precursor de um gás de efeito estufa.

7. "Sumidouro" significa qualquer processo, atividade ou mecanismo que remova um gás de efeito estufa, um aerossol ou um precursor de um gás de efeito estufa da atmosfera.

8. "Fonte" significa qualquer processo ou atividade que libere um gás de efeito estufa, um aerossol ou um precursor de gás de efeito estufa na atmosfera.

9. "Organização regional de integração econômica" significa "uma organização constituída de Estados soberanos de uma determinada região que têm competência em relação a assuntos regidos por esta Convenção ou seus protocolos, e que foi devidamente autorizada, em conformidade com seus procedimentos internos, a assinar, ratificar, aceitar, aprovar os mesmos ou a eles aderir".

São princípios da Convenção, entre outros, que os países devem:

– proteger o sistema climático em benefício das gerações presentes e futuras da humanidade;

– adotar medidas de precaução para prever, evitar ou minimizar as causas da mudança do clima e seus efeitos negativos;

– promover a gestão sustentável na conservação e fortalecimento de sumidouros e reservatórios;

– cooperar para promover um sistema econômico internacional que favoreça a **sustentabilidade** do desenvolvimento econômico;

– promover e cooperar na educação, treinamento e conscientização pública em relação à mudança do clima, estimulando ampla participação nesse processo, inclusive de organizações não governamentais.

Aos países desenvolvidos, a convenção atribui maiores obrigações no combate à mudança do clima e a seus efeitos.

Íntegra da Convenção. Disponível em: Ministério da Ciência e da Tecnologia. <www.mct.gov.br/upd_blob/0005/5390.pdf>. Acesso em: jun. 2012.

Disse o geógrafo e professor Milton Santos: "Na realidade, a natureza, hoje, é um valor; ela não é natural no processo histórico. Ela pode ser natural na sua existência isolada, mas, no processo histórico, ela é social. Quer dizer, eu a valorizo em função de uma história. Isso já ocorria antes, mas hoje é muito mais evidente. O valor da natureza está relacionado com a escala de valores estabelecida pela sociedade para aqueles bens que antes eram chamados naturais. Hoje, quando a economia e a mais-valia se globalizam, a natureza globalizada pelo conhecimento e pelo uso é tão social como o trabalho, o capital, a política [...] O fato é que os agravos à natureza são, sobretudo, originários do modelo de civilização que adotamos. Será este irreversível? É esta a discussão que se impõe, para evitar ao mesmo tempo as ofensas à Terra e aos homens."

Território e sociedade: entrevista com Milton Santos. São Paulo: Fundação Perseu Abramo, 2000. p. 18 e 20.

O céu na China "escureceu" ao longo dos últimos 50 anos, possivelmente, por conta da névoa decorrente do aumento da emissão de poluentes gerados pela queima de combustíveis fósseis. Foto de Pequim, 2011.

Chico Mendes: A aliança dos povos da floresta vem em função de uma história que começa a partir do **desbravamento** da Amazônia. Para você ter uma ideia, os índios eram os legítimos donos da Amazônia e quando em 1877 começou o seu desbravamento houve uma espécie de tráfico de escravos para lá: eram nordestinos, cujos patrões – os grandes seringalistas do início do ciclo da borracha – aproveitavam-se de sua miséria, usando-os nesse desbravamento. Essas pessoas foram preparadas para lutar contra os índios, formando um exército de brancos preparados pelos seringalistas, pelas empresas, grupos e banqueiros internacionais, como era o caso da Inglaterra e dos EUA interessados na borracha da Amazônia. Começa então o conflito entre índios e brancos. Nessa época, mais de sessenta grupos tribais na Amazônia foram massacrados pela ganância dos patrões, e a cada grupo dizimado correspondia a formação de grandes áreas de seringais. Assim começa toda a história.

Francisco Alves Mendes Filho, o Chico Mendes – 1944-1988. Líder sindical, assassinado na porta de sua casa, em 22 de dezembro de 1988, recebeu várias premiações, nacionais e internacionais, por sua atuação em defesa dos trabalhadores dos seringais e do meio ambiente. Defendia a união dos povos da floresta para a defesa de seus interesses. Foto de 1988.

Essa história permaneceu na década de 1970 quando o governo militar decidiu acabar com o monopólio estatal da borracha e os seringalistas caíram na falência. A situação piorou muito para o seringueiro que era tido até então como uma espécie de escravo, que tinha sua sobrevivência garantida. Após 1970, com a implantação do sistema latifundiário, com a política de especulação da terra, a situação mudou muito, iniciando-se então os grandes desmatamentos e a expulsão em massa.

Trecho de entrevista concedida por Chico Mendes. Disponível em: <www.senado.gov.br/senadores/senador/marinasi/defesa_vida.asp>. Acesso em: jul. 2012.

Janeiro de 1987: líderes indígenas e seringueiros em Brasília – entre eles, Chico Mendes – reivindicando a criação de reservas extrativistas e demarcação de terras indígenas.

Como desdobramento da ECO-92, em 1997, na cidade de Kyoto, Japão, foi assinado o *Protocolo de Kyoto*, no qual ficou definido que os países desenvolvidos, relacionados no documento, teriam a obrigação de reduzir a quantidade de gases poluentes em, ao menos, 5,2%, entre 2008 e 2012, em relação aos níveis apresentados em 1990.

Esse Protocolo entrou em vigor em fevereiro de 2005, após a adesão de 55 países, como previa o documento. Em 2007, mais de 100 já haviam ratificado o protocolo. Os Estados Unidos, no entanto, apesar de serem responsáveis pela maior parcela da produção de poluentes, recusaram-se a aderir ao Protocolo.

Em junho de 2012, ocorreu no Rio de Janeiro a *2ª Conferência das Nações Unidas para o Desenvolvimento Sustentável*, da qual participaram negociadores oficiais dos países-membros e autoridades observadoras da ONU. Essa Conferência recebeu a alcunha de Rio+20, em referência à primeira conferência, a ECO 92.

O objetivo da Conferência foi a renovação do compromisso político com o desenvolvimento sustentável, por meio da avaliação do progresso e das lacunas na implementação das decisões adotadas pelas principais cúpulas sobre o assunto e do tratamento de temas novos e emergentes.

Nesse encontro mundial, os dois temas principais foram:

• A economia verde no contexto do desenvolvimento sustentável e da erradicação da pobreza;

• A estrutura institucional para o desenvolvimento sustentável.

Disponível em: <http://www.rio20.gov.br/sobre_a_rio_mais_20>. Acesso em: jul. 2012. Texto adaptado.

Cerimônia de abertura da Conferência das Nações Unidas sobre Desenvolvimento Sustentável (Rio+20), no Rio de Janeiro, em 2012, contou com a presença da presidente Dilma Rousseff.

Estamos no mundo

O Fórum Social Mundial (FSM) define-se, em sua Carta de Princípios, como: "...um espaço internacional para a reflexão e organização de todos os que se contrapõem à globalização neoliberal e estão construindo alternativas para favorecer o desenvolvimento humano e buscar a superação da dominação dos mercados em cada país e nas relações internacionais".

Reunido pela primeira vez em 2001, em Porto Alegre (RS), o Fórum Social Mundial foi criado como uma alternativa humanista à agenda neoliberal do Fórum Econômico Mundial de Davos. Este último foi fundado em 1971 por Klaus Schwab e ocorre anualmente em Davos, na Suíça, reunindo chefes de Estado, intelectuais, representantes de grandes corporações e empresários, ocasião em que discutem as políticas econômicas – neoliberais – que entendem necessárias para o mundo. É organizado por uma fundação suíça que funciona como consultora da ONU e é financiada por mais de mil empresas multinacionais.

O Fórum Social Mundial não é um movimento, nem uma organização. Ele é, segundo sua própria definição citada anteriormente, um "espaço". Surgiu da ideia de alguns brasileiros que, por meio de um encontro de dimensão mundial, buscaram respostas concretas para a construção de "um outro mundo". Esse "espaço aberto de encontro" pretende-se "plural e diversificado, não confessional, não governamental e não partidário" (ponto 8 da *Carta de Princípios*), articulando todas as pessoas e organizações "da sociedade civil que se opõem ao neoliberalismo e ao domínio do mundo pelo capital e por qualquer forma de imperialismo" (ponto 1 da *Carta de Princípios*).

Por ocasião das eleições para a Presidência da França, em 2007, o sociólogo e educador Edgar Morin escreveu um artigo, no jornal *Le Monde,* na qual se colocava como "candidato" (embora não fosse), como forma de chamar a atenção dos franceses para a possibilidade de construção de um "novo mundo".

A seguir, alguns trechos do artigo, para nossa reflexão, neste início do século XXI.

Edgar Morin,* do *Le Monde*

Caras concidadãs e prezados cidadãos, devo primeiro lembrar que a França não vive isolada do mundo, nem em um mundo imóvel. Devemos tomar consciência de que vivemos em uma comunidade de destino planetário, em face das ameaças globais trazidas pela proliferação de armas nucleares e de conflitos étnico-religiosos, pela **degradação** da biosfera, pela corrida de uma economia mundial descontrolada, pela tirania do dinheiro.

O sistema planetário está condenado à morte ou à transformação.

Eu não lhes prometo a salvação, mas vou indicar o longo e difícil caminho rumo a uma Terra-Pátria e a uma Sociedade-Mundo.

Eu lhes apresento um grande projeto: reformar sua própria civilização, integrando a contribuição moral e espiritual de outras civilizações; contribuir com um novo tipo de desenvolvimento nos países africanos; instituir uma regulação de preços para os produtos fabricados a custo mínimo com a exploração de trabalhadores asiáticos; elaborar uma política comum de inserção de imigrantes; por fim, e sobretudo, construir um lar exemplar de paz, compreensão e tolerância; nesse sentido, intervir no Sudão, na Chechênia, no Oriente Médio e prevenir a guerra entre civilizações.

Indico os caminhos de uma política de civilização que ressuscitará a solidariedade, fará recuar o egoísmo e, mais profundamente, reformará a sociedade e nossas vidas. De fato, nossa civilização está em crise. No ponto em que chegamos, o bem-estar material não necessariamente trouxe o bem-estar mental. Como testemunha, temos o consumo desenfreado de drogas, **ansiolíticos**, antidepressivos, **soníferos**. O desenvolvimento econômico não trouxe o desenvolvimento moral.

A reforma do Estado se fará não pela **supressão** de empregos, mas pela modificação da lógica que considera os humanos objetos submetidos à quantificação e não seres dotados de autonomia, de inteligência e de afetividade.

Eu proporia, ainda, revitalizar a fraternidade, subdesenvolvida na trilogia republicana Liberdade-Igualdade-Fraternidade. [...] Assim a fraternidade seria profundamente inscrita e viva na sociedade reformada que queremos.

Nessa nossa nova concepção de fraternidade, os delinquentes juvenis não seriam indivíduos abstratos que devem ser reprimidos como os adultos, mas adolescentes em uma idade maleável em que se deve favorecer as possibilidades de regeneração.

Consideraríamos os imigrantes não como intrusos rejeitados, mas como irmãos nascidos na pior miséria, que por sua vez foi criada pela nossa colonização no passado e pela introdução de nossa economia em seus países, destruindo as policulturas de subsistência e expulsando as populações agrárias para a miséria das favelas urbanas.

Como o curso atual de nossa civilização privilegia a quantidade, o cálculo, o ter, eu me dedicaria a uma política abrangente da qualidade de vida. Nesse sentido, eu favoreceria tudo aquilo que combate as múltiplas degradações da atmosfera, da nutrição, da água, da saúde. Toda economia energética deve constituir um ganho de saúde e qualidade de vida. Assim, a desintoxicação do ar pela redução de automóveis nos centros urbanos se traduzirá na diminuição de bronquites, asmas e doenças psicossomáticas. A desintoxicação dos lençóis freáticos reduzirá a agricultura e a pecuária industriais em favor de uma ruralidade de pequenos produtores, que restaurará a qualidade dos alimentos e a saúde do consumidor.

A redução das intoxicações da civilização – portanto da intoxicação publicitária, que pretende oferecer sedução e prazer através de produtos supérfluos –, a redução do desperdício de materiais descartáveis e de modismos acelerados que tornam obsoletos os produtos depois de um ano, tudo isso deve nos conduzir a reverter o caminho da civilização, dando-lhe um direcionamento mais equilibrado, dentro de uma ação contínua em favor de duas correntes pioneiras que precisam ser desenvolvidas: a reumanização das cidades e a revitalização do campo.

Em relação à educação, a primeira missão já foi formulada por Jean-Jacques Rousseau em *Emile*: "Viver é o ofício que lhe quero ensinar". É preciso fornecer, às crianças e jovens, os meios para enfrentar os problemas fundamentais e globais que são aqueles de cada indivíduo, de cada sociedade e de toda a humanidade.

O impulso pela grande reforma surgirá quando o povo perceber que pode se responsabilizar por suas necessidades e aspirações. A mudança individual e a mudança social serão inseparáveis, cada uma delas sendo insuficiente sozinha. A reforma da política, a reforma do pensamento, a reforma da sociedade, a reforma da vida, todas juntas conduzirão a uma nova sociedade. Os futuros radiantes estão mortos, mas abriremos caminho para um futuro possível.

Esse caminho, podemos começar a trilhá-lo na França, e esperar que seja adotado na Europa. E, fazendo da França novamente um exemplo, ela levará a esperança de uma salvação planetária.

*Edgar Morin é diretor **emérito** de pesquisa do Centro Nacional de Pesquisas Sociais, CNRS, da França, e presidente da Agência Europeia pela Cultura (Unesco).

A dança da juventude (no centro, a Pomba da Paz), obra de Pablo Picasso, 1961.

Texto traduzido de Eloise De Vylder. Disponível em: <http://g1.globo.com/Noticias/Mundo/0,,MUL27279-5602,00.html>.

Acesso em: jun. 2012. Texto adaptado.

A crise mundial e o neo-liberalismo em xeque

A partir de 2008, teve início uma crise econômica de proporções globais que persiste até os dias atuais. A chamada Grande Recessão é um desdobramento da crise financeira internacional precipitada pela falência do tradicional banco de investimento estadunidense Lehman Brothers, fundado em 1850. A partir de seu epicentro, a crise rapidamente atravessou o Atlântico e se estendeu para diversos países europeus. Islândia, Grécia, Irlanda, Itália, Portugal e Espanha foram

Manifestantes gregos com bandeiras em frente ao Parthenon, na colina da Acrópole, Atenas, Grécia, 2011

duramente atingidos. Os índices de desemprego aumentaram e as populações dos países diretamente afetados tiveram seus direitos trabalhistas e previdenciários ameaçados.

Entre as reações político-sociais, destaca-se o movimento Occupy Wall Street (Ocupe Wall Street, Nova York), no qual milhares de pessoas iniciaram, em setembro de 2011, protestos contra a crise financeira. Em diferentes cidades do mundo, em efeito dominó, ocorreram ocupações para questionar o modelo econômico neoliberal adotado pelos governos dos países em recessão.

A tinta vermelha

[...] Nossa mensagem básica é: o tabu já foi rompido, não vivemos no melhor mundo possível, temos a permissão e a obrigação de pensar em alternativas. Há um longo caminho pela frente, e em pouco tempo teremos de enfrentar questões realmente difíceis – questões não sobre aquilo que não queremos, mas sobre aquilo que QUEREMOS. Qual organização social pode substituir o capitalismo vigente? De quais tipos de líderes nós precisamos? As alternativas do século XX obviamente não servem.

Então não culpe o povo e suas atitudes: o problema não é a corrupção ou a ganância, mas o sistema que nos incita a sermos corruptos. A solução não é o lema "Main Street, not Wall Street", mas sim mudar o sistema em que a Main Street não funciona sem o Wall Street. Tenham cuidado não só com os inimigos, mas também com falsos amigos que fingem nos apoiar e já fazem de tudo para diluir nosso protesto. Da mesma maneira que compramos café sem cafeína, cerveja sem álcool e sorvete sem gordura, eles tentarão transformar isto aqui em um protesto moral inofensivo. Mas a razão de estarmos reunidos é o fato de já termos tido o bastante de um mundo onde reciclar latas de Coca-Cola, dar alguns dólares para a caridade ou comprar um cappuccino da Starbucks que tem 1% da renda revertida para problemas do Terceiro Mundo é o suficiente para nos fazer sentir bem. Depois de terceirizar o trabalho, depois de terceirizar a tortura, depois que as agências matrimoniais começaram a terceirizar até nossos encontros, é que percebemos que, há muito tempo, também permitimos que nossos engajamentos políticos sejam terceirizados – mas agora nós os queremos de volta.

[...]

Então, a mudança é realmente possível? Hoje, o possível e o impossível são dispostos de maneira estranha. Nos domínios da liberdade pessoal e da tecnologia científica, o impossível está se tornando cada vez mais possível (ou pelo menos é o que nos dizem): "nada é impossível", podemos ter sexo em suas mais perversas variações; arquivos inteiros de músicas, filmes e seriados de TV estão disponíveis para download; a viagem espacial está à venda para quem tiver dinheiro; podemos melhorar nossas habilidades físicas e psíquicas por meio de intervenções no genoma, e até mesmo realizar o sonho tecnognóstico de atingir a imortalidade transformando nossa identidade em um programa de computador. Por outro lado, no domínio das relações econômicas e sociais, somos bombardeados o tempo todo por um discurso do "você não pode" se envolver em atos políticos coletivos (que necessariamente terminam no terror totalitário), ou aderir ao antigo Estado de bem-estar social (ele nos transforma em não competitivos e leva à crise econômica), ou se isolar do mercado global etc. Quando medidas de austeridade são impostas, dizem-nos repetidas vezes que se trata apenas do que tem de ser feito. Quem sabe não chegou a hora de inverter as coordenadas do que é possível e impossível? Quem sabe não podemos ter mais solidariedade e assistência médica, já que não somos imortais?

Em meados de abril de 2011, a mídia revelou que o governo chinês havia proibido a exibição, em cinemas e na TV, de filmes que falassem de viagens no tempo e histórias paralelas, argumentando que elas trazem frivolidade para questões históricas sérias – até mesmo a fuga fictícia para uma realidade alternativa é considerada perigosa demais. Nós, do mundo Ocidental liberal, não precisamos de uma proibição tão explícita: a ideologia exerce poder material suficiente para evitar que narrativas históricas alternativas sejam interpretadas com o mínimo de seriedade. Para nós é fácil imaginar o fim do mundo – vide os inúmeros filmes apocalípticos –, mas não o fim do capitalismo.

Em uma velha piada da antiga República Democrática Alemã, um trabalhador alemão consegue um emprego na Sibéria; sabendo que todas as suas correspondências serão lidas pelos censores, ele diz para os amigos: "Vamos combinar um código: se vocês receberem uma carta minha escrita com tinta azul, ela é verdadeira; se a tinta for vermelha, é falsa". Depois de um mês, os amigos receberam a primeira carta, escrita em azul: "Tudo é uma maravilha por aqui: os estoques estão cheios, a comida é abundante, os apartamentos são amplos e aquecidos, os cinemas exibem filmes ocidentais, há mulheres lindas prontas para um romance – a única coisa que não temos é tinta vermelha." E essa situação, não é a mesma que vivemos até hoje? Temos toda a liberdade que desejamos – a única coisa que falta é a "tinta vermelha": nós nos "sentimos livres" porque somos desprovidos da linguagem para articular nossa falta de liberdade. O que a falta de tinta vermelha significa é que, hoje, todos os principais termos que usamos para designar o conflito atual – "guerra ao terror", "democracia e liberdade", "direitos humanos" etc. etc. – são termos FALSOS que mistificam nossa percepção da situação em vez de permitir que pensemos nela. Você, que está aqui presente, está dando a todos nós tinta vermelha.

Slavoj Zizek, discurso proferido para os manifestantes do Ocuppy Wall Street, Liberty Plaza, Nova York, 2011. Disponível em: http://boitempoeditorial.wordpress.com/2011/10/11/a-tinta-vermelha-discurso-de-slavoj-zizek-aos-manifestantes-do-movimento-occupy-wall-street. Acesso em: jul. 2012. Texto adaptado.

ATIVIDADES

1 Leia com atenção a matéria jornalística a seguir e, depois, responda às questões.

8/3/2007 – 07h07

Conflitos atuais são mais violentos contra mulheres, diz comitê internacional

ANDREA MURTA

da **Folha Online**

O Dia Internacional da Mulher em 2007 traz um rastro de deterioração na situação das mulheres, especialmente das imersas em conflitos armados. E para quem tenta ajudar, as condições não são melhores: é crescente a ameaça de estupros contra mulheres que trabalham em organizações humanitárias ao redor do mundo. A opinião é da conselheira do Comitê Internacional da Cruz Vermelha (CICV) sobre mulheres em conflitos, Florence Tercier Holst-Roness, 43, que trabalha na direção do organismo internacional, em Genebra.

"Os conflitos cada vez mais envolvem ações armadas contra civis, muitas das quais são direcionadas especificamente para mulheres", afirma Holst-Roness. [...]

Além da violência sexual, as mulheres enfrentam também os riscos inerentes a zonas de conflito. "A pior situação que tive de enfrentar foi em Serra Leoa (África ocidental), onde nosso comboio foi atacado e duas enfermeiras, assassinadas", diz.

Mas também há boas notícias. A chegada de várias mulheres a posições de poder ao redor do mundo, como Nancy Pelosi (nova líder do Congresso americano), Michelle Bachelet (presidente do Chile) e Ellen Johnson-Sirleaf (presidente da Libéria) – que venceu as eleições em novembro de 2005 e se tornou a primeira mulher eleita chefe de Estado na África – pode se refletir em melhorias para a situação do sexo feminino. "A melhoria das condições para mulheres é um processo, e essas vitórias políticas são um começo importante", afirma a conselheira.

Leia a seguir os principais trechos da entrevista.

Folha Online – Como você vê a situação das mulheres no mundo hoje, quando celebramos o Dia Internacional da Mulher?

Florence Tercier Holst-Roness – É difícil avaliar a situação geral das mulheres no mundo, mas sabemos que elas continuam em condição de desvantagem e discriminação em muitas áreas. Ainda assim, progressos importantes foram feitos. Infelizmente, observando as tendências dos últimos cem anos, as mulheres vêm sofrendo mais e mais em contextos de conflitos armados. A piora se deve à mudança na natureza dos conflitos: cada vez mais, eles envolvem ações armadas contra civis, muitas vezes direcionadas especificamente contra as mulheres.

Folha Online – É comum a associação de violência e opressão contra mulheres e países africanos. Em sua opinião, essa associação é um erro? Como está a situação das mulheres na África em comparação com outras partes do mundo?

Holst-Roness – É difícil avaliar se a violência contra mulheres é um problema maior na África do que em outros lugares. A Declaração de Pequim, em 1995, já deixou claro que a violência contra mulheres existe em todas as sociedades, em graus maiores ou menores. Focando em violência sexual, que é parte do trabalho da CICV, posso dizer que a situação é dramática no Congo e em Burundi. Mas observando a incidência de violência sexual em outros conflitos, como nos Bálcãs, no Timor Leste e na Tchetchênia, fica claro que é errado pensar que essa forma de agressão só acontece na África. E não se pode considerar a violência sexual um "fenômeno cultural" – a cultura é relevante em determinar a resposta apropriada ao problema, mas não em julgar a gravidade ou a "naturalidade" das violações.

Folha Online – O novo século trouxe novos problemas ou as mulheres enfrentam as mesmas dificuldades em todas as eras?

Holst-Roness – A violência contra mulheres em tempos de guerra, em particular a violência sexual e o estupro, é recorrente desde que surgiu a raça humana. A diferença talvez seja a de que, com o relato aberto da mídia em conflitos recentes, a ocorrência generalizada de estupros (assunto antigamente considerado tabu) atrai muito mais atenção. Além disso, as mulheres estão agora enfrentando novos problemas porque a natureza dos conflitos mudou. A distinção entre civis e combatentes é frequentemente difusa e muitas vezes os civis são alvos propositais; esses fatores certamente aumentaram o impacto dos conflitos nas mulheres.

Folha Online – O quão diferente deve ser a ação para prevenir a violência contra mulheres em situações de conflitos armados e em contextos de crescente violência urbana, como a que observamos no Brasil?

Holst-Roness – Há diferenças, e nossas respostas às necessidades de cada situação podem variar de acordo com as circunstâncias. A maioria dos conflitos armados recentes acontece em regiões de fronteiras. Estes conflitos internos têm efeitos devastadores nas populações civis. A exposição de mulheres a ataques indiscriminados é particularmente grave nesses conflitos, devido à proximidade com as lutas. As mulheres são frequentemente assediadas, intimidadas e atacadas em suas casas. Muitas vezes elas são obrigadas a restringir sua liberdade de circulação. Isso limita drasticamente o acesso à água, comida e assistência médica, assim como sua habilidade de sustentar as famílias, trocar informações e buscar apoio familiar e social. Em ambos os casos, o CICV tenta prevenir a violência disseminando as regras aplicáveis a diferentes situações – Lei Humanitária Internacional em conflitos armados e Direitos Humanos Internacionais em outras situações. No Brasil, assinamos acordos de cooperação com autoridades responsáveis pela segurança em sete Estados. Os acordos preveem pessoas para integrar normas relevantes de direitos humanos aos procedimentos de policiais.

Folha Online – Em várias partes do mundo – inclusive no Brasil – um número crescente de famílias é chefiado por uma mulher que não tem o apoio de um parceiro. Na opinião da senhora, essa é uma forma de violência? Quais são as consequências em longo prazo?

Holst-Roness – Em situações de conflito armado, a ausência do parceiro aumenta a insegurança e os riscos para as mulheres que lideram famílias, assim como para as crianças. Além disso, as mulheres assumem, sozinhas, a responsabilidade de sustento e cuidado com a família, e a multiplicidade de tarefas pode sobrecarregá-las. Isso afeta diretamente a família.

Disponível em: <www1.folha.uol.com.br/folha/mundo/ult94u105278.shtml>. Acesso em: jul. 2012. Texto adaptado.

a) Qual o tema principal da matéria?

_____

_____

_____

_____

b) A matéria é uma interpretação jornalística ou pode ser considerada uma fonte sobre o tema abordado?

_____

_____

_____

_____

c) Segundo a matéria, como está a situação da mulher neste início do século XXI?

_____

_____

_____

_____

d) A situação africana, segundo a entrevistada, é pior do que a de outros lugares? Justifique.

_____

_____

_____

_____

_____

e) O que a entrevistada diz sobre a violência contra a mulher neste início do século XXI?

_____

_____

_____

_____

_____

f) Segundo a entrevistada, qual o motivo principal de os conflitos atuais afetarem mais as mulheres?

_____

_____

_____

_____

_____

g) Nas perguntas que se referiam também ao Brasil, as respostas de Florence Tercier Holst-Roness foram, na sua opinião, satisfatórias? Justifique.

_____

_____

_____

_____

_____

_____

2 Sobre os conflitos árabe-israelenses, responda:

a) Que motivos levaram os árabes a atacar o Estado de Israel?

_____

_____

_____

b) O que pretendia a OLP – Organização pela Libertação da Palestina?

_____

_____

_____

c) Que razões provocaram a Guerra dos Seis Dias?

_____

_____

_____

_____

_____

d) Nos anos 1990, foi criada a Autoridade Nacional Palestina. Qual seu objetivo?

_____

_____

_____

_____

e) O Líbano sofreu ataques bélicos de Israel no final do século XX e no início do século XXI. Quais os motivos desses ataques?

_____

_____

_____

_____

3 Quais os motivos da presença de tropas norte-americanas e inglesas no Afeganistão e no Iraque?

_____

_____

_____

_____

_____

4 Qual a posição do Irã em relação aos Estados Unidos?

_____

_____

_____

_____

_____

5 Leia o texto abaixo e depois faça o que se pede.

O relatório anual do Alto Comissariado das Nações Unidas para Refugiados (ACNUR) constatou que em todo o mundo, 42,5 milhões de indivíduos terminaram o ano de 2011 em uma situação de refúgio, seja como refugiados (15,42 milhões), deslocados internos (26,4 milhões) ou solicitantes de refúgio (895 mil).

Visto por uma perspectiva de dez anos, o relatório mostra diversas tendências preocupantes. Entre elas, o fato de que o deslocamento forçado afeta grandes grupos de pessoas ao redor do mundo, em um nível superior a 42 milhões de indivíduos nos últimos cinco anos consecutivos. Outra tendência preocupante é relacionada ao fato de que os refugiados permanecem nesta situação por muitos anos, vivendo em campos de refugiados ou em condições precárias nas áreas urbanas. Do total de 10,4 milhões de refugiados sob mandato do ACNUR, quase 75% (7,1 milhões) estão pelo menos cinco anos em exílio, aguardando uma solução para esta situação.

Numa escala global, o Afeganistão continua sendo o principal país de origem de refugiados (2,7 milhões), seguido pelo Iraque (1,4 milhão), Somália (1,1 milhão), Sudão (500 mil) e República Democrática do Congo (491 mil).

Cerca de 80% dos refugiados do mundo vivem próximos dos países de origem, impactando ainda mais as populações de refugiados já existentes nestas regiões. De acordo com o relatório, os principais países de destino são Paquistão (1,7 milhões de pessoas), Irã (886,5 mil), Quênia (566,5 mil) e Chade (366,5 mil).

Disponível em: <http://www.acnur.org/t3/portugues/noticias/noticia/deslocamentos-forcados-em-2011-atingiram-recorde-de-800-mil-pessoas>. Acesso em: jul. 2012. Texto adaptado.

a) Quais tendências preocupantes foram apontadas no relatório do Alto Comissariado das Nações Unidas para Refugiados?

_____

_____

_____

_____

_____

b) De acordo com o texto, quais são os principais países de origem e de destino dos refugiados?

_____

_____

_____

_____

_____

c) A turma será dividida em cinco grandes grupos, cada um sendo responsável por pesquisar sobre a situação dos cinco principais países de origem dos refugiados. Verifiquem o contexto dos deslocamentos de suas populações e a situação tanto de quem fica como de quem se refugia em outro país. Durante a pesquisa, cada grupo deverá buscar imagens, relatos e outros materiais para elaborar um painel a ser apresentado aos demais. Durante as apresentações, verifiquem as similaridades e especificidades desses deslocamentos.

Trabalhando em grupo

6 Discuta com seu grupo a afirmação de Milton Santos, que está na página 272 e a seguinte afirmação do escritor Érico Veríssimo:

Desde que, adulto, comecei a escrever romances, tem-me animado até hoje a ideia de que o menos que o escritor pode fazer, numa época de atrocidades e injustiças como a nossa, é acender a sua lâmpada, fazer luz sobre a realidade de seu mundo, evitando que sobre ele caia a escuridão, propícia aos ladrões, aos assassinos e aos tiranos. Sim, segurar a lâmpada, a despeito da náusea e do horror. Se não tivermos uma lâmpada elétrica, acendamos o nosso toco de vela ou, em último caso, risquemos fósforos repetidamente, como um sinal de que não desertamos nosso posto.

VERÍSSIMO, Érico. *Solo de clarineta. Tomo I.* Porto Alegre: Globo, 1978.

Elaborem suas conclusões e as apresentem para os demais alunos.

Glossário

Abster: deixar de fazer; privar(-se).

Advento: chegada.

Alegoria: Pintura ou escultura utilizada para representar uma ideia abstrata; texto escrito de forma simbólica

Alforria: libertação.

Anistia: anulação de condenações; perdão.

Anseio: desejo, aspiração.

Ansiolítico: tranquilizante, calmante.

Arbitrário: que não depende de lei ou regra.

Arrogar: tomar como seu.

Arsenal: local para fabricação ou guarda de munições ou armas.

Ascendência: origem.

Asceta: pessoa dedicada a orações, privações e mortificações.

Autocrático: com poderes absolutos, ilimitados.

Aval: apoio, aprovação.

Barricada: espécie de trincheira feita de improviso com barricas, carros, cavaletes, sacos de areia, pedras etc.

Biosfera: conjunto de todas as partes do planeta Terra onde existe ou pode existir vida e que abrange regiões da litosfera, da hidrosfera e da atmosfera; conjunto dos ecossistemas existentes no planeta Terra.

Biota: conjunto de todos os seres vivos de uma região.

Boicotar: recusar-se a participar de algo, recusar (um grupo, um país etc.) quaisquer relações (profissionais, sociais, comerciais etc.) a um indivíduo, a determinado comércio ou a uma coletividade (grupo, país etc.), a que(m) se pretenda punir ou constranger a algo por razões econômicas, políticas, ideológicas, sociais etc.

Brumário: segundo mês do outono do calendário instituído com a proclamação da República na França, em 1792, durante a Revolução.

Butim: bens materiais ou prisioneiros – escravos – que se toma ao inimigo no curso de um ataque.

Cadafalso: palanque ou estrado montado em local aberto para a execução de condenados; patíbulo.

Caos: mistura de coisas em total desequilíbrio; desarrumação, confusão.

Caricatura: indivíduo de aparência ou de maneiras ridículas; desenho ou representação em que se figuram pessoas e fatos de maneira grotesca e cômica.

Cessão: transferência de posse ou direito.

Cínico: que denota falta de consciência moral, inescrupuloso, fingido.

Clandestino: às escondidas, fora da lei.

Coeso: intimamente ligado, unido.

Comuna: cidade autônoma.

Concertar: entrar em acordo, combinar.

Concordata: convenção entre o Estado e a Igreja acerca de assuntos religiosos de uma nação.

Confinar: obrigar a alguém a ficar em um espaço delimitado.

Conjurar: chamar, associar(-se).

Conluio: trama, combinação para prejudicar terceiros.

Consecutivo: seguido.

Consenso: concordância ou uniformidade de opiniões.

Constituinte: que tem atribuições dadas pelo povo e/ou pelo governo para elaborar, redigir ou reformar a Constituição.

Constestação: Oposição ao que é pedido por alguém; contradição, ato de contestar.

Contracultura: movimento que questionava os valores da cultura dominante, principalmente os valores da sociedade de consumo que se disseminou no pós-guerra, nas décadas de 1950 e 1960.

Convenção: texto ou documento que expressa o que foi estabelecido em tal assembleia ou encontro; acordo.

Corolário: decorrência ou continuação de uma proposição.

Corsário: capitão de navio autorizado a realizar ações bélicas que afastem, destruam ou apreendam navios mercantes inimigos.

Cristão-novo: aquele que, recentemente, converteu-se ao cristianismo.

Corrupto: desonesto, quem age em benefício proprio, lesando instituições públicas, a nação ou outro indivíduo.

Culminar: chegar ao auge, ao ponto mais alto ou mais intenso; atingir o máximo.

Degradação: estrago, desgaste, devastação, destruição.

Deleitar: provocar ou sentir satisfação, contentamento.

Deportar: expulsar (alguém) de uma sociedade; condenar a desterro, em lugar longínquo; expatriar, degredar, exilar.

Desbravamento: exploração, penetração (em terras desconhecidas).

Descolonização: ato, processo ou efeito de retirar, de uma região ou país, a característica de colônia.

Devaneio: sonho, fantasia.

Devastação: destruição.

Dialeto: variedade regional de uma língua.

Digerir: no texto, com o sentido de compreender, assimilar e, depois, transformar assimilar (algo recebido de outrem).

Dimensão: tamanho, proporção.

Diocese: circunscrição territorial sujeita à administração eclesiástica de um bispo.

Ditame: regra, princípio, norma: do próprio, por analogia ou semelhança.

Eclodir: tornar-se subitamente visível; aparecer, surgir.

Edito: decreto.

Eficácia: bom resultado.

Emanar: originar.

Embate: choque, oposição.

Emérito: título universitário conferido a professor que, por seu saber, distinguiu-se ao ministrar determinada matéria.

Ermo: isolado, só.

Endêmica: que ocorre habitualmente; constante em determinada região.

Epidêmica: que aumenta rápida e amplamente.

Escrúpulo: inquietação de ordem moral.

Esfumar: esfumaçar, desaparecer, desfazer (-se), esvaiar.

Especular: estudar com atenção, detalhadamente, do ponto de vista teórico; pesquisar, investigar; valer-se de certa posição, de circunstância, de qualquer coisa para conseguir vantagens; explorar.

Espoliação: roubo, exploração.

Estado de sítio: diante de alguma ameaça ao país, medida tomada pelo governo, assumindo poderes excepcionais, suspendendo as garantias constitucionais (como, por exemplo, o direito das pessoas se reunirem ou se manifestarem).

Etnia: coletividade de indivíduos que se diferencia por sua especificidade sociocultural, refletida principalmente na língua, religião e maneiras de agir; grupo étnico [Para alguns autores, a etnia pressupõe uma base biológica, podendo ser definida por uma raça, uma cultura ou ambas; o termo é, contudo, polêmico, uma vez que, dentro da Antropologia, não tem conceituação precisa].

Evocar: chamar, lembrar.

Federalismo: forma de governo em que vários estados, independentes entre si, reúnem-se em uma só nação. Por exemplo: República Federativa do Brasil.

Feitoria: entreposto, local onde se recolhem e se negociam mercadorias.

Fragmentação: divisão.

Fronda: facção política que se revoltou contra a política do cardeal Mazzarino.

Frustrado: malogrado, que falhou.

Fundamentalismo: qualquer corrente, movimento ou atitude, de caráter conservador, que se baseia na obediência rigorosa, sem questionamento, a um conjunto de princípios básicos, considerado "verdade absoluta", indiscutível.

Gentil-homem: nobre.

Gestão: administração.

Hegel: Georg Wilhelm Friedrich Hegel (1770-1831) foi um filósofo alemão.

Hegemonia: liderança, predominância ou superioridade.

Heterogêneo: composto de partes de diferentes naturezas.

Hipótese: suposição, explicação antecipada de um fato.

Homônimo: que ou o que tem o mesmo nome; referente ao que é semelhante.

Hostilidade: manifestação de rivalidade, de agressividade.

Iconografia: estudo ou conjunto de representações em imagens.

Imperialista: o que pratica ou é adepto do Imperialismo (forma de política ou prática exercida por um Estado que visa à própria expansão, seja por meio de aquisição territorial, seja pela submissão econômica, política e cultural de outros Estados).

Imprescritível: que não prescreve; que não cai em desuso; que não pode ser eliminado.

Institucionalizado: que se tornou oficial, que se tornou regra.

Insulto: ofensa.

Insurgente: que se rebela contra algo; rebelde.

Insurreto: que se rebela contra algo.

Intolerável: que não se tolera; que não se suporta.

Intruso: pessoa que se introduziu em um lugar, grupo ou sociedade sem autorização.

Irredento: território que não foi resgatado.

Jogo de pela: jogo com uma bola de borracha.

Jurídico: o que é feito pelo Direito, pelas leis.

Jurista: que tem grande conhecimento de Direito, das leis.

Laicização: ato de tornar leigo, não religioso.

Legar: transmitir, deixar como herança.

Lingote: barra de metal fundido.

Magistrado: juiz.

Mesclar: fundir, combinar, misturar (um ou mais elementos).

Metáfora: sentido figurado; emprego de palavras em um sentido diferente.

Mezinha: medicamento caseiro.

Milícias: grupos armados, tropas.

Mobilização: convocação e estimulação da população ou de determinados grupos sociais para que participem de alguma atividade cívica, política.

Nefasto: prejudicial; que pode trazer dano, desfavorável.

Neoliberalismo: prática político-econômica que resgatou ideais do liberalismo econômico disseminado no século XIX – que defendia a não intervenção dos Estados sobre o mercado –, foi uma resposta à crise do capitalismo associada ao aumento de políticas públicas voltadas ao controle do mercado e ao bem-estar social.

Ocioso: inativo, desocupado.

Onipresente: que está presente em todos os lugares, em todas as partes.

Onisciente: que tem saber absoluto, pleno; que tem conhecimento infinito sobre todas as coisas.

Orbitar: girar na órbita, em torno de, na esfera de ação ou de influência de.

Oriundo: originário.

Pandemia: doença geralmente infecciosa que ataca, ao mesmo tempo, um grande número de pessoas em uma determinada localidade (de origem grega "pandemia" = "o povo todo". O prefixo "pan" designa "todos", "totalidade").

Paradigma: modelo, padrão.

Paramento: adorno; ornamento; vestes litúrgicas sacerdotais.

Pecha: fama.

Perecer: morrer, extinguir-se.

Perspectiva: arte de figurar, no desenho ou pintura, as diversas distâncias e proporções que têm entre si os objetos vistos a distância, segundo os princípios da Matemática e da geometria.

Pitoresco: o que é diferente, original e, por isso, divertido, engraçado.

Polarização: contraposição, divisão em torno de diferentes centros de influência.

Póstero: futuro, a geração ou as gerações que vêm depois da de quem fala ou escreve.

Precedente: fato ou ato que pode, depois, ser invocado como justificação ou pretexto para se agir da mesma forma.

Precursor: composto ou substância que formará outro composto ou outra substância.

Predestinação: crença em que, ao nascer, alguns já estão destinados à salvação da alma e outros à condenação eterna.

Prelado: membros da alta hierarquia da Igreja católica (bispo, abade etc.)

Prescindir: passar sem, dispensar.

Presidir: dirigir, guiar, governar.

Privação: falta do necessário à vida; necessidade, fome, miséria.

Proliferação: aumento, multiplicação.

Prólogo: introdução, primeira parte.

Querubim: anjo.

Rapinagem: roubo.

Ratificar: confirmar, reconhecer a validade, aprovar oficialmente um tratado.

Regurgitar: expelir o excedente (no texto, com o sentido de criar coisas novas, depois de "digerir" diferentes influências culturais).

Relações de gênero: papéis desempenhados por homens e mulheres em uma sociedade, em uma determinada época.

Repulsa: ação de repelir, de rejeitar fortemente; rejeição, aversão, nojo, repúdio.

Retórica: discurso ou procedimento utilizando recursos para convencer; discurso vazio.

Retratar: retirar o que se disse.

Revanchismo: tendência obstinada para a desforra.

Ruptura: rompimento.

Sânscrito: língua indo-europeia de registro escrito mais antigo.

Secessão: separação.

Sedição: revolta; crime contra a segurança do Estado.

Sideral: relativo ou pertencente aos astros, às estrelas; próprio do céu, celeste.

Simulador: fingido.

Sobrepeliz: pequena capa usada por membros da Igreja.

Sonífero: que provoca o sono.

Sotana: túnica, batina.

Subconsumo: consumo menor que a produção.

Subjugar: dominar.

Subúrbio: bairro localizado longe do centro da cidade; periferia.

Superprodução: produção maior que o consumo.

Supremacia: superioridade; hegemonia.

Supressão: ato de cancelar; eliminar, extinguir.

Sustentabilidade: característica do que é sustentável; de produzir sem degradar o meio ambiente.

Tática: um tipo de procedimento, de ação, em uma disputa, batalha ou situação.

Teocentrismo: doutrina que considera Deus como o centro do universo.

Terror: atos violentos de perseguição, por motivos políticos.

Terrorismo: emprego sistemático da violência para fins políticos.

Transladar: transferir para outro lugar, mudar, adiar.

Unesco: sigla da agência especializada em educação, ciência e cultural, pertencente à ONU: "Organização da Nações Unidas para a Educação, Ciência e Cultura".

Usura: lucro exagerado; juro de capital.

Utópico: fantasioso, imaginário, irrealizável.

Vindicativo: punitivo, vingativo.

Voto censitário: voto de acordo com a renda.

Xenofobia: qualquer forma de rejeição, de aversão e até, em casos extremos, de ódio a raças, grupos ou culturas.

Indicação de leituras complementares

- **Cidades renascentistas**
  Tereza Aline Pereira de Queiroz
  São Paulo: Atual
  Apresenta as condições gerais das cidades europeias do ano 1000 a 1400, enfocando sobretudo: Siena, Florença e Veneza.

- **Cidades pré-hispânicas do México e da América Central**
  Eduardo Natalino dos Santos
  São Paulo: Atual
  Aborda crenças e costumes dos povos que habitaram o México e a América Central, antes da chegada dos europeus.

- **Navegar é preciso. Grandes descobrimentos marítimos europeus**
  Janaína Amado e Ledonias F. Garcia
  São Paulo: Atual. (Col. História em documentos)
  A obra relata, por meio de documentos, desde as transformações europeias que motivaram as grandes navegações até as dificuldades enfrentadas durante as navegações.

- **A descoberta da América**
  Carlos Guilherme Mota
  São Paulo: Ática
  A obra relata os acontecimentos da viagem de Colombo e o contato que os espanhóis tiveram com os habitantes da América.

- **O Renascimento**
  Antônio Carlos Olivieri
  São Paulo: Ática (Col. O cotidiano da História)
  Por meio de relato da história de um pintor em Florença, na segunda metade do século XV, o autor explica a importância histórica do Renascimento.

- **A Reforma Protestante**
  Luiz Maria Veiga
  São Paulo: Ática (Col. O cotidiano da História)
  Narrando a história de dois personagens, o livro analisa o movimento reformista na Alemanha e sua repercussão.

- **Revolução Industrial**
  Francisco M. P. Teixeira
  São Paulo: Ática. (Col. O cotidiano da História)
  A história de um jovem advogado é o referencial para uma abordagem sobre as origens e o desenvolvimento da Revolução Industrial, destacando também os conflitos sociais na Inglaterra.

- **A criação da América**
  Lucia Lippi Oliveira
  São Paulo: Atual (Col. A vida no tempo)
  Trata da vida religiosa e política da sociedade norte-americana desde sua origem, com a chegada dos primeiros colonos ingleses, até a independência.

- **Às armas, cidadãos!**
  Nilse Wink Ostermann e Iole C. Kunze
  São Paulo: Atual
  A obra trata do movimento revolucionário na França, iniciado em 1789, incluindo as diferentes formas de interpretação dessa revolução. O texto é enriquecido com documentos, relatos e gravuras da época.

- **A independência dos países da América Latina**
  Alexandre de Freitas Barbosa
  São Paulo: Saraiva (Col. Que História é esta?)
  Analisa os diferentes processos de independência dos países da América Latina, no século XIX, e o seu significado para os vários grupos sociais dos novos Estados que se formam.

- **A Revolução Industrial**
  Letícia Bicalho Canêdo
  São Paulo: Atual
  A obra enfoca a difusão de técnicas, o nascimento da grande indústria e a adaptação da economia e da sociedade a um mundo industrializado.

- **O imperialismo**
  Hector H. Bruit
  São Paulo: Atual
  Tendo como centro da discussão o que é o imperialismo, o livro comenta vários assuntos relacionados: Doutrina Monroe, Política do Big Stick, Guerra do Ópio, Guerra dos Bôeres.

- **A Guerra da Secessão dos Estados Unidos**
  Philip Clark
  São Paulo: Ática (Col. Guerras que mudaram o mundo)
  A obra relata a violência da guerra civil americana, a ruína do Sul, o crescimento industrial do Norte e suas consequências.

- **A Primeira Guerra Mundial**
  Ken Hills
  São Paulo: Ática (Col. Guerras que mudaram o mundo)
  Análise das origens dos conflitos entre as nações, de suas alianças, das fases da guerra e do armistício.

- **Revoluções na América Latina contemporânea: México, Bolívia e Cuba**
  Everaldo de Oliveira Andrade
  São Paulo: Saraiva
  Aborda as revoluções ocorridas na América Latina no século XX, em virtude da dominação colonial e das influências norte-americanas.

- **1929: a crise que mudou o mundo**
  Jayme Brener
  São Paulo: Ática (Col. Retrospectiva do século XX)
  A obra analisa a economia norte-americana nos anos 1920, a quebra da Bolsa de Nova York, o combate à depressão e sua repercussão no mundo.

- **Nazismo: política, cultura e holocausto**
  Marcia D'Alessio e Maria Helena Capelato
  São Paulo: Atual
  Situa o nazismo em um contexto mais amplo, como fruto da sociedade da época.

- **A Segunda Guerra Mundial**
  Antonio Pedro
  São Paulo: Atual (Col. Discutindo a História)
  Abordagem ampla da Segunda Guerra, bem como da herança por ela deixada.

- **A Guerra do Vietnã**
  Ken Hills
  São Paulo: Ática (Col. Guerras que mudaram o mundo)
  O livro aborda a luta dos vietnamitas contra o imperialismo chinês, japonês, francês e norte-americano em seu território, com destaque para as lideranças de Ho Chi Minh e Giap.

- **As guerras árabe-israelenses**
  Ken Hills
  São Paulo: Ática (Col. Guerras que mudaram o mundo)
  Abordagem sobre os conflitos no Oriente Médio, a expansão de Israel em prejuízo dos palestinos e as negociações diplomáticas pela paz.

- **Alemanha – da divisão à reunificação**
  Sérgio Cosseron
  São Paulo: Ática (Col. História em movimento)
  Panorama da história da Alemanha desde sua divisão até a reunificação no início da década de 1990, bem como o significado da queda do Muro de Berlim.

- **China: o dragão do século XXI**
  Wladimir Pomar
  São Paulo: Ática (Col. História em movimento)
  Relata como, a partir das últimas cinco décadas, a China vem se tornando uma das grandes potências mundiais do século XXI.

- **Explorando a África**
  Isimeme Ibazebo
  A autora, nascida na Nigéria, traça um panorama da África, passando pela época dos grandes impérios e pela exploração do continente pelos europeus, até os dias de hoje.

- **História do tempo presente**
  Ademar Martins Marques, Flávio Costa Berutti, Ricardo de Moura Faria
  São Paulo: Contexto
  Coletânea de textos abordando desde os primeiros movimentos da Guerra Fria à nova ordem mundial, do colapso do bloco socialista à atual discussão sobre desenvolvimento sustentado.

- **O mundo globalizado**
  Alexandre de Freitas Barbosa
  São Paulo: Contexto
  Analisa desde os processos históricos do surgimento da globalização às suas consequências para as sociedades contemporâneas. Aponta as várias interpretações sobre esse processo histórico, bem como seus desafios e suas potencialidades.

Saiba pesquisar na internet

"É melhor ensinar a pescar do que dar um peixe." Esse ditado vale, e muito, para a internet. Como os nomes dos *sites* mudam constantemente, é melhor você aprender como encontrar as informações nessa rede mundial.

Há vários tipos de programas de busca na internet, entre eles, sugerimos:

- Google (**www.google.com.br**) – em português
- Busca Uol (**http://busca.uol.com.br**) – *site* brasileiro.
- Yahoo! Cadê? (**br.cade.yahoo.com**) – em português.
- AltaVista (**www.altavista.com**)

Para começar o trabalho, depois de abrir a página de busca, é preciso digitar um assunto e pressionar o botão "Busca" (para *sites* em português) ou "Search" (para *sites* em inglês). Ou simplesmente pressionar a tecla "Enter".

Os *sites* de programas de busca mais tradicionais permitem uma pesquisa mais refinada, eliminando ou acrescentando palavras.

Se você quer *sites* que tratem de **era Vargas**, por exemplo, deve digitar as duas palavras usando a conjunção **e**: **era <u>e</u> vargas** (leia mais no quadro a seguir).

Outros *sites* já embutem o método em campos. Você preenche um formulário dizendo se quer *sites* que contenham todas as palavras digitadas ou se quer *sites* em que as palavras apareçam em uma determinada ordem. Alguns *sites* permitem que você escolha o idioma do resultado de sua pesquisa. Por exemplo, você pode solicitar informações sobre o **Museu do Louvre**, mas somente informações em **português**. Nesse caso, podem existir *sites* no Brasil (geralmente de universidades) para esse museu.

Uma das dúvidas que podem surgir durante o trabalho é quando o mecanismo de busca não traz nenhum resultado para sua pesquisa. Nesse caso, tente sinônimos ou palavras genéricas.

Adaptado de: *Folha Informática*, out. 1999.

Dicas para busca na internet

(aspas) – para definir uma frase na ordem desejada.
Exemplo: *"imperador Dom Pedro II"*. Assim, evita resultados como *imperador Dom Pedro*.

(asterisco) – após digitar uma palavra, a fim de conseguir respostas que comecem com parte de uma palavra.

Exemplo: *comunis** vai trazer resultados como *comunista* e *comunismo*.
(o sinal menos) para eliminar uma palavra ou frase no resultado.

Exemplo: *revolta – chibata* vai trazer *sites* que contenham a palavra *revolta* sem o tópico *chibata*.
a letra **e** se o objetivo for achar as palavras em uma mesma página.

Exemplo: *revolta dos marinheiros* **e** *revolta da chibata* **e** *João Cândido*.
ou para encontrar qualquer uma das palavras digitadas.

Exemplo: *revolta dos marinheiros* **ou** *revolta da chibata* **ou** *João Cândido*.
Obs.: em alguns *sites*, em vez de usar **e/ou,** prefira **and** e **or** ("e" e "ou", em inglês)

Alguns *sites* de interesse na internet

(Acesso em: jun. 2012.)

No Brasil

Arquivo do Estado de São Paulo: www.arquivoestado.sp.gov.br.

BBC Brasil: www.bbc.co.uk/portuguese/

Biblioteca Mario de Andrade: http://portal.prefeitura.sp.gov.br/secretarias/cultura/bma

Biblioteca Nacional/RJ: www.bn.br

Centro Cultural São Paulo: www.centrocultural.sp.gov.br

Departamento do Patrimônio Histórico da Cidade de São Paulo: http://portal.prefeitura.sp.gov.br/secretarias/cultura/patrimonio_historico

Fundação Casa de Rui Barbosa: www.casaruibarbosa.gov.br

Fundação Cultural Palmares: www.palmares.gov.br

IBGE: www.ibge.gov.br

Instituto de Estudos Brasileiros/USP: www.ieb.usp.br

Instituto do Patrimônio Histórico e Artístico Nacional.: www.iphan.gov.br

Jornal A Tarde: www.atarde.com.br

Jornal Correio Braziliense: www.correioweb.com.br

Jornal do Brasil online: www.jbonline.terra.com.br

Jornal Folha de S.Paulo online: www1.folha.uol.com.br/fsp

Jornal O Estado de Minas: www.estaminas.com.br

Jornal O Estado de S. Paulo: www.estado.com.br

Jornal O Globo online: http://oglobo.globo.com

Jornal Zero Hora: www.zh.com.br

Le Monde Diplomatique Brasil: http://diplo.org.br/

Museu de Arqueologia e Etnologia da USP (MAE): www.mae.usp.br

Museus Castro Maya: www.museuscastromaya.com.br

Museu Histórico Nacional: www.museuhistoriconacional.com.br

Museu Imperial: www.museuimperial.gov.br

Museu do Índio: www.museudoindio.org.br

Museu Paulista (Museu do Ipiranga): www.mp.usp.br

Museu da República: www.museudarepublica.org.br

Revista Aventuras na História: www.historia.abril.com.br

Revista Ciência Hoje (Inst. Ciência Hoje – SBPC): http://cienciahoje.uol.com.br

Revista ComCiência (SBPC): www.comciencia.br/comciencia

Revista Eletrônica de História do Brasil: www.rehb.ufjf.br

Revista Época: www.revistaepoca.globo.com

Revista Galileu: www.revistagalileu.globo.com

Revista de História da Biblioteca Nacional: www.revistadehistoria.com.br

Revista História Hoje (Ampuh): www.anpuh.uepg.br/historia-hoje

Revista História Viva: www2.uol.com.br/historiaviva

Revista IstoÉ: www.terra.com.br/istoe/

Revista Nova Escola: www.revistaescola.abril.com.br

Revista Superinteressante (arquivo de todas as edições): http://super.abril.com.br/superarquivo/index_superarquivo.shtml

Revista Superinteressante: http://super.abril.com.br/super

No exterior

Biblioteca Britânica: www.bl.uk (em inglês)

Biblioteca do Congresso/EUA: www.lcweb.loc.gov (em inglês)

Biblioteca Nacional Central de Roma – Itália: www.bncrm.librari.beniculturali.it

Biblioteca Nacional de Espanha: www.bne.es (em espanhol)

Biblioteca Nacional (Paris-França): www.bnf.fr (em francês)

Bibliotecas Nacionais do Mundo: www.pesquisa.bn.pt/bn-mundo (em português)

Galeria dos Ofícios (Florença – Itália): www.firenzemusei.it/uffizi (em italiano)

Guia de Museus da Cultura Pré-Colombiana: www.sobresites.com/culturaprecolombiana/museus.htm (em português)

Museu Arqueológico de Atenas: www.culture.gr (opção em inglês)

Museu Britânico (Londres – Inglaterra): www.britishmuseum.org (em inglês)

Museu do Estado Russo: www.rusmuseum.ru (opção em inglês)

Museu de Israel: www.english.imjnet.org.il (em inglês)

Museu do Louvre (Paris – França): www.louvre.fr (em francês)

Museu d'Orsay (França): www.musee-orsay.fr (em francês)

Museu do Prado (Madri – Espanha): www.meuseoprado.mcu.es (em espanhol)

Museu Egípcio (Cairo – Egito): www.egyptianmuseum.gov.eg (em inglês)

Museu Histórico Alemão: www.dhm.de/ENGLISH (em inglês)

Referências bibliográficas

ABENDROTH, Wolfgang. *A história Social do movimento trabalhita europeu*. Rio de Janeiro: Paz e Terra, 1977.

AKCELRUD, Issac. *O Oriente Médio*. São Paulo: Atual, 1985. (Coleção Discutindo a História)

ANDERSON, Perry. *Linhagens do Estado absolutista*. São Paulo: Brasiliense, 1985.

_____ . *Portugal e o fim do ultracolonialismo*. Rio de Janeiro: Civilização Brasileira, 1966.

ARAFAT, Yassir. *Porque lutam os palestinos*. s.l: Paralelo, s.d.

ARENDT, Hannah. *Sobre a revolução*. Lisboa: Moraes, s.d.

ARRUDA, J. *A grande revolução inglesa*. São Paulo: Hucitec, 1996.

BALANDIER, Georges. *O poder em cena*. Brasília: Editora da UnB, 1982.

BARROS, Edgar. *A Guerra Fria. São Paulo*: Atual, 1985. (Coleção Discutindo a História)

BAUMER, F. *O pensamento europeu moderno*. Lisboa: 70, 1990. v.1.

BEAUD, Michel. *História do capitalismo*. De 1500 aos nossos dias. São Paulo: Brasiliense, 1987.

BELLOTTO, Manoel Lelo; CORREA, Anna Maria Martinez. *Simon Bolívar, política*. São Paulo: Ática, 1983.

BETHELL, Leslie, ROXBOROUGH, I. *América Latina*. Entre a Segunda Guerra Mundial e a Guerra Fria. Rio de Janeiro: Paz e Terra, 1996.

BRAUDEL, Fernand. *Civilização material, economia e capitalismo, séculos XV-XVIII*. São Paulo: Martins Fontes, 1996-998. 3 v.

BRESCIANI, Maria Stella M. *Londres e Paris no século XIX*. O espetáculo da pobreza. São Paulo: Brasiliense, 1982.

BRUNSCHWIG, Henri. *A partilha da África Negra*. São Paulo: Perspectiva, 1974.

BURCKARDT, Jacob. *A civilização do Renascimento na Itália*. São Paulo: Companhia das Letras, 1998.

CAMENIETZKI, Carlos Ziller. *A cruz e a luneta*. Ciências e religião na Europa moderna. Rio de Janeiro: Access, 2000.

CANÊDO, Letícia. *A descolonização da Ásia e da África*. São Paulo: Atual, 1985.

CARDOSO, C. F.; BRIGNOLI, H. *História da América Latina*. Rio de Janeiro: Graal, 1988.

CARPENTIER, Alejo. *O século das luzes*. São Paulo: Global, 1985.

CASSIRER, Ernst. *A filosofia do Iluminismo*. Campinas: Editora da Unicamo, 1992.

CHALIAND, Gerard. *Mitos revolucionários do Terceiro Mundo*. Rio de Janeiro: Francisco Alves, 1977.

CHAUÍ, Marilena. *Convite à filosofia*. 12. ed. São Paulo: Ática, 2002.

CHESNAUX, Jean. *A Ásia oriental nos séculos XIX e XX*. São Paulo: Pioneira, 1976.

CROUZET, Maurice (Org.). *História geral das civilizações*. São Paulo: Difel, 1974.

DEANE, Phyllis. *A revolução industrial*. Rio de Janeiro: Zahar, 1975.

DELUMEAU, J. *A civilização do Renascimento*. Lisboa: Impr. Universitária; Estampa, 1984. 2 v.

_____ . *História do medo no Ocidente*. São Paulo: Companhia das Letras, 1993.

DEUTSCHER, Issac. *A revolução inacabada*. Rússia 1917-1967. Rio de Janeiro: Civilização Brasileira, 1967.

DIVINE, R.; FREDRICKSON, G.; BREEN, T. H. *América: passado e presente*. Rio de Janeiro: Nórdica, 1992.

DOBB, Maurice Herbert. *A evolução do capitalismo*. São Paulo: Nova Cultural, 1988. (Coleção Os Economistas).

DREYER-EIMBCKE, Oswald. *O descobrimento da Terra:* História e histórias da aventura cartográfica. São Paulo: Melhoramentos; Edusp, 1992.

DUROSELLE, Jean Baptiste. *A Europa de 1815 aos nosso dias*. São Paulo: Pioneira, 1976.

EISENSTADT, S. N. *Sociedade israelense*. São Paulo: Perspectiva, 1977.

ELIAS, Norbert. *A sociedade de Corte*. Lisboa: Estampa, 1995.

_____ . *O processo civilizador.* Rio de Janeiro: Jorge Zahar, 1990. 2. v.

ELTON, G.R. *A Europa durante a Reforma*. Lisboa: Presença, 1982.

FALCON, F. *As origens da Revolução Industrial*. São Paulo: Global, 1979.

_____ . *Despotismo esclarecido*. São Paulo: Ática, 1986.

FALCON, Francisco; MOURA, Gerson. *A formação do mundo contemporâneo*. Rio de Janeiro: Campus, 1981.

FANON, Frantz. *Os condenados da terra*. Rio de Janeiro: Civilização Brasileira, 1979.

FENELON, Déa. *A Guerra Fria*. São Paulo: Brasiliense, 1983. (Coleção Tudo é História)

FERNANDES, Luís. *URSS. Ascensão e queda.* São Paulo: Anita Garibaldi, 1991.

FERREIRA, Jorge L. *Conquista e colonização da América espanhola*. São Paulo: Ática, 1992. (Série Princípios)

FORTES, L. *O Iluminismo e os reis filosóficos*. São Paulo: Brasiliense, 1993.

FRANKLIN, Jhon Hope.; MOSS, Alfred A. Jr. *Da escravidão à liberdade.* A história do negro norte-americano. Rio de Janeiro: Nórdica, 1989.

FURET, François. *O passado de uma ilusão.* Ensaios sobre a ideia comunista no século XX. São Paulo: Siciliano, 1995.

_____ . *Pensar a Revolução Francesa*. Rio de Janeiro: Paz e Terra, 1989.

GENOVESE, Eugene. *Da rebelião à revolução*. São Paulo: Global, 1983.

GÉRARD, Alice. *A Revolução Francesa*. São Paulo: Perspectiva, s.d.

HELLER, Agnes. *O cotidiano e a História*. Rio de Janeiro: Paz e Terra, 1985.

_____ . *O homem do Renascimento*. Lisboa: Presença, 1982.

HILL, Christopher. *Origens intelectuais da Revolução Ingle*sa. São Paulo: Martins Fontes, 1992.

HOBSBAWN, Eric J. *A era das revoluções: 1789-1848*. Rio de Janeiro: Paz e Terra, 1981.

_____ . *A era do capital: 18848-1875*. Rio de Janeiro: Paz e Terra, 1979.

_____ . *A era dos impérios: 1875-1914.* Rio de Janeiro: Paz e Terra, 1988.

HOBSBAWN, *Da Revolução Industrial inglesa ao imperialismo*. Rio de Janeiro: Forense, 1983.

_____ . *Nações e nacionalismo.* Desde 1780. Rio de Janeiro: Paz e Terra, 1990.

_____ . *Os trabalhadores.* Estudos sobre a História do operariado. Rio de Janeiro: Paz e Terra, 1982.

HUNT, E. K. *História do pensamento econômico*. Rio de Janeiro: Campus, 1982.

KARNAL, Leandro. *Estados Unidos:* da colônia à Independência. São Paulo: Contexto, 1990.

KENNEDY, Paul. *Ascensão e queda das grandes potências.* Transformação econômica e conflito militar de 1500 a 2000. Rio de Janeiro: Campus, 1989.

KLEIN, Herbert. *A escravidão africana.* América Latina e Caribe. São Paulo: Brasiliense, 1987.

KRISTELLER, P. *Tradição clássica e o pensamento do Renascentismo*. Lisboa: 70, 1995.

LASKI, Harold J. *O liberalismo europeu*. São Paulo: Mestre Jou, 1973.

LEFEBVRE, Georges. *O grande medo*. Rio de Janeiro: Campus, 1979.

LINHARES, Maria Yedda. *A luta contra a metrópole*. São Paulo: Brasiliense, 1981. (Coleção Tudo é História)

MENDEL, Ernest. *O significado da Segunda Guerra Mundial*. São Paulo: Ática, 1986.

MANTOUX, Paul. *A Revolução Industrial no século XVIII*. São Paulo: Hucitec, 1986.

MARQUES, Adhemar et al. *História Contemporânea através de textos*. São Paulo: Contexto, s.d.

MARTINA, Giacomo. *História da Igreja:* de Lutero a nosso dias. São Paulo: Loyola, 1996. 2 v.

MARX, Karl. *As lutas de classes na França de 1848 a 1850*. Várias edições.

_____ . *Manifesto do Partido Comunista*. Várias edições.

_____ . *O 18 Brumário de Luís Bonaparte*. São Paulo: Abril cultural, 1978. (Coleção Os Pensadores)

MOORE Jr., Barrington. *As origens sociais da ditadura e da democracia*. São Paulo: Martins Fontes, 1983.

MULLETT, M. *A Contrarreforma*. Lisboa: Gradiva, 1988.

NERÉ, Jacques. *História Contemporânea*. São Paulo: Difel, 1975.

O'GORMAN, Edmundo. *A invenção da América:* reflexão a respeito da estrutura histórica do Novo Mundo. São Paulo: Unesp, 1992.

PANIKKAR, K. M. *A dominação ocidental na Ásia*. Rio de Janeiro: Saga, 1969.

PEREIRA, Francisco José. Apartheid. *O horror branco na África do Sul*. São Paulo: Brasiliense, 1985.

PERROT, M.; DUBY, G. História das mulheres. São Paulo: Companhia das Letras, 1990-1992. 5 v.

PERROT, Michelle. *Os excluídos da História:* operários, mulheres e prisioneiros. Rio de Janeiro: Paz e Terra, 1988.

PINKY, Jaime. *Origens do nacionalismo judaico*. São Paulo: Ática, 1997.

POLANYI, Karl. *A grande transformação:* as origens da nossa época. Rio de Janeiro: Campus, 1980.

REIS FILHO, Daniel Aarão. *A construção do socialismo na China*. São Paulo: Brasiliense, 1982.

_____ . *A Revolução Chinesa*. São Paulo: Brasiliense, 1982. (Coleção Tudo é História)

_____ . et al. *O século XX*. Rio de Janeiro: Civilização Brasileira, 2000. 3 v.

REMARQUE, Erich Maria. *Nada de novo no front*. Porto Alegre: L&PM Pocket, 2004.

REMOND, René. *O século XIX. (1815-1914)*. São Paulo: Cultrix, 1981.

_____ . *O século XX. (De 1914 aos nossos dias)*. São Paulo: Cultrix, 1981.

RIBERIO, Renato J. *A etiqueta no Antigo Regime:* do sangue à doce vida. São Paulo: Brasiliense, 1983.

ROLL, Eric. *História das doutrinas econômicas*. São Paulo: Companhia Editorial Nacional, 1971.

ROMANO, Ruggiero. *Mecanismos da conquista colonial:* os conquistadores. São Paulo: Perspectiva, 1989. (Coleção Khronos, 4)

ROSSI, P. *A ciência e a filosofia dos modernos*. São Paulo: Editora da Unesp, 1992.

SAID, Edward. *Cultura e imperialismo*. São Paulo: Companhia das Letras, 1995.

_____ . *Fora do lugar*. São Paulo: Companhia das Letras, 2004.

SALAZAR, Eduardo de Fuentes Gomez de. *Estratégias de la implantación espanhola en America*. Madrid: Mapfre, 1992.

SALEN, Helena. *O que é a Questão Palestina*. São Paulo: Brasiliense, 1986. (Coleção Primeiros Passos)

SANTIAGO, Théo (Org.). *Descolonização*. Rio de Janeiro: Francisco Alves, 1977.

SANNET, Richard. *O declínio do homem público*. São Paulo: Companhia das Letras, 1989.

SEVCENKO, Nicolau. *O Renascimento*. 16. ed. São Paulo: Atual, 1989.

SOBOUL, Albert. *A Revolução Francesa*. Rio de Janeiro: Zahar, 1985.

TILLY, C. Coerção, *capital e estados europeu*s. São Paulo: Edusp, 1996.

TOCQUEVILLE, Alexis. *O Antigo Regime e a revolução*. Brasília: Editora da UnB, 1979.

TODOROV, Tzvetan. *A conquista da América*: a questão do outro. São Paulo: Martins Fontes, 1991.

TREVELYAN, G. M. *A Revolução Inglesa*. Brasília: Editora da UnB, 1982.

TREVOR-ROPER, H. R. *Religião, reforma e transformação social*. Lisboa: Presença; São Paulo: Martins Fontes, 1981.

VAINFAS, Ronaldo (Org.). *América em tempo de conquista*. Rio de Janeiro: Zahar, 1992.

VAUTRIN, Jean; TARDI, Jacques. *O grito do povo:* o testamento das ruínas. São Paulo: Conrad, 2005. v. 1.

_____ ; _____ . *O grito do povo:* os canhões de 18 de março. São Paulo: Conrad, 2005. v. 1.

VIGENAVI, Túlio. *A Segunda Guerra Mundial*. São Paulo: Moderna, 1986. (Coleção Guerra e Paz)

VILLARI, Rosario (Dir.). *O homem barroco*. Lisboa: Presença, 1995.

WILSON, Edmund. *Rumo à Estação Finlândia*. Escritores e atores da História. São Paulo: Companhia das letras, 1986.

YAZBEK, Mustafá. *Argélia: a guerra e a Independência*. São Paulo: Brasiliense, 1983. (Coleção Tudo é História)

ZIZEK, Slavoj. *Às portas da revolução*: escritos de Lênin de 1917. São Paulo: Boitempo, 2005.